《安徽近现代人物研究系列》编纂委员会

主 任 委 员　　汤奇学
副主任委员　　陆发春　朱寒冬
委　　　员　　沈　寂　屠筱武
　　　　　　　施立业　周　乾
　　　　　　　徐承伦　曹天生
　　　　　　　施昌旺　翁　飞
　　　　　　　欧阳跃峰

安徽近现代人物研究系列

胡适史论拾零

沈寂 著

北京师范大学出版集团
安徽大学出版社

图书在版编目(CIP)数据

胡适史论拾零/沈寂著.—合肥：
安徽大学出版社,2010.11
ISBN 978-7-81110-882-8

Ⅰ.①胡… Ⅱ.①沈… Ⅲ.①胡适(1891~1962)—
人物研究—文集 Ⅳ.①K825.4-53

中国版本图书馆 CIP 数据核字(2010)第 225145 号

胡适史论拾零   沈　寂　著

出版发行：	北京师范大学出版集团
	安徽大学出版社
	(安徽省合肥市肥西路3号 邮编230039)
	www.bnupg.com.cn
	www.ahupress.com.cn
印　　刷：	中国科学技术大学印刷厂
经　　销：	全国新华书店
开　　本：	148mm×210mm
印　　张：	9.25
字　　数：	258 千字
版　　次：	2011年4月第1版
印　　次：	2011年4月第1次印刷
定　　价：	24.00元

ISBN 978-7-81110-882-8

责任编辑：杨国平　　　　装帧设计：孟献辉
责任印制：陈　如

版权所有　侵权必究

反盗版、侵权举报电话：0551-5106311
外埠邮购电话：0551-5107716
本书如有印装质量问题,请与印制管理部联系调换。
印制管理部电话：0551-5106311

目 录

胡适父亲之死及其态度的剖析（附：胡铁花举殡讣告）
.... 1
胡适的婚姻与恋爱（附：山腊梅曹诚英）
.... 18

胡适与汪孟邹 66
胡适与宣统的交往 99
胡适与蒋介石的关系 104
胡适与冯玉祥 135

胡适由少年诗人到新诗鼻祖 141
胡适与诗体解放 155
胡适的新佚诗手迹作于1948年
　　——试释"清江" 170

透视日本侵华 179
七七前"苦撑待变"抗日思想 194

胡适访苏及其感受 …………………………………… 211
"人权运动"与国民党内反对派的呼应 ………………… 223
胡适与北京大学的学生运动 …………………………… 237

出任驻美大使 …………………………………………… 247
胡适为什么不在《联全国宪章》上签字 ………………… 262

访胡适纪念馆的今昔感 ………………………………… 269
《胡适思想与现代中国》序 …………………………… 273
《胡适家书》序 ………………………………………… 275

后　记 …………………………………………………… 283

胡适父亲之死及其态度的剖析

一、一桩"无头"案

此事还得从胡适父亲的殡葬说起。

1895年秋,胡适的二哥胡绍之(洪骓)扶其父亲灵柩归里。据当时由洪骏、洪骓、洪骍等子辈具名所发的《胡铁花举殡讣告》云:"铁花府君痛于今光绪二十一年乙未七月初三子时寿终厦寓正寝,距生于道光二十一年辛丑二月十九日戌时,享年五十有五。""幕设南门外徽宁思恭堂义园","择八月十七领帖,十八举殡"。① 举殡虽不在上庄,但村中来人对死者的死因纷纷议论:不属善终,而是凶死。按旧时族规,"凶死"者的名字不能上宗谱,牌位也不能入祠堂,因而使族中长老左右为难。胡绍之就在此时挺身而出,对村众说:"开棺来验,如无头,即砍我的头;如有头,即砍与我赌头人的头。"村中无人确知底细,这一关就这样闯过去了,但依然难堵众口的议论与猜测,同时还给人留下了"此地无银三百两"的痕迹。上庄全村及岭北乡的人此后的传说就更多了。有人说胡传的尸体装的是金头,有的说是铜头,也有人说是木头。传说毕竟是传说,谁也没有目睹。

1966年,史无前例的"文化大革命"来临了,虔诚的红卫兵对胡

---

① 《胡铁花举殡讣告》,原件存绩溪县档案馆,高约22cm,宽约120cm。《上海档案工作》1991年第2期有影印件,第42页。此据徐子超先生抄件。原文附后。

适这样的反共文人恨之入骨,且还是个"战犯",①理应兴师问罪,即便人死了,也得开棺戮尸,鞭尸三百也不为过。无奈因胡适死于台湾,坟墓也不在家乡,其他极端做法,只有掘他的祖坟了。这事终于在"文革"后期发生了。经红卫兵一掘其父之墓,长期未解之谜就此揭开了谜底。兹将上庄胡毓严致石(原皋)老的来信中有关掘墓的事摘录于下:

石伯:

您好!来信收到,根据信中所提(的问题)答如下:红卫兵掘坟开棺具体的日期是一九七二年七月二日下午。当时有上庄、余村的社员在耘二遍田(中稻),很多人都放下劳动工具去坟场观看。当时谁也估计不到会掘坟,不曾拍有照片(其坟石在六四年修桃园水库时就被折,用以作奠基石了)。

开棺时,首先用锄头敲开棺穴的前墙后,看到棺木已朽,就用锄头去扒枯骨。据说有一个金头,因锄头太短,不能伸到里壁,因此当时的不怕天、不怕地的红卫兵(一个无知的农夫)胡观宣即爬进墓穴,借着一点亮光(从前面透进去的)将所有穴内容物用手扒了出来,一看并无金头。我闻说后,因对铁花公是否有头的问题有很大兴趣,即赶往现场,仔细查找头骨,结果除四肢、躯干骨外,并未见有头骨。在场目睹者很多,我弟胡毓群(现在芜湖市地区医院)、叶渭民(现在绩溪县外贸公司)、叶建民(现在上庄村)。当时该坟场属上庄大队地区。上庄六队队长胡健期

---

① "胡适是战犯之一",安徽老一辈的人都知道。土地改革运动中,胡适家的土地和房屋被没收分掉,理由就是"战犯"。中国社会科学院的耿云志来信说:"胡适的'战犯'身份,我十多年以前就有疑问。据钱端升先生说,可能源出小报。大概民主党派人士讨论时有人提出要把胡适加上。"中共第一次公布的43名战犯名单中,没有胡适的名字。第二次公布的名单有所减少,更不会有胡适。五十年代在批胡运动中,郭沫若曾说胡适是"战争罪犯"。但据叶青说,1949年1月25日,新华社广播曾说:"有人感觉遗漏了许多重要战犯……战争鼓吹者胡适,于斌及叶青等人。"(见《任卓宣评传》,台湾帕米尔书店,1965年)胡适可算是"候补战犯"。

（现在上海迁在绩溪的卫海厂）可能也在场。胡观宣现在还健在。

开棺后，许多来亲眼看见的人（传）说观宣摸得一个金头，有人说是一铜头。其实扒坟所得到的是：铜质护心镜两枚（前心后心各一）；铁质短剑一柄（已朽锈）。仅两枚护心镜卖了四元多钱。当时就买糖吃掉了。那时候，农民群众心里都装有"怕"字。大家也不说该扒，也不说不该扒。暗地里说这些扒坟者是想发洋财。

……（以下是对胡传在台湾被杀的调查。详后）

侄胡毓严 7、8(1986 年)①

另据信中的附件胡毓严《访（胡）毓凯关于扒坟当时家人态度问题记录》云："1972 年 7 月 13 日，我母亲汪春时（胡适的侄媳）听说祖坟被扒，大气不从一处来，跺脚在门外骂街，被当时的造反派胡毓森

---

① 1987 年，形势有了变化。绩溪县准备修复胡适祖坟的前夕，骤然出现了一股"有头风"，压倒了此前的"无头说"。冷落了十五年的墓穴，忽然又热闹起来。寻访取证的，照相的……冷灰里爆出了一个热果子。有人说："'造反派'们掘坟取宝，铁花公抛尸露骨。据现在人说，当时棺木中既无木头、铜头，更不见金头，可见铁花公病死一说不诬。但也有人说，棺中根本连头颅骨也没有找到，铁花公还是凶杀无误。然此说仍难确立，因掘坟的都是本地农民，哪个也不是大夫，更不是法医。铁花公已死了近百年，尸体早已腐烂。'造反派'们懂得什么？那能辨得出什么是头颅骨！"（冯伯群《胡适之父死因之谜》，《上海档案工作》1991 年第 2 期）其实，是否为头颅骨，一般人尚能分辨，但此头颅骨是否与躯体原配，有无断裂、刀锉之迹，就非法医等专门家不可了。上庄乡政府将胡氏祖墓的被挖墓穴封填好后，并将胡适故居修葺一番，列为重点文物保护单位。然后在呈县政府的汇报中，对胡氏祖坟事作了如是说："祖坟坐落在离余村约一公里，土名晋家湾，通向金山村大道右侧。坟有四穴，即胡适的祖父母、父母亲两代双亲。除胡母坟外，其余三穴均被挖开，穴内棺木均无盖，尸骨零碎撒落棺内外。据了解情况的人介绍，这是被盗墓人乱寻财宝所致。特别引起我们注意的是，过去传说，且被石老写进书内，讲胡铁花（胡适之父）是无头尸。但我们目睹的事实是被挖开的三穴棺木内均有头骨，三个下颚牙齿尚存。"汇报者的署名："汪彪，1987，4，26。"上庄乡政府是否请了法医鉴别过，就不得而知了。十五年前开棺时未见的头颅骨，敞露了十五年之后，竟又发现了，这确实是个"谜"。

训了一顿后,觉得当时的形势如此。大队又正以胡适的故乡人批胡适的批判在各地游批,对家庭成分有问题的人,稍有点什么不满情况,轻则挨批,重则隔离审查。于是只好作罢。让他们去扒,去搞。"

尸体无头是"果",为什么会无头,是"因"。作全面的历史考察,弄清其"因",才是释"果"的关键。

二、胡传为刘永福所杀

胡适一家对胡传之死,基本上众口一词,都说是死于脚气病,这都是据胡绍之所述,因为胡绍之是当事人,也只有胡绍之知道实情。

胡传于1892年初由江苏税务督察任上调去台湾,时胡适出生仅两个月。1893年春,胡适也随其母及四叔介如、二哥嗣秬(字绍之,又名洪骓)、三哥嗣秠(字振之,又名洪□),还有书童、老妈子等一同到台湾。时胡传任台南盐务总局提调。同年,胡传调台东直隶州任署理知州,统领镇海后军各营屯,全家亦搬至台东。甲午战争爆发后,胡传即于1895年春打发其妻冯顺弟及幼子胡适、三子振之,仍托其四弟介如送归绩溪老家,独留二子绍之在身边,直至胡传死。所以,胡绍之对其父亲之死是一本"清册"。为了掩饰其以头相赂的虚张声势,在胡传的丧葬料理完毕以后,胡适的母亲和兄长就央请胡传的故友张经甫(焕纶)代撰一篇《胡铁花先生家传》,对胡传之死的有关情节,均据胡绍之的陈述用文字记录下来。《家传》对此是这样写的:

(光绪)二十一年春,属四家叔挈不孝驱等内渡,留不孝洪骓侍。曰:"吾死,亦归吾骨,不幸则父子同死,毋令全家殉也。"先严体素强,而遇事奋往,不避艰险,几死者数矣。中年体遂衰;自抵台南,即患脚气;海警起,劳瘁备至,足愈肿,左足尤不良。割台议定,诏臣工内渡,先严以军事交代统,携州印交安平忠令,于闰五月初三日自州起程。中途两遇盗,社番闻之,突出数百人来救,得免。十二日脚肿渐退,而步履益艰。既抵安平,刘军门(永福)苦留相助,先严辞以病,不许。六月十八日又患泄泻,继以下血,益不支,双足俱不能动,刘公始放行,二十五日扶登舟。二十八日抵厦门,寓三仙馆,手足俱不能动,气益喘。七月初一发电上海,促四胞叔措资来厦。初二接回电,心稍慰,饮薄粥一碗,沉沉睡去,至亥刻,气益促不能言,延至初三日子时,竟弃不孝等而长逝矣。①

嗣后,胡适在《四十自述》中亦因袭此说:"闰五月初三(6.25)始离开后山,到安平时,刘永福苦苦留他帮忙,不肯放行。到六月廿五日(8.15),他双脚已不能动了。七月初三日(8.22),他死在厦门。"时间、地点和死因完全一致,唯在最后加了一句:"成为东亚第一个民主国的第一个牺牲者。"在以后的口述自传中,则称之为"台湾民主国的殉难者之一"。胡适用这一句话相补充,是对他父亲之死亡的画龙点睛之评。《家传》无此语。《家传》所载与胡适所述,基本相同,稍有差别。这细微的差别却颇耐人寻味,从中可以领悟其中契机。

《家传》只引了胡传的"遗嘱"(内容详下)中所说的"毋令全家俱殉"一句话。胡适则沿用此"殉"的精神为其父亲的历史作"点睛"。不过,其父胡传说此话是以身殉清,而胡适所言是以身殉民主国,两者是不同的。胡传在1895年2月7日把妻儿老小打发回老家之时,当时的历史背景和胡传的精神面貌在《家传》中却有所记述:"(1894年)六月东事起(按:指甲午中日战争爆发),课(指操练事)之益勤,以州滨海无障蔽,不足拒炮,乃迁治于阿里摆,因山为障,军民乃安。先严初出山即留意东北边,若逆料有今日之事者,以位卑不获预有展布,及是闻北军屡挫,念台东绝地,终不可守,维矢一战而死以报国。"以这样的形势背景来考察胡传当时遣返家眷的举动,可以证明这正是为了贯彻"死以报国"的决心。但在1895年5月29日,胡传忽然改变初衷,以病为由提出辞职,"自请开缺回籍治病",放弃了"死以报

---

① 载胡传《台湾记录两种》上册"代序",台北1951年重印本。胡适在"后记"中说:"右家传一卷,依据先父老友张经甫先生(焕纶)当年代我们兄弟四人所撰行状的原文,稍有增节,但无大改动。张先生撰此文在光绪乙未(一八九五),到今天已是五十六年。……今天整理家传,将寄去台北付印。敬记在后。"据李敖说,此书"印数很少,早已绝版"。

国"的誓言。前后是自相矛盾的,似是胡传对自律的为人原则的背叛。胡传是这样的人吗?抑或另有原由?

胡传在《学为人诗》中,规定了律己的原则:"义之所在,身可以殉,求仁得仁,无所尤怨。"①据此行事,则胡传抱病战死在疆场,是死得其所,是恪守理学家伦常道德的基本精神。胡传要求回籍,纵然是因病,但到刘永福营中,被"苦留相助",至少说明胡传此时的病情尚不严重。同时,刘永福的"苦留",是出于国家民族大义,而胡传的"严辞",理由仅仅"以病",属个人安危,这与他自律的为人之道如何相一致呢?这是我们需要探讨的主要问题。在这个问题上,也可探知胡适对其父之死的态度。

胡传因战局紧张,托四弟介如护送爱妻幼子回老家是在1895年2月7日,离他提出辞职的5月29日,有三个多月的时间。在这三个多月的时间里,战事和局势瞬息万变,中国在这场战争中失败已成定局。同年3月20日,李鸿章在日本马关与伊藤博文开始和谈,日本在马关谈判开始时,即派遣军舰赴台湾侦察。3月25日,日军陷澎湖。然后日本在谈判中提出割台的要求。清政府的谈判代表李鸿章虽曾以"英国将不甘心"和台民"誓不为日民"为辞相对,冀有一丝转机。但日方的谈判代表伊藤在4月1日蛮横地说:"听彼鼓噪,我自有法。""中国一将治权让出,即是日本政府之责"。②4月17日《马关条约》签订,中日战争结束。台湾官民以及清王朝一些其他成员,仍想求外援以挽回此种局势。如张之洞就曾通过驻英大使龚照瑗,许诺将台湾押英,希望英出面保台,但英国不愿与日本正面冲突。当俄、德、法三国出面劝日还辽时,台湾官民又曾乘机争取台湾中立化,也未得成功。迄5月22日,听说日本交还辽东半岛,可以付款相赎,当时的台湾署理巡抚唐景崧又通过张之洞拟将台湾押给美国,得九十万元以相赎,同样不获结果……一切努力均成泡影。

台湾人民自得割台确讯后,"聚哭于市中,夜以继日",③署理台湾

---

① 见胡适《四十自述》,第18页。
② 《马关议和中日谈话录》,《东行三录》,第238~253页。
③ 江瑔:《徐骧传》,《小说月报》第9卷第3号。

巡抚唐景崧也不断向清廷反映台民意见,两月之内电陈二十余次。清廷总理衙门复称:"割台系万不得已之举。台湾虽重,比之京师则台湾轻。倘敌人乘胜直攻大沽,则京师危在旦夕。(台湾)又孤悬海外,终久不能据守。"①台湾绅民在此绝望中,遂据"万国公法有'民不服某国,可自立民主'之条",②动议成立台湾民主国,拥戴唐景崧为民主国总统,丘逢甲为副总统,并通告全台各地官弁:自5月16日起至5月27日止,"欲去者听,留者录用,薪银倍给。逾时求去者,以军法论"。③ 这个通告十分重要,它规定得很明确:民主国成立后,旧有官弁,愿意留下为新政权服务的,薪银加倍,不愿意自便,但规定在5月16~27日之间离去,过此期限再要求离去者,则以军法论处。这是战争时期的一项非常法令。通告揭出后,省会、道、府、县官(弁)相继纳印内渡,就连提督杨岐珍也都把印信交纳后在此期限内返回大陆了。台湾民主国在5月25日举行了正式成立仪式。

胡传在此期间,身处台东僻壤,对中日交涉的经过,一无所闻,对唐景崧与台湾绅民酝酿成立台湾民主国的经过,亦并不清楚,但对清廷割让台湾是为了确保京师的安全这点却是清楚领悟的。因台东偏僻,交通不便,台北成立台湾民主国和规定官弁内渡的期限都未能及时得悉。我们从他的《日记》中得知,胡传在5月29日、5月30日、5月31日的三日中,一连接到台北友人的来信,告诉他"抚台已于五月初三(5月25日)改称台民主国大总统,刘帮办称主军大总统"。④ 他在接到第一封友人来信的当天(5月29日),立即提出辞职。但已经为时迟矣,放行内渡的期限已过了两天。

据连横《台湾通史》记载:"既改民主国,唐公檄同知黎景嵩为台湾知府,俞鸿为台北知府……欧阳萱知恒春县,代理安平知县忠满兼护台南道府印,惟台东直牧胡传,南雅同知宋维钊仍旧管"。⑤ 唐景崧

---

① 《台湾唐维卿中丞电奏稿》,《中日战争》(六),第385页。
② 《台湾思痛录》第7页。
③ 姚锡光《东方军事纪略》,《中日战争》(一),第93页。
④ 胡传《台湾日记》;《胡适致曾通硕书》,1958年10月。
⑤ 连横:《台湾通史》,第1034页。

在 6 月 1 日致张之洞电说:"台中、台北文武俱换定,惟台南镇道难(得)其人耳。"①台东当时即隶属于台南。可见,胡传是误过内渡时限而留下的,并非响应通告的号召而留下服务于台湾民主国的。站在民主国的立场上,唐景崧则视这些未内渡者为"旧管"。为什么清廷弃台、台民自立台湾民主国后,胡传就要离台内渡并且下了"必死"的决心呢? 这就是问题的关键。胡传在 6 月 20 日所立的《遗嘱》中,对此有所答复,对离台原因交代得也十分清楚。他说:

> 壬辰(1892)之春,奉旨调台湾差委,至则查全省营伍,台湾瘴疠与琼州等,予自三月奉檄,遍历台南北、前后山,兼至澎湖,驰驱于炎蒸瘴毒之中凡六阅月,从人死尽,而予独不死。今朝廷已弃台湾,诏臣民内渡,予守后山,地僻而远,闻命独迟,不得早自拔。台民变,后山饷源断,路梗文报不通,又陷于绝地,将死矣! 嗟呼,往昔之所历,自以为必死而卒免于死。今者所遇,义可以无死而或不能免于死。要之皆命也。汝从予于此,将来能免与否,亦命也。书此付汝知之,勿为无益之忧惧也。

在这《遗嘱》中,有几点是值得注意的:一、其中一句也没有提及病的事,更无"回籍治病"之语,可见称病是事后所造的借口;二、遗嘱说"今朝廷已弃台湾,诏臣民内渡",这是表明他的要求内渡是响应朝廷号召。胡传称台湾民主国的成立为"台民变",使他"陷于绝地"。按此逻辑,背叛朝廷乃乱臣贼子,不允留任而求去,是为了"自拔"。这就是胡传抱着"必死"的决心以求去的根本原因。胡传这样坚决求去,仍然是他所认为的"义之所在",所以他说"今者所遇,义可以无死"。但因民主国另立有法度("通告"可视为临时非常法令),故又说"或不能免于死"。不过,这样的死,也是为了殉"义",能免与否,他很坦然,并嘱其子绍之"勿为无益之忧惧也"。

胡传由台东启程来台南交差时,被拥为台湾民主国总统的唐景崧已遁回大陆。台湾绅民拥刘永福为民主国总统,刘不就,仍称帮

---

① 胡传:《台湾日记·与禀启》,《台湾文献丛刊》第七十一种,第 265~266 页。

办,但表示为国守土,"万死不辞"。并与绅民订血盟,相约:"台湾现为民主之国,凡我同人,代为固守,虽明为抗旨,实为遵旨。……各宜共信同心戮力,倘有万一之变,务须坚守不去。毋以难违君命,而若背盟,天地必诛,神明不佑。"①胡传到达台南时,正是日舰首次进犯台南的门户安平之日,"永福忠肝义胆,唯知一身支危局",②见胡传于此时来,"苦留"是必然的。胡传于此时坚决求去,除非刘永福徇私,让或助其偷渡,否则是不可能的。唐景崧在6月4日晚由沪尾(淡水)离台,是偷渡,被兵士扣留,③两天后,登上"雅打商轮",沪尾炮台仍然拦截,"经德兵轮放炮救之,始开去"。④姑不论刘永福与胡传有无此私交,刘永福苦留不允,事属抗命,则唯一的可能,就是被"以军法论"处。枭首示众,尸体才是无头。这是胡传囿于理学的束缚,不能理解"民主国"的"明抗"与"实遵"的统一性,是"愚忠"的表现。故《家传》在叙及胡传死时,不再用"殉"字,表明其以身"殉"清之不取。而胡适却将"殉"字贯彻始终,言其父"殉"于台湾民主国,表明他是理解"明抗"与"实遵"的统一性的。对其父的行径无一词批评,乃兄胡绍之是为封建族规而讳其父死因,胡适则是讳其父之愚忠。

民谚有云:没有不透风的墙。胡传为刘永福所杀,徽州乡间早有传说。就连胡适的夫人江冬秀都曾对人说过:"公公(是)军中被杀头呢!"胡毓严在1986年7月8日致石原皋先生的信中,就抄录了其调查的记录:

  关于铁花公之死,我经过多方访问,认为铁花公是被刘永福所杀,以下是我的调查访问的综合:

  中日甲午战争,北洋军惨败,台湾无法防守,马关条约将台湾割让作赔,遭到台湾各界人士及老百姓的反对,当时有唐景崧策画并成立了"台湾民主国",由唐景崧任总统,但唐景崧是一个

---

① 《刘永福等盟约书》,中国史学会编《中国近代史资料丛刊·中日战争》(六),第451页。
② 《早报》,1985年7月6日。
③ 《张文襄公全集·电牍》,《中日战争》(五),第141页。
④ 《张文襄公全集·电牍》,《中日战争》(五),第141页。

文职巡抚,无法镇压反对台湾割让、台湾自主的群众浪潮,因此仅组成几天的"台湾民主国"的内阁就崩解了。此时主台的唯一的军事将领刘永福,利用手中的军权,阴谋再组阁,妄图当总统,要铁花公相助,铁花公未答应,当时正直(值)患病(俗称香港脚),便托病要求离台。以《明经胡氏宗谱》载"有越人刘永福者,以台地自立,要公相助,会病作,不果"一段,很有说明上述情况的力量。为此,刘永福即有戮杀铁花公之心……

有本乡余村人汪顺勤之祖父汪正钦(已故),早年在上海、厦门、台湾一带做茶叶生意,铁花公曾为他们(有四人)保过镖,后拜为兄弟。汪正钦经常在台湾做完生意后到铁花公处住上一二天再回家。那一年八月下旬,他在台湾做完生意后到铁花公住处,问知已离台返乡,即找一旅店住了一晚,第二天离开旅店时,就听说铁花公被杀,人头挂在当街示众,汪正钦去一看,正是铁花公的头。问及缘由,说其既是军人,就应与守地同存亡,今地尚在,人却(要)离去,有失军责,故处死云云。

胡毓严对调查访问所作的综合,除以清王朝正统史观说刘永福"阴谋再组阁,妄图当总统"等说法与史实不符外,对汪正钦到胡铁花的住处以及次日见到示众的首级之地点与过程也不确切,也不具体,同时对当时的战争年代、汪如何去台湾、又怎样离台等情节缺乏必要的交代。但重要的是说明了胡传被刘永福斩首示众,与"以军法论"的史实相符。因为汪正钦所亲历的史实,已经过了几代人的口传,汪正钦把此事告诉儿子汪寅开,汪寅开又告诉其子汪顺勤,再由汪顺勤转告胡毓严,若此辗转口传,其中具体情节就不甚确切了。汪顺勤今还健在,已七十五六岁高龄。石老原皋在几年前也曾听得老友胡炳祺(绩溪宅坦村人,今已故)说过此事。胡炳祺在光华大学读书时,曾听同学汪敬时(歙县桂林人)说"胡铁花是受处分而被杀头的"(汪敬时的父亲是前清举人)。但当时石老还不敢相信。传说尽管各不一样,有一点共同之处是:胡传是被杀头而死的。

三、胡传是"东亚第一个民主国"的"牺牲品"

胡传因不愿为台湾民主国效力而遭杀,胡适却说他是"民主国的第一个牺牲者",胡适的这个态度,是我们需要探讨的另一问题。从字面上看,胡适是把这民主国视为先进的共和制,以此为其父之死增辉。其实不然,胡适在此所用的,实是模糊概念。欲明其义,且先看台湾民主国的成立与实质。

台湾民主国并非共和国。当其诞生之初,驻台北的西方新闻通讯员大卫逊曾一度被迷惑而寄予厚望,他预言:"自此以后,一个将会产生伟大事件的新中国,已经孕育起来了。"①当时担任李鸿章赴日议和的法律外交顾问科士达在《外交回忆录》中亦说,台湾"建立了一个独立的共和国"。②"东亚第一个民主国"的美称即由此而来。

实际上,台湾民主国是旧瓢饰新皮。台绅丘逢甲等在酝酿成立之初,电禀清廷总理衙门说:"台湾为朝廷弃地,百姓无依,惟有暂行自立,死守不去,遥戴皇灵,为南洋屏蔽。"③唐景崧在这个问题上,考虑的问题就更为复杂了。他在台绅酝酿民主国时,即 5 月 17 日致电张之洞说:"民主之国亦须有人主持,绅民咸推不肖,坚辞不获。惟不另立名目,终是华官,恐倭借口,缠扰中国;另立名目,事太奇创,未奉朝命,似不可为。如何能得朝廷一便宜从事,准改立名目(而)不加责问之密语。公能否从旁婉奏,此亦救急一策。"④冀奉旨"民主"。5月20日,清廷下诏唐景崧"开缺来京陛见,其台省大小文武各员,并着唐景崧饬令陆续内渡"。唐景崧仔细揣摩旨中"只言撤官,未言撤兵",⑤领悟其为"或以此旨应付倭人,了中国公案耶"。于是唐景崧即于 5 月 25 日接受台湾绅民的拥戴。翌日,唐景崧致北京总理衙门电

---

① 《北华捷报》,1895 年 5 月 31 日。
② 《科士达外交回忆录》,《中日战争》(七),第 483 页。
③ 《清季外交史料》,第 109 卷,第 112 页。
④ 《唐抚台来电》,《张文襄公全集·电牍》。
⑤ 《张文襄公全集·电牍》。

云:"四月二十六(5月20日)奉电旨,臣唐景崧钦遵开缺,应即起程入京陛见。惟臣先行,民断不容,各官亦无一保全。只可暂留此,先令各官陆续内渡,臣则相机自处。台民闻割台后,望有转机,未敢妄动,今已绝望,公议自立民主之国……嗣后台湾总统均由民举,遵奉正朔,遥作屏藩。俟事稍定,臣能脱身,即奔宫门,席稿请罪。"①

由此可见,这个"自立"之国,是一个臣属清廷的"民主国"。它的官职、旗帜、年号也均可证明这一点。台湾民主国的元首称"总统",是台湾的绅民提议的。仅此一点,似乎具有一些新气象。不过,在命名之初,张之洞就认为"只宜云'自约'为民会民政之国,不可云自主,不可云自立。外洋总统甚大,似不相宜,须稍变,或云总管,或云总办。谗潜嫌疑亦须防也"。②张之洞的意思是说,台湾民主国既"遵奉正朔",同时称"民主"或"自立",就有"僭妄"之嫌,称"总统"也会被称为"僭号"。因台绅喜欢这个新名称,暂被保留了。但唐景崧在向清廷奏事以及行文给内地各省和台湾本省各属时,依然用巡抚的头衔,加盖巡抚的关防。"台湾民主国总统"的名号,仅作对外之用。民主国的另一机关"议院",亦是名不副实,只是筹饷的机关而已。

台湾民主国有国旗,图案为"蓝地黄虎","虎首内向,尾高首下",③以示臣服清王朝。清王朝的旗帜是龙旗,台湾民主国自居为虎,以别尊卑。

台湾民主国的年号叫"永清",是永远属于大清之谓。

台湾民主国的成立,是否为一个独立运动?早年那位驻台北的大卫逊记者,就曾把台湾民主国的通告,译作《独立宣言》;连横著《台湾通史》,叙述民主国的成立之章,标题为"独立记"。以后的人称此民主国的成立为"独立",大概是因袭此说。实际上是不符合事实的。

台湾绅民和唐景崧等人所用的"自立"一词,丝毫不含要与清廷决裂的意思。台湾当初要是向英、法等国乞援成功,其前途则难以测料。在民主国成员坚持抗日的一段时间里,他们的给养、兵勇、武器

---

① 《唐抚台致总署电》,《张文襄公全集·电牍》。
② 张之洞致台北唐抚台,《张文襄公全集·电牍》。
③ 姚锡光《东方兵事纪略》,《台湾篇》(上),《中日战争》(一),第94页。

等多半为国内支援,直至7月2日(闰五月十日),清廷在日本政府的压力下,由总理衙门电令各口云:"奉旨,现在和约既定,而台民不服,据为岛国,自已无从过问。惟近据英、德使臣言,上海、广东均有军械解往,并有勇丁由粤往台……实于和约大有妨碍。"①并饬张之洞等人查处此事。支援台湾民主国抗日的事就此基本停止。对台湾民主国做物资与兵勇支援的,多为两江、湖广、闽浙、两广等地的封疆大吏。他们支援民主国的目的,并非要把台湾从清王朝分裂出去,张之洞在不能再支援民主国时,仍对刘永福寄予期望:"若能割据此土为中国作屏藩,胜于倭人万倍,至饷械垂尽,则惟有用草船借箭之法,果能得手,敌之饷械皆我之饷械也。刘固奇男子,成则为郑延平(成功),不成则为田横耳。"②在这些民主国与清政府之间千丝万缕和错综复杂的关系中,无一可以证明是分裂的活动。

1982年台湾出版黄大受著《台湾史纲》中,把此民主国的史事,标题为"永属大清的独立",是一个富有辩证性的创见。作者在引录台湾绅民向中外所发布的布告后说,这篇文告"一心一意的要在'事平之后,当再请命中朝','以台湾归还中国'。指出'台民皆籍隶闽粤',实为中国血肉不分的一部分,台省同胞并不是要独立,而是要抗拒日本,使之复归中国仍为一体"。由此可见,台湾民主国的成立,既不是分裂,也不是摆脱清王朝的统治,纯属反对割让所采取的应变措施。

台湾民主国究竟是什么性质?吴玉章有个说明:"这是台湾同胞因为清朝政府把台湾割让给日本,不甘忍受日本的统治而成立的。为什么叫做民主国呢?并不是因为台湾有了资产阶级,要求民主政治,而是因为台湾已经被清朝视为化外,没有了君主,所以只好借用一个资产阶级的名词,叫做民主,而年号仍旧称'永清'……试看台湾民主国总统唐景崧在回到国内以后,仍旧是清朝的臣子,副总统丘逢甲在辛亥革命前成了君主立宪的拥护者,就可以知道他们并没有

---

① 易顺鼎:《盾墨拾余》,《中日战争》(一),第137页。
② 易顺鼎:《盾墨拾余》,《中日战争》(一),第138页。

真正的民主思想。"①一位西方学者曾这样评述:"台湾民主国成为一个被取笑的对象,这意味着民主国的出现,仍然是清朝官员因绌于应付日本人而作出的另一个可耻的逃遁行为。同时,接近此事件的外国观察家,则很快认为这个'亚洲第一个共和国'是一个愚弄。"②梁启超1911年在游台诗中,亦指台湾民主国的成立"直如一笑谈"。③

胡适是具有现代民主思想的新人物,又是有考据癖的人,对台湾民主国的历史,不可能不加研究,无疑会有自己的看法与评价。但因其与父亲胡传之死有关,故对之讳莫如深,直至问题找上门来,才不得不表态。1955年,台湾学者曾迺硕汇辑乙未抗战史料,并在《中华民族乙未抗日史导论》中把台民主国的期限划至唐景崧内渡为止(五月初三至十三日),刘永福领导的抗日时期算作民族革命时期。所以,他提出胡传是民族革命中的"第一个牺牲者","绝非为民主国的牺牲者",并指出胡传"从未自以为'东亚第一个民主国之官民;更未为之尽力及牺牲也"。作者虽系隔靴抓痒,却已触及了问题的痛处。胡适看到后,并未表态。三年后,曾迺硕又直接写信给胡适,与他讨论"成为东亚第一个民主国的第一个牺牲者"一语。胡适无法回避,才作复说:"唐景崧的几天和刘永福的几个月,我没有把他们分作两回事","但我在《四十自述》里叙述先父之死,是由于脚气病,是可以医治的。先父原想赶到上海去求医,只因为刘永福不肯放行。……我的原意(也是我先兄和先母的意见)都觉得先父之死是由于刘永福的不肯放行。'民主国的第一个牺牲者'一句话的原意不过如此。那句话也许有语病,也许是因为话说得太含糊了,所以引起先生两次疑虑"。④曾迺硕本是想与胡适讨论胡传究竟是死于民族革命还是死于民主革命,而胡适却来个王顾左右而言他,把"民主国的第一个牺牲者"的原意完全归结为"由于刘永福的不肯放行"。这样的回

---

① 吴玉章:《论辛亥革命》。
② 蓝厚理著,吴密察、蔡光祥译:《一八九五年之台湾民主国——近代中国史上一段意味深远的插曲》,引自《台湾史论丛》第一辑。
③ 《饮冰室全集》卷五,第205页。
④ 转引自胡颂平《胡适之先生年谱长编初稿》第一册,第27页。

答,却也明确了一个问题:刘永福即民主国。至于其究竟为民族革命或为民主革命,唐景崧时为民主革命,唐景崧离台后则为民族革命等问题,一概避而不谈。言外之意即是:如果没有民主国,即没有刘永福的不放行,他的父亲就可安然内渡就医了。由此可见,无论民主国的性质是怎样的,均无关紧要。从这个意义上说,这句话的真正含义是:刘永福杀了他父亲,他父亲不过是台湾民主国的"牺牲品"而已。胡适承认此"话说得太含糊",但妙就妙在"含糊",它能掩饰其抱怨之情而不为人所察。

胡适所以持这种态度,是遵循先兄先母的意见,也是中国传统的为尊者讳、为亲者讳。胡适在美国留学期间,女友韦莲司曾问他:"若吾人所持见解,与家人父母所持见解格格不入",是"迁就以求相安"?抑或"决裂"?胡适对她说:作为东方人,"不忍拂爱",则"容忍迁就",西方人则可按自己的"独立思想"①行事。胡适甚至在日记中抄录孔子所言"父为子隐,子为父隐,直在其中矣",说这是"仁人之言也"。推而广之,"其作《春秋》,多为鲁讳,则失之私矣。然其心可谅也。余亦未尝无私,吾所谓'执笔报国'之说,何尝不时时为宗国讳也"。② 其父胡传在此问题上是"忠臣",胡适在此问题上则是个"孝子"。

四、父以子贵

由于胡传的儿子胡适成了名人,更由于胡适对其父在台湾之死用了"东亚第一个民主国的第一个牺牲者"这样模糊的表述,使其身后在台湾骤然显赫起来。

有人因胡适幼时曾在台湾的台东生活过,即宣称:"台湾确是名闻天下权威学者胡适之识字发祥地"。③ 胡适亦自称为"半个台湾人"。④ 1952年胡适重访台南和台东,寻访幼年生活过的故地,胡传

---

① 《胡适留学日记》卷七。
② 《胡适留学日记》卷五。
③ 黄纯青:《台湾与胡适》,(台北)《"中央日报"》副刊,1952年11月19日。
④ 《胡适言论集》乙编,第12页。

的名字由此再放光彩。在台南,58年前胡传曾住过的台南道署,现在成了台南市中区永福路北段永福国民学校。胡传的故居与刘永福的名字竟纠缠在一起,是历史的讽刺。胡适为该校教师作"维桑与梓、必恭敬止"和"游子归来"的题词。① 胡适到台东,特地去卑南乡槟榔村阿里摆蓍社寻访他幼年时的故居,可惜已成荒丘,只有向遗址凭吊。唯一可告慰的是,访得了其父胡传在离任时赠送给当地山胞的一件官服,至今仍完好如新。此官服今已为台东文献委员会保存,作纪念文物展览。②

胡适这次重访故地时,在台南和台东分别栽了一棵榕树和两株樟树。他说:"据说这(两)种树都有很长的寿命,将来长大了,也许有一个小小掌故的地位。也可以说替将来的台湾文献,捏造一些掌故。"③胡适是以此为父亲胡传和自己立碑。台南永福国民学校的仓库,由此挂上了"胡适纪念馆"的牌子。台东县则把原来的光复路更名为"铁花路","以纪念清代本县末任州官胡传",④县文献委员会筹建胡传州官纪念碑。10年后胡适亦作古了,这块纪念碑上又刻上"州官胡公铁花纪念碑记",兼纪念其子胡适。碑记仿佛是有意等待胡适死后才刻的,在讴歌州官胡传的功绩和德政之后说:"凡此诸端,具征台东七十年来并发之促进民智之启沃,而有今日之成规者,乃公之流徽丽泽也。"最后附及"学术湛深,士林所崇"的第四公子胡适"'民国四十一年'首次由美国回台与商'国是',随于年终亲来访问旧居。数度欢谈,辄认台东为其第二故乡……哲人云萎,益增遐思……"⑤看来胡适之名是因其父而同入碑记的,实际上这位70年前的州官,是因其子胡适的盛名而显赫,是父以子贵。

胡适是一位现代君子,生平爱惜羽毛,凡有碍自己体面的事,均

---

① 衡五:《维桑与梓必恭敬止(胡适之先生台南访旧追记)》,《台南文化》2卷4期。
② 姚汉秋:《胡适与台东》,《采访十五年》,台北,1963年。
③ 《胡适言论集》乙编,第12页。
④ 《台东县志·大事记》,1963年。
⑤ 引自李敖《胡适评传》,23页。

避而不为,遇到难以说清的问题则模糊其词。在胡适的一生中,对学位问题、恋爱问题就是以"模糊"处理的,对其父胡传之死的态度也是如此。

本文先发表于《安徽师范大学学报》1987年第4期。后经充实,由黄大受教授持去台湾,发表于《中外杂志》1994年11月号(第五十六卷第五期),易题《胡适父亲胡传惨死之谜》。

附:

胡铁花举殡讣告

幕设南门外徽宁思恭堂义园

不孝洪骏等罪孽深重,不自殒灭,祸延显考
诰授通议大夫
钦加三品衔
赏戴花翎、在任候补知府、卸任台湾台东直隶州统领镇海后军各营屯
　　奏调台湾差遣委用江苏候补直隶知州　前署吉林五常厅抚民同
　　知兼理儒学训导
特旨以知县留吉林省候补,就职训导。庚午科岁贡生铁花府君,痛于今光绪二十一年乙未七月初三子时寿终厦寓正寝,距生于道光二十一年辛丑二月十九日戌时,享年五十有五。不孝洪骏、洪□、洪骍在籍读书,不孝洪骓随侍在厦,亲视含殓,即日遵制成服,择期扶柩归籍安葬,叨在(戚、寅、世、乡、族)谊,哀此讣闻。

谨择八月十七日 领帖
　　　　　　　八　午时举殡

　　　　　　继慈命称哀　　　　孤哀子洪骓洪骏洪骍
　　　　　　　　　　　　　　　　　降服子洪□

胡适的婚姻与恋爱

一、婚 姻

胡适在我国"五四"以来,可说是一个新型人物的象征,留学美国的洋博士,风度翩翩的摩登学者,提倡白话文学,具有盎格鲁—撒克逊的素养。像这样现代化人物的婚姻,理应是郎才女貌,洋博士与摩登女士才能称得上是珠璧相配。但出人意料的是,他的结婚对象,竟然是一位小脚村姑,粗通文字的半文盲。土洋联姻,新旧参半。在过去的六七十年里,人们一提到胡适的婚姻,总是交口称赞,誉胡适为道德的圣人。此种现象,实是一个饶有兴味并充满神秘色彩的问题。胡适为什么要将就这门婚事?胡适在婚前婚后,有没有谈过恋爱?胡适有没有自己的爱情生活?这些都是人们所关心的,也是有兴趣求知的。今试作历史考察,或许能得知其本来面貌。

(一)与江冬秀的婚事及其婚姻观的变化

胡适14岁那年,即由母亲之命、媒妁之言与江冬秀订了婚。江家是皖南旌德县江村的望族。胡、江两家本是亲戚。江家看中了当时少年老成的"糜先生"(胡适幼年名嗣糜,乳名糜儿。读私塾时,因爱学大人的模样,乡人戏呼"糜先生"),主动央媒向胡家提亲。胡适的母亲冯顺弟当时因江冬秀大胡适一岁(俗云:"宁可男大十,不可女大一"),又因江冬秀属虎,胡适属兔,"八字"过硬,生肖相克,因而有些犹豫。但江家执意要攀这门亲事,使冯顺弟情面难却,就推说由菩萨代为做主。冯顺弟即把江冬秀和其他前来提亲姑娘的"八字",一起放在灶君神龛内,请灶王爷裁夺。过了一段时间,家中太平无事,连一只碗都没有碎过,表明这些姑娘的"八字",与胡适不犯冲,冯顺弟想在其中任选一个,即虔诚地从中取出一个。哇!天作之合,正是江冬秀的"八字"。胡适的终身大事,就是这样以传统的方式定了下来。于是江冬秀来胡家为童养媳,实习做人媳之道,绩溪俗称"通脚"。时胡适在上海读书。

13年后(1917年12月13日),胡适由北京大学赶回故里与江冬秀完婚,男方是西装革履,女方则是花袄、花裙、花鞋,是一幕洋与土相映成趣的"文明结婚"。殊不相同的人与物,就此统一在婚礼上、洞房中。

胡适与江冬秀订婚时,还只是刚读完九年私塾的"农村知青",江冬秀也读过二三年私塾,堪称般配。自胡适赴上海进入新式学堂,继又赴美留学,彼此的思想与知识的水平就越拉越大。胡适在自撰的新婚对联中说:"旧约十三年,环球七万里。"在这13年中,胡、江两人的经历向着不同的方向发展:妇方是空阁守待,十三年如一日;男方则七万里路遥关叠,柳暗花明,是不平静的13年。最后是新人践旧约,正如胡适在婚后所说:"有意栽花花不开,无心插柳柳成荫。"①

胡适在上海读书的时候,在当时新思潮的影响下,就曾在《竞业旬报》上发表过《婚姻篇》的文章,他在文中说:"中国男女的终身,一误于父母之初心,二误于媒妁,三误于算命先生,四误于土偶木头,随随便便,便把中国四万万人,合成许许多多的怨耦。"如果长此以往,"那可怪不得那些青年男女要说家庭革命了"。但他又引孟德斯鸠的话,认为父母的"见识思想毕竟比子女的强些",主张仍由父母主婚,但儿女有干涉之权,可以提出自己的意见,由父母与儿女相约而定。这就算是"完全的好法子"。胡适此时对这一问题的论述,隐约流露对自身婚姻的不满情绪。1908年,冯顺弟怕夜长梦多,催胡适回家完婚。胡适在复母亲的信中,列举种种理由,说明"儿万不能归也",并明确指出:"合婚择日,儿所最痛恶深绝者……大人又何必因此极

---

① 见程法德《关于胡适及其家庭》,《胡适研究丛录》,第29页。

可杀、极可烹、鸡狗不如之愚人蠢虫瞎子之言,而以极不愿意、极办不到之事,强迫大人所生所爱之儿子耶?"①这是胡适在婚姻问题上的一次思想变化。虽然胡适声明无意革"母命"之命,但却有抗命之实。把婚期往后延宕,让时间来裁决。

胡适到美国留学,生活在恋爱自由、社交公开的社会里,思想曾一度发生逆反的变化。在康乃尔大学1911年的一次辩论会上,胡适竟置身于自由婚姻反对派之列。他为中国传统的婚姻制度辩护,曾计划写一本《中国社会风俗真诠》的专著,为中国的风俗一一作"辩护"。②胡适当时强调:"吾国顾全女子之廉耻名节,不令以婚姻之故自累,皆由父母主之……女子无须以婚姻之故自献其身于社会交际之中,仆仆焉自求其耦,所以重女子之人格也。"并说西方女子"长成即以求耦为事……驱之使自献其身以钓取男子之欢心者,西方自由婚姻之罪也"。③ 又说"中国婚姻之爱情是名分所造成的,订婚之后,女子对未婚夫自有特殊柔情。……及结婚时,夫妻皆知有相爱之义务,故往往能互相体恤,互相体贴,以求相爱。向之基于想像、根于名分者,今为实际之需要,亦往往能长成真实之爱情"。④

胡适此时的婚姻观,比在上海时后退了,究其原因,一方面是胡适自幼受礼教的影响太深,同时也因他当时对西方的生活方式了解尚浅。胡适从中国"礼"的角度来看美国的男女公开社交,当然会感到不成体统。胡适当时对西方的自由恋爱,尚不知其所以然。1914年他还认为"求婚一定是极堪狼狈的事",不如媒妁婚姻之"文明",正好"免于青年人求婚的苦恼"。⑤ 这一切,随着胡适对美国社会的进一步熟悉,由知其然进而知其所以然,自然从自我禁锢的"礼"的框框中走出来,男女交往的观念也为之一变。1914年6月,胡适第一次往访女生宿舍,留有如下日记:"吾十年之进境,盖全偏于知识一方面,而

---

① 胡适致母函,1908年7月31日,《胡适家书选》。
② 《胡适留学日记》卷2,第103~104页,商务印书馆,1948。
③ 《胡适留学日记》卷3。
④ 《胡适留学日记》卷3。
⑤ 胡适:《中国婚俗》。

于感情一方面几全忘却,清夜自思,几成一冷血之世中人……念悬崖勒马,犹未为晚,拟今后当注重吾感情一方面之发达。吾在此邦,处男女共同教育之校,宜利用此时机,与有教育之女子交际,得其陶冶之益,减吾孤冷之性。……吾在此四年,所识大学女生无算,而终不往访之,吾四年未尝入 Sage college(女生宿舍)访女友,时以自夸,至今思之,但足以自悔耳。今夜始访一女子。拟来年常为之。"[①]

胡适的婚姻观,又从来美后一度的逆反心理中走出来了,悟今是而昨非。胡适在中国"礼"俗的回潮中悬崖勒马之时,已是在美国生活了3年零10个月之后。

(二)韦莲司对其婚姻观的影响

胡适在美国自由开放的男女社交生活的感染下,情感世界掀起了小小波澜。这时他已为地道的金发女郎韦莲司所迷恋。胡适曾破例走访的女生宿舍,想必就是韦莲司女士的。

胡适后来与韦莲司不仅鱼雁频传,还经常在花前月下幽会。他所作的《临江仙》可以为证:

> 隔树溪声细碎,迎人鸟唱纷哗,共穿幽径趁溪斜。我和君拾葚,君替我簪花。
>
> 更向水滨同坐,骄阳有树相遮,语深浑不管昏鸦。此时君与我,何处更容他。

描绘得入神入情,没有亲身的经历,是难以达到如此境界的。但胡适在发表时加序说:"偶作绮语,游戏而已……一无所指,惧他日读之妄相猜度也。"这真是欲盖弥彰了。

韦莲司女士是康乃尔大学地质系韦莲司教授的次女,康乃尔校园的一颗明珠。韦氏为新英伦世家,韦女士当时独自去纽约专攻美术,她的母亲比较守旧,几番劝阻,终不回来。胡适当初对韦女士的印象是:"其人极能思想,读书甚多,高洁几近狂狷,虽富豪而不事服

[①] 《胡适留学日记》卷4。

饰。一日自剪其发,仅留二三寸。"①相处经年之后,依然说她"最为洒落不羁"。

像韦莲司如此"不羁"之女,胡适敢于向她进攻,他的胆识不可谓不大。当时在美国东部的中国留学生中,成绩优异者首推赵元任与胡适。论学业,赵比胡略为占先,但胡适的风头比赵更健。胡适参与各种社交,异常活跃。并到处演说,他对演讲术颇有研究,常得听众喝彩,且常在国际刊物上发表文章和读者投书等。这就是胡适能博得女士欢心的本钱。

1915年1月23日,胡适又专访韦莲司女士于纽约海文路92号寓所。据他在日记中说,彼此"纵谈极欢。女士室临赫贞河,是日大雾,对岸景物掩映雾中,风景极佳"。在这次的"楼台会"中,有人揣测胡适"显有所求,为韦女士所峻拒"。②胡适在2月3日收到韦女士的一封"即在所谓最自由放任之美国,亦足骇人听闻"的长信。韦莲司在信中劝胡适斩断情丝,悬崖勒马,应着重较"高级"的情性之交,勿岌岌于"色欲之诱"。这就使胡适认识到,在西方世界,即如韦莲司这样不顾世俗的奔放女子,同样有其遵守的"礼"的规范。胡适接受了她的条件,并与她相约,"以后各专心致志于吾二人所择之事业,以力为之,期于有成"。③

胡适爱慕韦莲司,说她"见地之高,诚非寻常女子所可望其肩耳。余所见女子多矣,其真能具思想、识力、魄力、热诚于一身者惟一人耳"。韦莲司对胡适倾慕程度不亚于此。彼此有恋情是无疑的。互相规勉,更表现出两人爱情的高洁。但这一对有情人,未能"终成眷属"。

胡适与韦女士之所以终未成眷属,一般均从胡适于1916年1月27日致韦母的信来判断,认为是守旧的韦母"棒打鸳鸯"所致,因胡适在致韦夫人的信中说:"我们为什么要顾虑'别人'对我们怎样想法呢?难道我们管我们自己的事,还没有他们来管的好!?风俗习惯不

---

① 《胡适留学日记》卷11。
② 唐德刚:《胡适杂忆》,第193页。
③ 《胡适留学日记》卷8。

是人造的吗？难道我们有知识的男女，就不如传统的风俗习惯伟大了吗?!"①实情并不完全如此。应该承认，在70多年以前，一对异族、异教的男女青年要通婚，确实有许多障碍难以通行。不能以今天的情况来衡度当日的事情。加之20世纪初期，中国人在美洲备受歧视，在白人的眼里，中国人比黑奴还不如。韦女士能与东方少年谈情论文，正因为她"狂狷"、"不羁"，但却为当地的美国世俗所不容。这也可算是这对有情人不能"终成眷属"的重要原因吧！

1913~1961年间，胡适致韦莲司的信，共有一百几十封。韦莲司将这些信珍藏了整整半个世纪。胡适逝世后，韦女士把这些信寄交胡适的遗孀江冬秀，继由江冬秀转赠给台北"中央研究院"，现在这些信大概保存于胡适纪念馆，②是研究胡适留学时期生活与思想的第一手珍贵资料。

胡适在与韦莲司女士交游中，"得其陶冶之益"颇多。除了胡适在认识她以后，"生平对女子见解为之大变，对于男女交际之关系亦为之大变"外，尤其对女子之受教育大受启发。他说："女子教育，吾向所深信也。惟昔所注意，乃在为国人造良妻贤母以为家庭之预备，今始知女子教育之最上目的，乃在造成一种能自由独立之女子……盖女子有一种感化力，善用之可以振衰起懦，可以化民俗，爱国者不可不知所以保存发扬之。"③

更值得注意的是，胡适在韦莲司女士的陶冶下致力于自己的事业，对曾感不满而致动摇的包办婚姻，竟就此坦然无憾了。这看来似乎是矛盾的，但因胡适为向更高的目标迈进，认为包办婚姻更有助于自己事业上的成功，因而甘愿忍受。这也是符合逻辑的。

胡适留学美国，原先读的是农科，一年后转入文科，最后决定专

---

① 《胡适留学日记》卷12；参阅唐德刚《胡适杂忆》第194页。
② 这些信函已由周质平先生于1999年整理编译成《不思量自难忘——胡适给韦莲司的信》，由台湾联经出版事业公司出版，共收函电、明信片175件，最早一信为1914年11月2日，最后的一件是1961年4月23日。
③ 《胡适留学日记》卷11。

治哲学。为达到"他日为国人导师"①的目标,除在学业上必须为自己创造条件外,还必须有所牺牲。胡适在由康乃尔转入哥伦比亚大学研究院期间,曾一再对 Lewis S. Ganneff 说过:"我们要领导,就得遵从习俗。作为居间过渡的一代,我们只有为父母和子女牺牲。除非我们自愿放弃我们所有的影响力,那么就只有依父母的意愿结婚,娶我们在新婚之日才见第一面的女人。为了子女,我们也得使整个的社会更愉快健康,使他们能尽有其所。让这一点作我们的报酬和补偿吧!"②胡适懂得,"婚姻并非纯粹个人的行为,而是有其社会的重要性的"。③ 这种行为所体现的情操是很高尚的。

胡适作出上述决策,不仅与母亲和江冬秀达成和解,亦自我释除了沉重的思想包袱。在此之前,胡适的思想,对此问题又曾一度陷于极为痛苦的境地,千方百计寻求解脱的方法,如朗诵培根《婚娶与独处论》和《父子论》中的"有妻子者,其命定矣(绝无大成就矣),盖妻子者,大事业之障碍也……天下最大事功为公众而作者,必皆出于不婚或无子之人"。又力倡不婚、独身,以求得精神上的平衡,如云:"释迦、孔子、老子、耶稣皆不赖子孙传后……有后无后,有何损益乎?"④现在明确在婚姻上有所牺牲,可换取他日的成功,也就心甘情愿了。

不过,还有一点是必须补充的。1914年底,胡适在与人讨论《择偶之道》时,曾提出:"若以'智识平等'为求偶之准则,则吾人终身鳏居无疑矣。……智识上之伴侣,不可得之家庭,犹可得之于友朋。此吾所以不反对吾之婚事也。"⑤家庭中之不足,可于友朋交游中补偿,说得十分明确。胡适之所以遵从母命,接受包办的婚姻旧约,就是基于这个原则。他在此把"婚"(为妻)、"游"(为友)分开,以为如此就可以左右逢源了。

---

① 《吾之择业》,《胡适留学日记》卷9。
② Lewis S. Ganneff,《年轻中国少年先知——胡适》,载(纽约)《时代杂志》第10页,1927年3月27日,转引自周明之《五四时期思想文化的冲突》。
③ 胡适:《中国婚俗》。
④ 《胡适留学日记》卷6。
⑤ 《胡适留学日记》卷7。

胡适与韦莲司女士的交游,对胡适与江冬秀关系的最终确定,是相辅相成的。胡适在家书中曾将此事告诉过母亲。冯顺弟在给胡适的信中,也曾附致"韦莲司姑娘书及致韦莲司夫人母女二短简"。胡适亦均将它翻译成英文分别转达。① 但冯顺弟毕竟不甚放心,所以又专函致胡适在美国的干父柏特森先生,申述"中国风俗,一经订婚即不能解除婚约",② 表达了做母亲的心思,怕胡适见异思迁而悔婚。

(三)维系在"名分"上的夫妻关系

经过与韦莲司女士的交游,胡适确立了新的婚姻观。为了事业的成功,他又接受了包办婚姻。他对未婚妻江冬秀也渐渐产生了一种责任感和同情心。

胡适正于此时,直接与江冬秀写信。这可能是出于江冬秀的主动。在《胡适档案》里,存有几封江冬秀早年致胡适的亲笔信。有一封写于壬子年腊月初八,即1913年1月14日,信中尚称胡适为"适之哥",自称"愚妹"。其信为:

> 敬启者,旧年上春接奉惠函,悉壹是,缘妹幼年随同胞兄入塾读书,不过二三年,程度低微,稍识几字,实系不能作书信,以是因循至今,未克修函奉复,稽延之咎,希为原宥。

信中所说的"旧年上春接奉惠函",可能是胡适在家书中提到江冬秀,或有所附笔,并非直接给她专函。此时江冬秀虽已常在胡家服侍胡母,但还不敢称胡适为"夫君"。1913年12月13日,胡适直接给江冬秀写了一信:

> 冬秀贤姐如见:夏间得家慈寄来小影一幅,得之如晤对一室,欢喜感谢之至。适去国四年又半,今尚须再留此一年半,约民国(六年)之秋可以归国。每念去国日久,归娶之约一再延误,何以对卿。然适今年恰满廿三岁(以足年计),卿大于适约一岁。再过二年,卿廿六岁,而适廿五岁,于婚嫁之期,未为晚也。西方

---

① 第九号家书(原件),《胡适档案》,存中国社会科学院。在《胡适留学日记》里,有第九号家书的摘要,但此内容已删节。
② 章元义:《我所记得的胡适之先生几件事》,《传记文学》32卷6期。

男女嫁娶都迟,男子三十、四十始婚者甚多,以彼例此,则吾二人尚为早婚耳。……适前有书嘱卿放足,不知已放大否……如未实行,望速放,勿畏人言,胡适之之妇,不当畏旁人之言也。

适之　十二月十三日

胡适在此信中所说的"放足"事,应该是前此在致母亲的家书中所提及的。

胡适此时对配偶的文化要求已经降低,只是寄望于日后尚可"伉俪而兼师友",可以在婚后继续提高。唯对"小脚",时为世界视作东方落后的象征,为当时国际社会所耻笑,也是主张革新人士所最痛恨的东西,所以最为关注,早就请母亲代为打招呼了。江冬秀从此信中得悉旧婚约重申为有效,喜出望外,立即奉复。信中的称谓也随之改变了:

适之郎君爱照:顷于婆婆处得接十二月十三日赐函,捧读,欣悉秀小影达左右。而郎君玉照亦久在秀之妆台,吾两人虽万里阻隔,然有书函以抒情愫,有影片以当晤对,心心相印,乐也何如。所云婚约一再延误等语,在郎君固引咎之词,但何薄视秀耶!秀虽一妮女子,然幼受母训,颇闻古人绪余,男子而张弧悬矢,志在四方。今君负笈远游,秀私喜不暇,宁以儿女柔情,绊云霄壮志?此后虽荣归不远,请君毋再作此言,令秀增忸怩也。

待字妇江冬秀三肃

信中避开了放足的事,是值得注意的。

我们从上面两封江冬秀的信来看,不像只读过二三年私塾的人所写。难怪胡适有"辞旨通畅,不知系渠自作,抑系他人所拟稿"[①]的印象。即或由他人拟稿,江冬秀为争取做"洋翰林"之妇,当时确实在努力学习文化,这也是可以想象得到的。胡适常在信中指导她学习:"识字不在多,在能知字义。读书不在多,在能知书中意而已。"[②]在其婚后,胡适在倡导新文学运动之余,又教江冬秀写白话文、白话诗。

---

① 《胡适留学日记》卷9。
② 《胡适档案》,存中国社会科学院。

1920年江冬秀所写的白话诗,经胡适批改,曾公开发表过。有一封江冬秀致其舅父的白话信,读来颇为通顺:

> ……舅父莫要怪我,写这种怪信,没头没脑的,现在外面很有人用这种白话写信,一点儿不用客气话,有甚么话,说什么话。我见适之他们朋友来往的信、做文章,都是用白话,此比从前那种客套信容易多了。我从来不敢动笔,近年适之教我写白话,觉得很容易……①

胡适与江冬秀订婚在清末,结婚在民国,旧婚约本身不受任何法律的保护,胡适13年守约不渝,纯出于自觉自愿。胡适在婚后致胡近仁的信中,也说了他同意这门亲事的缘由。他说:"吾之就此婚事,全为吾母起见,故从不曾挑剔为难(若不为此,吾决不就此婚,此意但可为足下道,不足为外人言也)。"②由此足以说明,胡适在理智上同意与江冬秀结婚,在感情上却又十分不满这桩婚事。

胡适的这种不满,在婚后依然没有能消除。这是由于江冬秀因循世俗、不思上进所致。在文化上,江冬秀的基础虽差,但有一代文宗"伉俪兼师友",是得天独厚的条件。只要她有志,一定可以缩小与胡适之间的距离,可以有所成就,或对胡适有所帮助。至少不至于像她后来那样,不思学习,不进则退,停留在阅读武侠小说的水平,把大部分时间消耗在打牌、打麻将上。文化上不求上进,也是当时一般妇女不思独立的一种反映。

江冬秀还不能创风气之先。她的放足,是胡适再三要求的结果。胡适对她说:"缠足乃吾国最惨酷不仁之风俗,不久终当禁绝。贤姐为胡适之之妇,正宜为一个首倡,望勿恤人言,毅然行之。适日夜望之矣。"③江冬秀完全是被动的,丝毫没有认识到缠足的落后性,也不明白放足的意义。江冬秀学写白话文,同样不明白提倡白话文的意义。

在这件婚事上,同样也是如此。13年漫长的婚约,险失而复得,

---

① 《胡适档案》,存中国社会科学院。
② 《胡适致近仁书》,1918年5月2日。
③ 《胡适档案》。

她并不知道其中的真谛。在她看来,得之与失之,皆归之于"命"。1917年胡适由美国返乡,趁探亲之便,想在婚前见一次未婚妻江冬秀。这是胡适"最低限度的条件",也是各方面都同意了的。但江冬秀竟是异乎常态,死命不肯相见,置胡适于尴尬难堪的境地。胡适事后称此为"危机一发"。胡适留下了一封信,第二天就走了,胡适说,这"是一个gentleman(君子)应该做的"。① 留交的信如下:

  昨日之来,一则因欲与令兄一谈,二则欲一看姊病状,适以吾与姊皆二十七八岁人,又尝通信,且曾寄过照片,或不妨一见。故昨晚请姊一见。不意姊执意不肯见。适亦知家乡风俗如此,决不怪姊也。适已决定十三日出门,故不能久留于此,今晨须归去,幸姊病已稍愈,闻之甚放心,望好好调养,秋间身体已好,望去舍间小住一二月。适现在不能定婚期,然冬季决意归来,婚期不在十一月底,即在十二月初也。匆匆归去。草此问好。

适 七月初八

江冬秀在婚前拒不见未婚夫,毫无道理,唯为世俗所囿,思想不解放而已。这均与其文化素养有关。可惜江冬秀认识不到这点,因此无法提高。

当然,江冬秀也有可取之处,如她不愿胡适为官。尤其在三四十年代,蒋介石屡次动员他弃学从政,胡适始终坚持在野帮南京政府的忙,因为他与江冬秀有不进政界之约在先。抗日战争爆发,南京国民政府任命胡适为驻美大使,胡适给江冬秀写信说:"我从国外回来后(按:指留学归来时)在上海的新旅社里发下一愿,决定二十年不入政界,二十年不谈政治。那'二十年不谈政治'一句话就早就抛弃了,'不入政界'一句话总算不曾放弃。……今日以后的二十年,在这大战争怕不可避免的形势里,我还能再逃二十年吗?现在怕更躲不开了。"但胡适又接着说:"再发一愿:至迟到战争完结时,我一定回到我的学术生活去。"不久又致书江冬秀说:"现在国家到这地步,调兵调到我,拉夫拉到我,我没有法子逃,所以不能不去做一年半年的大使。

---

① 《胡适的日记》(上),第201页。

我声明到战事完结为止。"①胡适一生不甘寂寞,却始终能保持一个学者的身份。在这个问题上,与江冬秀这位内助的支持是分不开的。

又如在生活上,胡适乃一介书生,不会料理,也不懂得如何料理日常的生活琐事,这方面江冬秀是行家。1921年汪原放为亚东图书馆出版《胡适文存》事,专程赴北京胡适家,江冬秀与汪原放有如下一席谈话:"……适之真是糊涂人呵!原放哥,你才不知道哩!你住过竹竿巷,你知道!?他的书桌边的墙破了,有一个大洞。他拿了薪水回来,往里面一塞,焰海买米,他说,你拿钱吧。买油,他说,你拿钱吧。把手一指,只管看书。谁要钱,叫你自己拿。我查查,米要吃几担,怎么吃的?我来问问家务事,几个人过日子,怎么会吃几担米呵!不能谈了,钱糟掉不少。我只好说,不能不管,不能不帮他。他是好人一个。"②江冬秀治家了,胡适的家务才井井有条,负起了后勤的担子,使胡适无后顾之忧。不过江冬秀只是担当了管家的任务,非胡适所期望的。江冬秀却由此擅胡家的财政大权,控制了经济命脉。胡适在学术上是全国的权威,在家中却不得不向"管家"俯首称"臣"。胡适因此有"惧内"的雅号。

有一件事是需要说明的,即胡适在婚后的爱情生活很不充实,但在胡适的婚前与婚后,在致江冬秀的信中,却常有表示爱情的内容。如1914年5月,胡适在寄江冬秀的一张坐在图书室看书的生活照片的背面,题有小诗:"万里远行役,轩车屡后期,传神入图画,凭汝寄相思。"又如在新婚满月的那一天,胡适在客途中(夜行船上),戏作《生查子》寄冬秀:"前度月来时,你我初相遇。相对说相思,私祝长相聚。今夜月重来,照我荒洲渡,半夜睡醒时,独觅船家语。"③这些爱情的诗歌,说明了什么?胡适在致胡近仁的信中有所说明:"吾之所以极力表示闺房之爱者,亦正欲令吾母欢喜耳。"胡适的家书,冯顺弟都是找胡近仁阅读的,所以胡适专与胡近仁解释。

那么,胡适与江冬秀的夫妻关系,究竟是维系在什么基础上的?

---

① 《胡适档案》。
② 《汪原放日记》(未刊)。
③ 均见《胡适档案》。

答案也很明确,是维系在"名分"上的。胡适在《病中得冬秀书》诗中有说明:"……三、我不认识他,他也不认识我,我总想念他,这是为什么?岂不因我们,分定长相亲,由分生情意,所以非路人!……四、岂不爱自由?此意无人晓:情愿不自由,也是自由了。"①夫妻是"名分"所定,"情意"也由"名分"产生。实际上,这与其说是"爱情",不如说是由"名分"所规定的义务。其中有何奥秘?"此意无人晓"。

胡适的这"名分"婚姻,得到了不虞之誉。世人称颂胡适在婚姻上作出了大牺牲。这只有胡适自己最清楚。胡适在日记中说:"没有一件比这件事最讨便宜的了。……最占便宜的,是社会上对于此事的过分赞许;这种精神的反应,真是意外的便宜。"②以至在五四前后,一切好的、新的名声,都封给了胡适,而把一切坏的烂账,全都算在陈独秀的身上。连胡适自己也感到不公平,他说:"最可怪的,人家竟传说陈独秀曾力劝我离婚,甚至拍桌骂我,而我终不肯。此真厚诬陈独秀而过誉胡适之了!大概人情爱抑彼扬此,他们欲骂陈独秀,故不知不觉的造此大诳。"③

胡适以实验主义安排自己的婚姻,我们在上述考察中,知其爱情生活确实贫乏不堪,但是否如他所言:"情愿不自由,也是自由了"?则要另从"婚外恋"去求证。

二、婚外恋

胡适在美国与韦莲司女士的交往,其母冯顺弟与江冬秀都是知道的,且对胡适"名分"婚姻的铸成,还起了促进作用,故归为"婚姻"篇。另有两位为江冬秀所不知,或知道后引起醋海风波的"知识伴侣",则列为"婚外恋"。

---

① 胡适:《尝试集》。
② 《胡适的日记》(上),第200页。
③ 《胡适的日记》(上),第201页。

（一）柏拉图式的恋情——胡适与莎菲

莎菲即陈衡哲（1893～1976），江苏武进人。莎菲的形象闯入胡适的生活，是胡适与江冬秀直接通信之后。当时莎菲就读于纽约北边的沃莎女校。该校距纽约和康乃尔大学所在地绮色佳都有数小时的火车路程。莎菲偕任叔永、梅光迪、杨杏佛等于绮色佳湖上泛舟，已是胡适由康乃尔转学到哥伦比亚大学，并迁居纽约海文路92号——原韦莲司的寓所之后，故胡适与她无缘直接面交。

胡适与莎菲的关系，始于神交。神交也是由任叔永作中介的。其缘起是任叔永从麻州剑桥寄给胡适两首诗，要胡适猜猜是何人的作品。① 胡适对其中咏月一首特为欣赏："初月曳轻云，笑隐寒林里。不知好容光，已印清溪底。"胡适在复任叔永信中说："两诗妙绝……《风》诗吾三人（任、杨及我）若用气力尚能为之。《月》诗绝非吾辈寻常蹊径……足下有此情思，无此聪明。杏佛有此聪明，无此细腻……以适之逻辑度之、以新诗人其陈女士乎？"② 当时胡适知有陈衡哲其人，尚未曾谋面。胡适如此大胆地以诗度人，不得不令人惊叹。胡适在此称赞的虽是诗，实际上是在夸奖作诗的人。陈莎菲亦必然由此而引胡适为生平的知己。

从1916年10月起，胡适开始与陈莎菲女士通信，五个月之间，尺素往返频繁，单就胡适一方，差不多每月就发出了十件。他们通信的内容，都是论文议诗，可谓名副其实的"知识伴侣"，但是均发乎肺腑，读来恰是缠绵悱恻。不妨摘录数则，以示一斑。

1916年10月23日，胡适在《答陈衡哲女士》记云："女士答吾征文书曰：'我诗君文两无敌'（此适赠叔永诗中语），岂可舍无敌者而他求乎？'吾答书中有'细读来书颇有酸味'之语。女士答云'请先生此后勿再"细读来书"，否则发明品将日新月盛也，一笑。'吾因以此寄之"：

---

① 任叔永在《小雨点》"序"中说，自己故意骗胡"是我作的"。
② 《胡适留学日记》卷15，1916年11月17日。

不"细读来书",怕失书中味。若"细读来书",怕故入人罪。得罪寄信人,真不得开交。还请寄信人,下次寄信时,声明读几遭?①

11月1日,又"寄陈衡哲女士":"你若'先生'我,我也'先生'你。不如两免了,省得多少事。"陈衡哲则答书云:"所谓'先生'者,'密斯特'云也。不称你'先生',又称你什么? 不过若照了,名从主人理,我亦不应该,勉强'先生'你。但我亦不该,就呼你大名。还请寄信人,下次寄信时,申明要何称。"胡适答云:"先生好辩才,驳我使我有口不能开。仔细想起来,呼牛呼马,阿猫阿狗,有何分别哉? 我戏言,本不该。'下次写信',请你不用再疑猜:随你称什么,我一一答应响如雷,决不再驳回。"彼此已感称谓"先生"见外了,葡萄由"酸"向"甜"转化,交往在循着一定的程序深化。这已不是纯粹的文字游戏了。

1917年4月7日,胡适由任叔永陪同,专访普济布施村莎菲的寓所,是第一次见面。胡适在日记中云:"吾去年十月始与女士通信,五月以来,论文论学之书及游戏酬答之片,盖不下四十余件。在不曾见面之朋友中,亦可谓不常见者也。"②在神交的基础上握晤,一见如故,更是桃花潭水,一往情深。

不过胡适对此"外遇",只是好色而不淫,私下感怀而已。所以有人称胡、陈之间的恋情,是柏拉图式的。但其中情趣,比同时与江冬秀的通信,诚可谓有天壤之别。这却又实现了他的设想:与江冬秀通信的乏味,能在"知识伴侣"身上得到补偿。

20余年后的1938年,胡适赴美重游旧地,竟触景生情,有诗云:

四百里的赫贞江,从容的流下纽约湾,恰像我的少年岁月,一去了永不回还。

这江上曾有我的诗,我的梦,我的工作,我的爱。

毁灭了的似绿水长流,留住了的似青山还在。③

诗中所说的"诗"、"梦"、"工作"和"爱",无疑也包括韦莲司女士

---

① 《胡适留学日记》卷14,1916年10月23日。
② 《胡适留学日记》卷16,1917年4月11日追记。
③ 胡适:《从纽约省会回纽约市》,《胡适的日记》(手稿本)第13册。

在内。当时的胡适是风华正茂,正在提倡文学改良、"诗国革命"。他作诗的灵感,倡导文学改良的动力,与同学友生争辩时所表现出的百折不挠的信心,多半出诸爱的推动。在当时的胡适心目中,女子的"感化力"才是"振衰起懦"的源泉,其心中有个"女神"作为他的精神支柱,而这个"女神"不可能是韦莲司,更不可能是江冬秀,"所以,新文学、新诗、新文字,寻根究底,功在莎菲"。① 有人认为,这样的说法"言过其实"。② 但仔细观察一下当时的情景,倒觉得言之有理,符合实情。③ 胡适事后也说:"她是我的一个最早的同志。""她对于我的主张的同情,给我了不少安慰与鼓舞"。④

  莎菲在沃莎求学的几年中,与她通信的男性朋友,当然不只胡适一人。她的仪表虽属平常,但自视甚高,尚不愿轻易倾于一人,故曾申言抱"独身主义",但在她心目中,胡适的分量恐怕是最重的。1916年暑假,任叔永开始追求莎菲。陈衡哲同任叔永真正确立关系,是任叔永1919年第二次到美国,正式向莎菲提出求婚之后。胡适与江冬秀早在1917年底就已结婚了,陈衡哲与任叔永结婚是在1920年的下半年。从此时间表上看,莎菲将这一席位首先是留给胡适的。因她对胡适与江冬秀的关系,在当时并不清楚;1917年胡适与江冬秀结婚,她在美国亦不知情。所以,1922年6月20日陈衡哲致胡适的信中,最后的问候语竟是"祝你和你的'家'平安"。⑤ 这个"你的'家'",颇耐人寻味,"家"是所谓有了家,抑或指江冬秀?! 其中有着无穷的怜悯和浓郁的"酸情"。

  几年以后,陈莎菲写了一篇题为《洛绮思问题》的小说(发表在1924年10月号《小说月报》上,后收入《小雨点》)。小说描写一位哲

---

① 唐德刚:《胡适杂忆》,第196页。
② 夏志清:《胡适杂忆·序》。
③ 有人发现胡适在1933年的佚诗《水调歌头》有云:"应念赫贞江上,有个同心朋友,相望尚依然。夜半罢清话,圆月正中天。"参见陈漱渝《这个"同心朋友"是谁?——胡适佚诗〈水调歌头〉新解》,载《团结报》2006年2月16日。
④ 胡适:《小雨点·序》。
⑤ 《胡适来往书信选》(上),第153页。

学教授瓦德白朗与研究生洛绮思相爱的故事,主人公虽是白人,但其主要的故事情节架构,却与她同胡适的关系有着惊人的相似处。洛绮思(Lois),源于爱洛绮思 Helois。爱洛绮思实有其人,是一位热恋老师亚波拉(Abelard)而横遭教会干涉、名垂史册的女学生。陈衡哲专攻欧洲史,曾写过介绍僧尼孽侣《亚波拉与爱洛绮思》的文章,对亚波拉屈服于教会势力而甘愿与爱洛绮思永别的行为表示无比愤慨。卢梭在 1763 年写有一篇《新爱洛绮思》的小说,描写女主角同她的家庭教师热恋,后来嫁了人还是爱他,她的丈夫很开明,竟邀请妻子的旧情人同他们一起长住。看来陈衡哲是借用欧洲固有的历史故事中人物,来作为抒发自己一腔恋情的寄托物。此种托物寓情、言及于此而义归于彼,是我国自古就有的比兴手法。外国亦然。所以有人说这篇小说"影射了陈、胡二人不寻常的关系"。此说是中肯的。

小说里的主人公哲学教授瓦德,同洛绮思相爱三年之后,宣告订婚。但洛绮思怕结婚生子会妨碍自己的学业,因此有些反悔。瓦德当即表示:"我并不是那样自私的人,若能于你有益,我是什么痛苦都肯领受,什么牺牲都能担当。"并同意解除婚约。三四个月之后,瓦德即与"一位中学的体操教员"结了婚。在蜜月之后,瓦德写了一封信给洛绮思,告诉他自己的妻子"是一个爽直而快乐的女子,虽然略有点粗鲁……"又说:"我不愿对于我的妻子有不满意的说话,但我又怎能欺骗自己,说我的梦想是实现了呢?我既娶妻子,自当尽我做丈夫的责任,但我心中总有一角之地,是不给她的。那一角之中,藏着无数过去的悲欢,无限天堂地狱的色相。我常趁无人时,把他打开,回味一回,伤心一回,让他把我的心狠狠的揉搓一回,又把他关闭了。这是我的第二世界,谁也不许偷窥的……"

但当瓦德写完这封信后,又觉得信中的情意已越出朋友的范围,应该把这个秘密的种子保存在自己的心中,永不让它再见天日,于是重新写了一封只表示"除了切磋学问勉励人格之外,在他们两人中间,是没有别的关系可以发生"、态度落落大方的信寄去。这实是作者自己的思想境界,不过是借主人公之口表达而已。

这篇小说写成后,陈衡哲首先给丈夫任叔永过目,心地坦荡的丈夫表示满意。再寄给胡适征求意见,胡适却敏感地意识到可能会由此造成不良后果,要求陈衡哲修改,同时与任氏夫妇作了"很长的讨论"。陈终于"遵命",作了修改,还"添了一章",使小说的重点放在多少年后老处女洛绮思的身上,哲学教授瓦德不再出场。

有人认为,说这篇小说是对胡、陈关系的"影射""尚嫌证据不足"。其实,人们只是说这篇小说是"影射"陈、胡的关系"不寻常",并非"影射"其关系的"不正常"。如"尚嫌证据不足",再需进一步追问的,就不是"不寻常"的关系,而是"不正常"的关系了。

我们现在已无法看到陈衡哲当初的小说原稿,但从修改稿中仍可想见洛绮思对订婚的反悔,正像莎菲当年要继续深造,无暇顾及此事,待她1920年由芝加哥大学获得硕士学位回国时,胡适已经结婚了。这时胡适说不定亦有信给陈莎菲以表明心迹,这就成了小说中的瓦德写信给洛绮思的蓝本。

陈衡哲把这篇小说寄给胡适时在信中说:"这篇小说的 sincerity(真挚感情),我还自信得过,我觉得这是'妇女问题'的一个最彻底的讨论。"[①]任叔永则称之为《她的问题》,是莎菲近来精心结构的小说,也是他的近来所得未曾有的成功。他这篇小说有真经验,有诗情,也有深远的意思"。[②] 任叔永这里所说的《她的问题》,就是陈莎菲所说的"妇女问题"。陈衡哲对这个问题的彻底讨论,则指妇女对爱情与事业之间的矛盾之探究。陈衡哲认为:"家庭的服务,不能满足少数才高学富的女子的志愿,以至在她的生命中,要发生爱情与事业的冲突。"[③]小说中的洛绮思正是这样一位才高学富的女子,及其功成名就,又心烦意乱,总觉得还缺少什么,牺牲了爱情所换取的成就——她的著作,不过是一堆废纸而已。陈衡哲倾注于这小说中的"真挚感情",为任叔永所赞许。胡适也不无感动,几十年以后,他还在《独立评论》上说:陈衡哲在幼年"曾为婚姻作过奋斗","是一个吃过苦的大

---

① 《胡适来往书信选》(上),第233页。
② 《胡适来往书信选》(上),第232页。
③ 《妇女与职业》,《衡哲散文集》(上),上海开明书店,1938。

姊姊"。① 陈衡哲对小说的主人公洛绮思的内心矛盾刻画得如此深刻细腻,不仅是作者经验感情的投影,更是直接取材于自身经历,特别具有现实感,令人读来即引起共鸣。作者借小说中人声明她与恋人之间的关系,"象经过火炼的赤金一样,是什么杂质都没有了"。作者以小说中人倾吐衷肠,有些地方是自白式的写实。不过,柏拉图式的恋情已化为纯真的友情,她的丈夫任叔永理解这点,他们的家人(除江冬秀外)也理解这点,还有什么尚不能正视,尚需要加以回避粉饰的?它完全可以作为社会男女友情的高尚范例。

陈衡哲在与任叔永结婚后,对胡适依然关心备至,且心地坦然磊落。首先是支持胡适的工作。她与任叔永均参加了胡适组织的努力会,全力协助胡适办好《努力周刊》。他俩对问题的看法,仍保持着天然的一致。陈衡哲对胡适说:"我们两人现在对于文化的观念,似乎还不曾变罢。但我是常常 open to conviction(愿意服理)的,尤其是你的 argument(论点)。"②"你所说的话,通统都是我所要说的"。③ 由于胡适对周刊的工作负担过重,陈衡哲担心胡适的身体受不了,几乎要动员丈夫任叔永赴北京帮他的忙。

陈对胡的生活,更为体贴入微。小说中和瓦德结婚的女子是一位与他志行学问不相类的中学体操教员,"略有点粗鲁",是暗喻江冬秀。陈衡哲认为江冬秀对胡适的生活照顾不够,未能尽到体贴丈夫的责任。就在陈衡哲写这篇小说的时候,胡适的家庭不断遭到病魔的侵袭,一些家庭成员未能得到很好的及时治疗而被夺去了生命。先是胡适的侄子胡思永久病不治。胡思永能作新诗,为陈衡哲所赏识。④ 继则胡适的爱女素斐亦久病不愈。胡适自己的身体亦不佳。陈致书胡说:"读了你的来信,心中不胜为你忧闷。一个人自己多病已是够了——我是深知其中况味的,——怎又禁得再加上子侄的疾病相继呢?……适之,你如觉得你受不起精神上的负担的时候,请你

---

① 《独立评论》第42号编辑后记,1935年3月17日。
② 《胡适来往书信选》(上),第253页。
③ 《胡适来往书信选》(上),第261页。
④ 《胡适来往书信选》(上),第213页。

随时到这里来休养(这时陈衡哲在南京东南大学任教)。子侄固然重要,但你以有用之身去做无益的牺牲,这是我们所不许的。"这种"细腻"的体贴,正是江冬秀做不到的。陈莎菲更关心他女儿素斐的病,她询问:"究竟她害的是什么?外来的呢,还是本原的?"江冬秀缺乏新的医学常识,据胡适事后对人说:他家中人不信新医术。除非胡适在家时,家人生病就"不能有新式的治疗"。①"家中人",当然是指总管家江冬秀。陈莎菲的心目中,这位总管家比中学体操教员要粗鲁得多,对其家庭成员的健康都不能尽其责任。

胡适的爱女素斐终于不治而夭折了。素斐很聪明,莎菲颇喜爱她,在素斐病危的时候,莎菲认为"有聪明而无健全的身体,是最痛苦的事",不如"从早离此世界,正是减少人间痛苦的唯一方法"。她与任叔永为了安慰胡适,曾向胡适建议,"把我们的女儿送一个与你",或"把你的儿子也送一个给我们"。② 后来,任、陈果真把自己的幼女任以书给胡适做干女儿,这是莎菲的一片爱心。1931年1月5日,莎菲对胡适说:"Love是人生唯一的事。"胡适说:"Love只是人生的一件事,只是人生许多活动的一种而已。"莎菲说:"这是因为你是男子。"③

胡适在与江冬秀结婚后,同样没有忘怀与莎菲的恋情。在1921年的中秋,就在皎月之夜,思念当年写《月》诗的人:

> 多谢你殷勤好月,提起我过来哀怨,过来情思。我就千思万想,直到月落天明,也甘心愿意。怕明朝云密遮天,风狂打屋,何处能寻你?行乐尚须及时,何况事功!何况学问!④

"行乐尚须及时",就是要把握时机。当皎月之夜,就得对恋人尽情思念,直到月落天明,怕天变了就看不到"月"了。大概每当皎月之夜,他总是触景生情,都会勾引起他过来的"哀怨"与"情思",思念写

---

① 胡适致朱家骅、傅斯年,1928年10月23日,转引自易竹贤《终生不渝的友情》。
② 《胡适来往书信选》(上),第34页。
③ 《胡适的日记》(手稿本),第10册。
④ 《胡适的日记》(上),第215页。

《月》诗的人。两年后的中秋,适是阴晦,他在日记中说:"夜中无月,念我前年的诗。"中秋佳节,无月可触情,于是念诗怀人。

1920 年胡适所作的《纪梦》诗,就是梦思莎菲的来鸿:

> 梦里得他书,称呼太客气;上面称先生,自己称名字。我初颇介意,转念还喜欢。有书终胜无,远道得书难。老友久离别,想思不消说。三年梦一书,醒来书也无。①

此诗无疑是梦思 1916 年与陈衡哲的以诗代书之情。胡适 1917 年回国,与莎菲已离别了"三年",他此时已不便与莎菲写信,在感情上却希望仍能得到莎菲的信,"三年梦一书,醒来书也无",确实是一往情深。

最能说明问题的是胡适为自己的女儿取名"素斐"。它是个秘密。胡适生平最反对中国人取洋名字,可是"素斐"偏偏是道地的洋名字。他在日记中说:"吾女名素斐,即用莎菲之名。""素斐"者,Saphia 也,亦即"莎菲"是也。② 这个秘密是江冬秀所不知的,也是胡适不让她知的。这说明在胡适的心里,同样有一角"第二世界",同样秘而不宣,亦独自常常把它打开"回味一回"。为女儿取一个与心中的"女神"的署名是谐音的"洋名",是为了永远的纪念。素斐不幸夭折了,Saphia 却依旧存在。1927 年胡适出访美国,于 2 月 5 日做了一个梦,"醒来悲痛",恨不能把"梦"常留:

> 梦中见到你的面,一忽就惊觉。
>
> 觉来终不忍开眼,——明知梦境不会重到(原文为此)了。
>
> ……素斐,不要让我忘了,永永留作人间痛苦的记号。③

所梦的是"素斐",也是"莎菲","Saphia"是永远忘不了的记号。

1934 年 4 月 20 日,《十日谈》专栏《文坛画虎录》刊登了一篇象恭撰的《陈衡哲与胡适》,对陈、胡的关系加油添醋地烹调了一番。说陈衡哲在留学时便看中了胡适,并"要求结为永久伴侣",但因胡适当时已有母亲包办的婚姻,所以"毅然拒绝"了陈的要求,并就此把她介绍

---

① 胡适:《尝试集》第 2 编。
② 唐德刚:《胡适杂忆》,第 197 页。
③ 《胡适的日记》(手稿本),第 6 册。

给"他的朋友"任叔永,然婚后"他们的感情,总还是淡淡的"。①任叔永和陈衡哲看到后,"认为有恶意的造谣毁谤"。胡适也认为是"无根据的攻讦文字",立即写了一封抗议信,声明"所述既不'真实',又是存心攻讦他人",责问编者"是不是有恶意的挑拨与攻讦"?《十日谈》刊载了胡适的抗议信,同时加了"编者按",承认象恭的措辞"的确有失于轻薄之处",但"并未觉得其中含有攻讦毁谤之意",并且竟说"问题的焦点,只在是否有此事实而已。没有此事实,也是可能的"。字里行间,并无认错之意,却有弦外之音:不能信其无。看来此文的作者和编者,是以名人逸事,追求符合市民口味的低级趣味,却说什么"男女间的爱情是很平淡而自然的……只有封建余毒未曾铲净的,才会……一讲便有失身分"。②貌似通达,自命思想解放,实际上有以"小人"心度"君子"腹之嫌,他们对胡、陈的这种柏拉图式的恋情已完全不能理解了。嗣后还时有人以文字追述这段往事,随着各人的情操,均有所寄托。但在20世纪已经结束的今天,对一切都追求摩登的青年来说,似对这种纯真的恋情,更为陌生,或蒙上一层有色眼镜,难识其真。我们重考这件恋情史实,或能赋予新的价值观。

(二)负表妹一笔情债——胡适与曹诚英

胡适的"名分"婚姻,当初在"大胆假设"时,从理论上尚说得过去,但经不起实践的检验。胡适经结婚后的一段生活实践,已验证其失败,且供认不讳。1918年《新青年》上讨论贞操问题,胡适提出:"夫妇之间若没有恩情,即没有贞操可说。"有人则以他"分定常相亲,由分生情意"的诗句来反驳他说:"既有了情意,自然发生贞操问题。你于今又说未婚嫁的男女没有恩爱,故也没有贞操可说,可不是自相矛盾吗?"胡适经过思考后答道:"若没有那种名分上的情意,中国的旧式婚姻决不能存在……但这种情谊完全属于理想的,这种理想的

---

① 《十日谈》(上海)第26页,1934年4月30日第39期。该刊编辑为杨天南,只出了48期,1934年12月30日即被当局勒令停刊。

② 《十日谈》(上海)第26页,1934年4月30日第39期。

情谊往往因实际上的反证,遂完全消灭。"① 胡适的"理想情谊",就是经结婚的实践而消灭了的。为追求实际的爱情,胡适不仅于婚外以弥补婚内不足,而且想作根本的解决,重作"假设"——取而代之。1923年即与曹诚英热恋,结果失败了。

曹诚英(1901~1973),字珮声,小名娟,是胡适三嫂的妹妹。在胡适与江冬秀结婚时,曹诚英年十六,充当了新人的女傧相,给胡适留下了不可磨灭的印象。娟亦亲昵地呼胡适为"糜哥"。曹自幼由父母包办,许配给邻村宅坦的胡冠英为妻,1918年完婚。但因这门亲事为正在美国留学的胞兄曹诚克所反对,极力主张曹诚英去求学。1920年,曹诚英考入杭州女子师范学校。半年后,其丈夫胡冠英偕汪静之亦同去杭州读书。1922年冬,胡冠英的母亲因曹过门三年没有生育,即为冠英娶了一房妾,并说要与曹离婚。曹诚英受着"五四"时代精神的影响,是一位多才而具叛逆精神的新女性,对胡适十分崇敬,时有书信相通。我们在《胡适的日记》中,亦可寻见曹的踪迹。如,1921年5月5日,严修、吴梅请胡适为白话《聊斋》作序,胡适因答允曹诚英为《安徽旅浙学会报》作序,"以徽浙学术史甚可研究"而托词谢绝了。1922年6月5日,还专为曹表妹写了一首长诗,其中有"百仞宫墙,关不住少年一片心"之句。② 第二天即"缩成短诗一首",题名《有感》:

> 咬不开,捶不碎的核儿,关不住核儿里的一点生意;百尺的宫墙,千年的礼教,锁不住一个少年的心。

胡适在1959年12月12日,对这首小诗加了自注:"此是我进宫见溥仪废帝之后作的一首小诗。若不加注,读者不会懂得我指的是谁。"③ 胡适在作此诗的前六天,曾被宣统废帝约去故宫晤面20分钟。胡适作此诗时,只说"忽然想做诗纪一件事",④ 似与进宫无关。37年以后,怕人生疑而作此注,正如徐志摩所言:"凡适之诗,前有序后有

---

① 《贞操问题》,《胡适文存》卷4,第73~74页。
② 《胡适的日记》(下),第371~372页。
③ 《胡适手稿》,第10册,第340页。
④ 《胡适的日记》(下),第371~372页。

跋者,皆可疑,皆将来本传索隐资料。"①此诗或假托废帝深居故宫思凡的境遇,以抒发自己强烈的思春情怀,已到难以自制的地步了。

1922年胡适因患糖尿、脚肿痛与失眠等,内科专家与神经科专家意见不一,难以确定病的名称,即在年底向北大请病假一年。当时"颇有意永远脱离教书生活,永远作著书的事业",为此写有《别赋》:

> 我们蜜也似的相爱,心里很满足了。一想到,一提及离别,我们便偎着脸哭了。那回,——三月二十八——出门的日子都定了。……半年之后,习惯完全征服了相思了。我现在是自由人了! 不再做情痴了。

"诗发表后,思永们以为是情诗,志摩、叔永亦知是指大学说的"。② 其实这诗是拟人格的,决非纯指"事功"或"学问"。诗中所谓"我现在是自由人了! 不再做情痴"即是指"名分"婚姻理想的破灭。胡适于1923年元旦在北京协和医院,过年后在西山秘魔崖养病,四月后即去南方,追求现实的热线爱情,也是一种疗养的方式。

胡适4月23日南下到上海,参加"新学制课程起草委员会"的讨论。会议中间有五天休会,胡适到杭州游了四天(4月30日—5月3日),同游者除上海去的任叔永、陈莎菲、朱经农等六人外,还有在杭州的曹珮声、汪静之、胡冠英、程本海等。胡适主要是为曹诚英而来,5月3日《西湖》诗,清楚说明了这一切:

> 十七年梦想的西湖,不能医我的病,反使我病的更利害了! ……
> 听了许多毁谤伊的话而来,这回来,只觉得伊更可爱,因而舍不得匆匆就离别了。③

"西湖"即西子曹诚英,诗中的"十七年",是指胡适1907年在中国公学时第一次春游杭城时的第十七个年头,也是指上世纪第"十七"(1917)年。他结婚时就对这位女傧相有梦想。一语双关。"听了许多毁谤伊的话",则是指胡冠英的母亲因她三年不生育而要"出"

---

① 蒋复璁、梁实秋主编《徐志摩全集》(四),第498~501页。
② 《自定年谱》(1923年),《胡适的日记》(手稿本)第5册。
③ 《努力周报》第53期。

她,以及生活上的一些问题。胡适既为此来了,故舍不得匆匆离去。二人互有引力,书信频传。6月8日,再次到杭州游烟霞洞时,胡适动心了,决定择此洞赁房过夏。

烟霞洞是个石洞,洞中有精巧的石刻,洞在南高峰下,地势高二百余米,与翁家山相近。南高峰约302米,由此可鸟瞰西湖全景,天晴时可望见海。湖上的风景,以此为最壮美。烟霞洞山上有三个亭,最高为陡屺亭;次为吸江亭,最下是卧狮亭,这里地僻景秀,是恋人幽会的佳境。6月24日,胡适搬进烟霞洞,一住就是三月余。这是消暑,这是养病,是胡适一生中爱情最充实、最温馨的"神仙生活"时期。胡适在《我的年谱》中说,"我和聪儿搬到烟霞洞同住",事实上,思聪帮他把行李搬上山后不久,即回川沙去了。大概7月29日晨,曹诚英与胡适在南高峰同看日出以后,即留宿烟霞洞。① 湖畔诗人汪静之对此提供了证明。

汪静之与曹诚英是同龄,至今仍自称是曹的第一个恋人,② 对曹与胡的恋爱十分敏感,也密切注意其动态,对其发展经过了解得颇为清楚。据沈卫威访问汪静之的记录云:"他(胡适)不住旅馆而是住烟

---

① 见《胡适的日记》(手稿本)第4、第5册。以下有具体日期的行动与诗,均出于此,不一一注出。

② 对此,程法德先生1991年5月24日在给作者的信中说:"汪静老今春给我一信说,他已年老,余日不多,无非是想在此时,把所知胡曹之事公布于世。……汪老一提起曹珮声,谈锋顿足,滔滔不绝数小时不知倦,不知老之已至矣!他口口声声说他是珮声的第一情人,第二情人是胡适。此话讲对了一半,胡曹的确是一对情人(一个是有夫之妇,一个是有妇之夫,只能说是情人),但汪老仅是'单相思'而已。曹离婚后,汪老曾写情诗向她求婚,被曹训斥了一顿,说是辈分不相符!怎么说呢!汪的童年婚约原订的是珮声的侄女,故珮声名义上是汪老的姑母……珮声对汪老是仅有友情、亲情,而非恋情。我推测原因:(1)汪老矮,相貌平平;(2)珮声自负才情甚高,对汪老的一点才华还不看重;(3)两家门第悬殊,曹是绩溪旺川大富之家,而汪老仅是上庄的小康人家。曹曾三次为汪介绍对象。汪老现在一提起当年(就说)每星期天都有女友陪他游西湖,这些女友都是曹珮声介绍的。但曹对汪的友情倒是至死不渝。这是因为他俩童年在一起长大,汪坦诚可靠,胡适则不同,是曹珮声的崇拜对象。"

霞洞和尚庙的房子,准备长住。他来后,告诉曹珮声。曹到烟霞洞看他。胡适就留她住在烟霞洞。胡适租了三个房间,他和曹住隔壁。过了几天,我也去看胡适。我一去就看出曹珮声同胡适发生了恋爱关系。于是胡适就拿一首刚写的诗给我看。我一看是写梅花的。'梅花'是指曹珮声,因曹小时候以梅花自喻,这我早就知道。我与曹珮声从小都熟识,她的嫂子和我母亲是结拜姐妹。这诗是胡适的表白,我一看便知。曹珮声在烟霞洞住了一个暑假,开学后,她才回到学校。开学时,曹珮声见我便说,她同胡适要好了。以后胡适常来杭州……有时胡适到上海,他同样通知曹珮声到上海住几天。后来他们常在一起,曹珮声都告诉我。"从胡适的日记中看,曹这年的整个暑期,始终陪同胡适,踏遍了整个西湖的胜迹。观日出、赏月、登六和塔、爬山……形影不离,如胶似漆,堪称婚前的蜜月。直至10月4日,曹才回女师。

胡适在此时的精神状态,特别健旺,曹取代了他心目中的"女神"。在《胡适的日记》里,9月21日晨,胡适与曹诚英同阅《续侠隐记》第二十二回中的"阿托士夜遇丽人"一节,胡适诗兴勃然说:"这个故事可演成一首叙事诗。"曹则催他把这诗写成,胡适由此作《米桑》一篇,凡九节,每节四行,有韵(诗载《山月集》)。10月1日,胡适偕曹去翁家山赏桂花王。桂花王全树皆为黄花,曹诚英骤然发现有一枝生出两小枝丹桂。翁家山的朋友也说是奇事,折下送给曹诚英。曹则要胡作一首桂花王诗,这个任务,胡适于10月16日在上海旅社由半夜至凌晨二点完成(载《山月集》)。胡适也在游赏之余,或间歇时的花月下、溪泉边、岩山上、丛林中为曹诚英讲莫泊桑小说中的故事,以提高她的文学修养与欣赏能力。胡适在烟霞洞是养病,他说"我现在还不能多做工作,坐下工作至二小时以上,便觉背痛"(10月2日《日记》),但工作时的效率特高。10月3日的日记云:"早起,看稿子百余页,居然把全书(张慰慈的《政治概论》书稿)校完了。"这全仗心中有"女神"支持。

胡适在杭城期间,不仅与娟单独幽度,并带着她与自己的友人共游胜景。胡适10月5日回上海前,去曹诚英读书的女师向友人告别,顺访该校叶校长,"娟"也出来相见,并到旅舍送行。曹诚英还"借曹洁甫先生家内厨灶,做徽州菜",招待胡适、经农和志摩。这一系列行动,实际上已把他俩的关系向友人公开了。

胡适此时所写的诗,是表达心声,更是真情的流露,与他为江冬秀所作的"名分"言情诗完全不同。《七月二十九晨在南高峰上看日出》诗,后来加了序:"后二日,奇景壮观犹在心目,遂写成此篇。"其章末云:

玫瑰红的光轮涌射的最长久,满空中正飞着红轮时,忽然那白光的日轮里,什么都没有了。那和平温柔的朝日忽然变严厉了!威积的光针辐射出来,我们不自由地低下头去,只见一江的水都变成灿烂的金波了……

颂纯真的爱情无丝毫杂质,赞真挚的心炙热威积,逼使他不得不"不自由地低下头"。胡适沉浸在"灿烂的金波"中,坠入情网。另有一首胡适10月23日单独看日出的诗,与上一首相映成趣:

血红的日轮很吃力地冲出来了……,忽然红日轮上显出一条黑带,……这一天从此不见太阳了。

湖楼上诗人坐着感叹:今天感觉阴雨沉闷的人们,谁曾见,谁曾领略:太阳今早上那一番光荣的失败!

原来"她昨天病了一天,四餐不能吃饭"。乌云是"病",心中"浑圆的日轮被挤成三角形了"。

胡适由此自怨自艾,8月17日作《怨歌》:

那一年我回到山中,无意中寻着了一枝梅花树;可惜我不能久住山中,匆匆见了,便匆匆他去。

这回我又回到山中,那梅树已移到人家去了。我好容易寻到了那人家,可怜他已全不似当年的风度了。

他们把他种在墙边的大松树下,他有好几年受不着雨露和阳光了;害虫布满了叶上,他已憔悴的不成样了。

他们嫌他总不开花;他们说,"等得真心焦了。他今年要还不开花,我们要砍掉他当柴烧了"。

我是不轻易伤心的人,也不禁为他滴几点眼泪;一半是哀念梅花,一半是怜悯人们的愚昧。

　　拆掉那高墙,砍掉那松树!不爱花的莫栽花,不爱树的莫种树!

情意真切,《怨歌》与《西湖》都追述了相会的缘起,但在《西湖》诗中,只是爱慕而已:"西湖毕竟可爱,轻烟笼着,月光照着,我的心也跟着湖光微荡了。……只好在船篷阴处偷觑着,不敢正视伊了。"《怨歌》不同了,自思当初既已钟情,恨匆匆他去。今日寻芳,罗敷已正式出嫁,却是同病相怜,相对嗟叹,恨再见时晚。决心要把错位纠正,设法解救病梅,也努力解放自己,愤鲜花插在牛粪上。

9月23日作《烟霞洞杂诗》(后命题《梅花》)是自我表白的定情诗:

　　树叶都带着秋容了,但大多数都还在秋风里撑持着。只有山前路上的许多梅树,却早已憔悴的很难看了,我们不敢笑他早凋;让他们早早休息好了,明年仍赶在百花之先开放罢!

不是"早凋",好好加以培植,以期明年早开放。后来胡适帮助她上学、出洋留学,就是按照诗意所说做的,胡适的心意更进了一步,不仅要拥有它,还要设法护理它。

9月底,侄儿思聪来烟霞洞,10月1日把胡适的行李书籍先运回上海,要告别这福地洞天了。胡适在10月3日的日记中写道:"自此一别,不知何日再能继续这三个月的烟霞洞的'神仙生活'了。"5日向在杭的友人一一道别,当日即乘火车返上海。在10月8日至16日,胡适在上海几乎每天都收到娟的信,有时甚至一日两封,西子磁铁在发放引力,胡适于是在19日又来杭州,与娟又流连了十日。10月30日终于带着无限的愁绪在日记中说:"今日离去杭州,重来不知何日,未免有离别之感。"

胡适于11月30日由上海返回北京,12月22日仍赴西山秘魔崖养病。时值阴历十五日,月色佳绝,诗意油然而起,但精神上似有失落感,心境与在西湖时完全不同:"依旧是月圆时,依旧是空山,静夜,我独自踏月'沉思',这凄凉如何能解!……山风吹乱了窗纸上的松痕,吹不散我心头的人影。"翌日又作《暂时的安慰》:"自从南高峰上那夜以后,五个月不曾经验这种神秘的境界了。月光浸沉着孤寂的我,能湿润了我的孤寂的心。……山寺的晚钟,秘魔崖的狗叫,惊醒了我暂时的迷梦。是的,暂时的!……暂时的安慰,也究竟解不了明日的烦闷呵!"

由南方归来的胡适,总是没精打采,"懒人的病又似回来了",烦闷终日伴随着他。1924年1月15日有《烦闷》诗一首:"很想寻点事做,却又是这样不能安坐,要是玩玩罢,又觉得闲得不好过。提起笔来,一天只写头二百个字,从来不曾这样懒过,也从来不曾这样没兴致。"与在烟霞洞的胡适,判若两人。究是为了什么?下面有《小诗》可作回答:"放也放不下,忘也忘不了。"这两句写好后,又用笔把它圈掉,几经推敲又写道:"刚忘了昨儿的梦,又分明看见梦里的一笑。"逼真地道出了当时的心态,胡适在《我的年谱》中说,此为"最得意的一首小诗"。胡适只有在梦中才能找到安慰,有《多谢》诗为证:

多谢你能来,慰我心中寂寞,伴我看山看月,过神仙生活,匆匆离别便经年,梦里总相忆。人道应该忘了。我如何忘得![①]
忘得要把梦变成现实,不能老是在梦中生活。

胡、曹人处两地,书信不断。今从胡适遗留在大陆的档案中,发现一封曹诚英在1925年致胡适的信,这是曹诚英于杭州女师毕业、整装等待回家的前夕写的。

哥:仰之动身了没有?我们校里已走了不少人了。人家问我的归期,我是无话可答。我想起了历年的假期,不禁伤心起来,从来没有指示我应往的地方,没有一次我不是徘徊着,我真命苦呵!……我们在这假期中通信,很要留心!你看是吗?不过我知道你是最谨慎而很会写信的,大概不会有什么要紧,我想我这次回家落脚在自己家里。我所有的东西自当放在身边。就是住处,我自然也是以家中为主,往他家也不过偶然的事罢了。你有信可直寄旺川。我们现在写信都不具名,这更好了。我想人要(是)拆,就不知是你写的。我写信给你呢?或由我哥转,或

---

① 《胡适之先生诗歌手迹》(1924年)。

直寄往信箱。要是直寄信箱,我想你我的名字不写,那末人家也不知谁写的了。你看对吗?糜哥!在这里让我喊一声亲爱的,以后我将规矩的说话了。糜哥!我爱你,刻骨的爱你,我回家去之后,仍像现在一样的爱你,请你放心。冠英决不能使我受什么影响。对于你,请放心!天黑了,电灯坏了,一点也看不见写了,祝我爱的 安乐! 1925.7.8

信中充满着女性的特有细心,和娟表妹对糜哥的特有温存。从信封的邮戳看,发信邮局是"天津府1925.7.13"。时曹的胞兄曹诚克在南开大学任教授,这信是由其兄中转的,封面用英文书写寄往北京大学胡博士。

胡适也决心把宏愿付诸实践了,打算与娟结婚。曹诚英已很顺利地与胡冠英解除了婚约。胡适于1925年则开始向江冬秀提出离婚。孰料江冬秀为此竟大吵大闹。据当年目睹者石原皋[①]说:"一次我去胡适家,正好碰上江冬秀在和胡适大闹。她哭着向我说胡适如何错待她,如何另找新欢,她甚至说到气愤之处,拿着剪刀要刺胡适。多亏我从中劝解,一场风波才得平息。"又据汪静之说,当时曹诚英曾对他说:"胡适提到离婚,冬秀便从厨房拿出菜刀,威胁胡适说,'你要离婚可以,我先把两个儿子杀掉,我同你生的儿子不要了!'以后胡适不敢提离婚了。"[②]胡适怕把事情闹大会影响自己的令名,被迫妥协,因此只好让曹诚英堕胎。

1926年,胡适有《扔了》诗:

烦恼竟难逃,这是爱他不爱?两鬓疏白发,担不了相思新

---

① 石原皋是胡适的远房表弟,当时在北大研究院读研究生。
② 访汪静之记录。程法德先生1990年8月28日在给我的信中亦说他曾耳闻此事,时在珍珠港事件后,他那时14岁。在上海住家,听江冬秀与他母亲(胡惠平)在谈话中,"有次提到曹诚英时,大骂曹为妲己狐狸精。她说那一年不是她坚强,一手抱着二幼子(祖望和思杜),一手持菜刀,对胡适说:如那狐狸精进门她就要把二子杀死后自尽……冬秀讲胡曹事时,咬紧牙关,双手握拳,浑身颤抖,泪流满面的神情,使我甚感吃惊。"程法德是胡适大哥的女婿程治平之子,是胡适的外孙,时年62岁。

债。低声下气去求他,求他扔了我,他说,我唱我的歌,管你和也不和!①

双方依然藕断丝连,仍经常利用上海亚东图书馆为鹊桥,在上海幽会。江冬秀对胡适与曹诚英的来往,此时已全都知道,亦无可奈何,只要不离婚,她都忍了。但她迁怒于曹,寻机泄私愤报复。更迁怒为胡、曹幽会提供方便的亚东主人汪孟邹。②曹诚英则发愤读书,南京中央大学农学院毕业后,又考入胡适当年就读的美国康乃尔大学农学院,读完了当年胡适没有读完的农科,学成归国,历任安徽大学农学院、四川大学农学院、复旦大学等院校教授。抗战初期,曹诚英在四川与曾某相识,情投意合,决定结为夫妻。可是冤家路窄,曾某的亲戚在上海偶然与江冬秀相遇,问及曹诚英。江冬秀对曹的醋意未消,就像竹筒倒豆子一样,将曹的往事全盘倒出。就在曹、曾预定结婚的前夕,曾某突然取消了婚约。曹诚英遭此重大打击,忿上峨眉山,拟入空门,以求四大皆空。1939年旧历七夕,在中国的情人节里,曹给在美为大使的胡适寄去一词:

  孤啼孤啼,倩君西去,为我殷勤传意。道她末路病呻吟,没半点生存活计。忘名忘利,弃家弃职,来到峨眉佛地。慈悲菩萨有心留,却又被恩情牵系。

词情凄切,生存活计,均为复仇神杜绝,名、利可忘,家、职亦可弃,唯忘不掉旧人的"恩情"。但此一词之外,别无一字。邮印可辨认者,仅"西川,万年寺,新开寺"八字。胡适无法投递复信。1940年2月25日,吴健雄女士致函胡适:"有人转来消息,珮声到峨眉山做尼姑了。"③1941年1月6日,胡适又得知"珮声去年六月病倒,八月进医院"。④曹诚英由其兄曹诚克苦劝下山,做尼姑未成,作《好事近》:

  随喜说归依,试问此心归未?烦恼无边难断?负千般宏誓。众生冤苦不如侬,佛不为儿说,你教众生谁度?我如何忘己?

---

 ① 《尝试后集》,第53页。
 ② 参阅《胡适与汪孟邹》。
 ③ 均见《胡适的日记》(手稿本),第14册。
 ④ 《胡适的日记》(手稿本),第15册。

胡适对此"伤感",但难偿这笔情债,负疚终身。

曹诚英与胡适交往,均有日记,抗战爆发前夕,曹将这日记交汪孟邹的侄女汪协如保管。上海沦陷于日敌后,曹的日记丢失。胡适给曹诚英的信,不知其数。1967年曹退休回乡,不愿将此信带回绩溪,又不忍把它烧毁,即交湖畔诗人汪静之保管。曹对汪说:"我活着,你们保存,只准备你和老伴看;我死了,你一定要烧掉。"①曹诚英不愿这笔情债让后世知道,这些信,现在大概仍在汪静之手中,是一批研究胡适思想另一方面的宝贵资料。

三、"朋友"篇

林语堂曾这样说:"适之对女子,又不是像漱溟、雨生那样一副面孔。在女子前献殷勤,打招呼,入其室必致候夫人,这是许多学者所不会而是适之的特长。见女生衣薄,必下讲台为关课室窗户,这是适之的温柔处,但是也不超过盎格鲁—撒克逊所谓'绅士'的范围。用这种体贴温柔于同辈少辈,'胡大哥'之名便成了。"上述的胡适已是44岁,其"气色虽然不甚红润,不像养尊处优的老爷,有一点青白色,这大概是他焚膏继晷灯下用工之遗迹。衣服不讲究,也不故表名士气,一副相貌,倒可以令佳人倾心"。② 说者或者是无心,却不幸而言中了,确有诸多少女少妇倾倒在胡适的脚下。常在花丛中飞舞的饥蜂饿蝶,对那迎"蜂"招展的花蜜,也就很难不就口俯允的,但自有其一定的分寸。有一束女士的书信,③正是30年代胡适不惑之年的爱情故事,这些故事与婚外恋不同,无以名之,姑称"朋友"。可分为三种类型。

(一)猜谜的情意

一张小纸片上用铅笔写着:"咱们好好早(日)研究学问吧,不要

---

① 访汪静之记录。
② 林语堂:《胡适之》,《时人自传与人物评传》。
③ 《胡适档案》。

关(怪)以前是谁的错吧！怨你怨我,都是一样,反正不是你就是我,出不了你我,还说个什么？争个什么？真是个大傻瓜？你以为是不是？还生气吗？"开头未加称谓,末尾没有署名,无疑是关系不一般的人所写。还有一封同样字迹的钢笔信:"适之先生:你不要生气,我一定要好好念书了,我喜欢哲学。我以为人之异于禽兽者几希,思想而已矣。《科学与人生观》一书,我看完了。但他们说的,我都不心服。这些话长,容将来再谈。你有工夫的时候,请来看我,教我,没有你来指导,我难有进步,因为我的知识太浅陋！敬祝康健！芯敬上　二十二、二十八。"

这位芯女士大概在发这封信的同时,收到了胡适给她的信,所以翌日又写了一信:"亲爱的,你不该这样说,要知道你是有经验的男人,我是个没有经验的女人。你的话可以很现成的拿出来就说,而且你是出谜的人,自然容易。这次算你谢罪,下次容我猜谜,不要你再论之不休的说那些俗话。下次相见,容我在神秘的幽静的、最好息了电灯,那种情况之下。猜猜！果然对了,一切主意办法,全盘计划,立时会不成问题了。亲爱的……我需要你体贴、原谅、忍耐……你自己放洋(佯),能够吗？亲亲……二十二、二十九。"

一年前,胡适写过《猜谜》诗:"三次奇书来,这谜依然难解,几个铅丝细字,道一声'多谢'！遥想寄书人,应有几分不忍,请你明明白白,给我一封信。"又有《做谜》诗:"惟有无从猜想的谜,才有无穷的味。请你应许她,应许她永远没个底。"看来是别人先出谜给他猜,以后他也出谜让人猜。没有谜"底"的谜,才是其味无穷。如果前后的两者之间有联系,那么,胡适与芯女士的猜谜春秋,已有一年多了。胡适出的是无"底"谜,对方要求揭谜"底"——"全盘计划"。能否统一？下面的一封信,就是宣告其结果:"适之先生:请再将我所上之件,所存家中者,悉数找出,我把你给的信也找出,请你示知较方便的地点,互相烧之,以重私德。一刀两断,恕不再作纪念！以为最后之请求,弗命之处,当希原谅。芯上　十一、一。"

现存的这几封,大概是火后余信,但也由此可见其梗概。

(二)由崇拜到痴情

"适之先生:您说一号给我送钱来,不知说的是那一号。我认为是最近的一号呢!所以因为要买应用的东西,把钱都已用掉,请您原谅,并于一半日内送钱来为盼。此祝安好! 琇上 三号。"

两天后,又有一信:"您寄来的廿元,我收到了,勿念!近日我要买应用的东西,所以需多用几个钱,以后就可以节省了。我的房、饭费,目前的十号,就到期了,请您在十号前再寄陆拾元来,以作我度日之用,希望您届时不要忘记! 夏蕴琇 五、四"。此信已撕成两片,但拼起来仍无损。

七日又有短简一封:"您的信我收到了,但您说不能给我想办法,您这话说得太厉害了!您不能这样说呀!您还得替我想办法!我这里是静等您的钱用呢!祝您康健! 琇上 五、七"。

一位女士向胡适要钱用,而且是非给不可,给少了也不行,语气如下命令,好像是胡适应尽之责,实令人费解。夏蕴琇何许人也?与胡适是什么关系?单凭这几封短简,是不能说明其究竟的,但从夏蕴琇的姑母的两封信中,可以管窥一斑。

夏蕴琇是河北邢台地区的一名女中学生,崇拜文人名士胡适之,先则通信,继则迷恋,痴情勃发,终于身不由己,而致私自离家出走,只身到北平。追求幻灭,生活无着,才出此下策。她的姑母夏修梅早有信致胡适,从其信中,可稍知其原委:

> 胡适之先生阁下:梅系蕴琇之姑母。兹闻阁下与舍侄女相识一节,敢有所谈话。顾舍侄女虽未将经过完全吐出,但拨其半吐辞中,已能测其大概。
>
> 伊乃一村姑耳,幼时两院守此一女,娇惯成性,长而入学,成一书呆,不谙事故,但当知清洁自爱,不慕富贵,尤迷信崇拜文人名士,是亦吾家特甚风气,讵今何时哉!顽固乃尔。伊诸同学亦云不相宜,固执实觉可怜,苦恼诚基于此。夫情为爱殉,失爱图殉何益?独一迷至此耶!……
>
> 伊曾为此,将父母代定婚约解除,三年之久,人家已娶妻生

子矣,伊落一进退维谷,无依无靠之人,其谁之咎欤!?今救彼之道,惟有解铃还须系铃人。此语或不甚当,可谓铃虽自结,被结者宜自摆脱也。伊曾宣言:谁言我皆不听,非本人表白,乃肯仰而后作(俯?)终身做一不再被人爱之人。此事若云阁下以中岁妄用感情则万不可,(前)一段之过,皆伊一人自招、自迷,善后之法,惟明白表示(迷信人岂知暗示),诚可救人以苦海,此梅无因之恳请。言不尽意,千千万万。专此,敬请著安! 夏修梅谨上 十一月三十,平汉途中

由此可以测知,夏女士的钟情,已非一日之功了。事情已发展到由家长出来转圜的地步,信中有委婉的责备,建议胡适态度明朗,才能救人于苦海。但事态并未因此而有所转机,反益发严重;夏女士出走了。夏修梅的第二封信可知:

  适之先生阁下:去冬函谅鉴。兹得家嫂表示,谓女志甚坚,近未得母命赴平。家嫂之意:为自由固可,父母婚妁言当并重也。以愚妄度,汝二人之事,隔膜尚有,其中难点,在地位才学之悬殊,无居间之人撮合。是以家嫂又云:既识及哉,可即请与庭哉翁转说夏孙桐,代为此无父之女作一定夺。(吾等与庭哉无来往,在北近枝只夏孙桐与夏纬瑛)

  舍侄女此行,家中人多关心,母兄以爱女甚切之故,自是愿成其志,毋演出麻烦,则枉矣。言不能尽意。此颂著安! 夏历三月十三日 梅谨上

信中所云"家嫂",就是夏蕴琇的母亲。事已到此地步,其母"愿成其志",但"自由"应与"婚妁"并重,转请胡适托人"撮合"。胡适是不敢接受这份圣洁的爱情的,这从夏蕴琇的堂姐夏纬珍的信中可知:

  适之先生鉴:承教甚快。过去之事颇不愿多问,一切归诸命该如此而已。舍妹数日内不思食、大恸,然此余心返慰,盖其已醒觉,知其冀者无望矣耳!……夏纬珍谨上 五月十日

信中主要谈的是为夏蕴琇谋工作,以及今后的生活安排问题。大概胡适有信给夏蕴琇欲"解铃"善后,事情不免要从头说起,可能在责任方面有些推诿,所以夏蕴琇在5月23日作如是复信:

适之先生：您在津浦路上写给我的那封信，我收到了，到今日才奉复，歉甚！您的意思，我明白了。不过，我们已两年不见了，我又不曾抱怨您，您又何必再提这些事呢！至于外人说什么，那更不必管他了。况且过去的一切，您能怪我吗？责备我吗？实事都那么一幕一幕的摆着！

那么您可以帮我找个事了。到乡村办教育，我没有那些经济。假若您现在能在乡村给我找个事，那我一定去的！

在没有找着事的当中，您还得接济我些钱用，这一点责任您是应当负的！琇上 五、二十三

在5月23日夏纬珍致胡适的信中，告以"蕴琇因经济限制，不能照以前计划居住，只好搬到女青宿舍"。并说她已嘱夏蕴琇"安心养神，温习功课……在她未独立生活以前……请按时接济，省每回写信"。故事到此可告结束。

(三) 单相思

当年熟悉胡适的人曾说："青年女子慕名求爱的人是有的，求爱的信，积于案头，他置之不理。还有一位妇女，是胡适老朋友某教授的妻子(？)，不知为什么，害了单相思，热烈地追求胡，胡千方百计地躲避她，据说后来她得了精神病。"[①] 这一束女士书信中的另几封，即属这一类型。至于那一封的作者，后来得了精神病，已无法对号入座，也无此必要了。

1936年，胡适赴美出席太平洋国际学会第六届年会期间，收到这封[海外第十一号]书信：

美先生：

……您总是到离我极远的地方去演说，我真不喜欢你这样子，而且你尽向国际间的代表 lecture(演讲)，就忘了给你的孩子写 letter，害得她伤心，又害得她生病，你说她可怜不可怜？你快别这样子。你知道，她是真情地爱你，她是你的；祝你幸福！

---

① 石原皋：《闲话胡适》，第41页。

你的孩子 1936.8.26。

自称"你的孩子"是故作娇态。下面是另一信：

我心爱的先生：今天是一九三七年元旦，我要趁着这个日子写一封信给你。……美先生，一九三六年过去了，可是我回想起这一年来，就非得先谢谢你不可，因为你给了我不少教诲，鼓励和真情。……我什么都不要了，我只要你；我什么都不爱了，我只爱你。芳 一九三七年元旦

另一位女士也同属这一类：

适之先生，感谢您能知道过去的一切，但此次别后的情形，您还能知道否？您可知道，这医病的医生，竟将病医入膏肓，无从挽救了！

……《醒世姻缘考证》归途车中看完了，使我明白了许多事……那天考查的证据，您觉得很满意么？……我将功赎罪，把已往的证（着重号是原有的——笔者），一切从实供出，您可以作一个参考，这是很有意思的事……

您只是骂我信写的太多，您可不知道我受的那些罪。我常常要脑子休息，得吃酒、吃安眠药，或吸鸦片……这信以后，我不再写信了……希望您不（要）不理我。再见，敬祝晚安，胡太太前乞代言请安。

信中说看过《醒世姻缘考证》，该书成于1931年12月，此信的时间，当在1932年以后。署名处被挖破一角，看来是署名后又被挖掉的。信中语言颠三倒四，似乎精神不很正常。《醒世姻缘》的主题，是描写夫妇之间的苦痛。诗云："名虽伉俪缘，实是冤家到。前生怀宿仇，撮合成显报。同床睡大虫，共枕栖强盗。此皆天使命，顺受两毋躁。"这位女士所说的"证"，是说自身的婚姻，也是说胡适的婚姻。

下面一封，则似纯属找胡适调情：

适之：你的信与你的诗，很使我感动。我恨不得此时身在秘魔崖，与你在艳色的朝阳中对坐。你是太阳性solar（太阳的）的气质，所以不易感受太阴性lunar（月亮的）情调——悲哀的寂寞是你初度的经验！但如你在空山月色中感到暂时的悲哀的寂

寞,我却是永远的沉浸在寂寞的悲哀里! 这不是文字的对仗,这是实在的情况。上帝保佑"心头的人影";任风吹也好,月照也好,你已经取得了一个情绪的中心;任热闹也好,冷静也好,你已经有了你灵魂的伴侣。

没有署名,没有时间,也不知是否写完了。

综观胡适的婚姻与爱情,从正面观之,或从表面上看,是成功的。它为胡适带来了不虞之誉,有利于巩固其青年导师的地位。胡适的成功,是方法上的成功。如胡适善于克制,一切行事无不以求名、保名为杠杆。他自剖是一个"富于感情"的人,但又不屑表露自己的感情:"自知可以大好色,可以大赌",却能把嗜好转移,沉溺于严肃的读书做诗。① 又如他的行为无不发乎情而止于"礼"。胡适少年时所止的"礼",是以乡绅规范自己;留学后,则以盎格鲁—撒克逊 gentleman(绅士)规范自己。重要的是,他懂得"礼"只是规范公开场合的行为,非公开场合不受"礼"的约束。在一个新旧交替的过渡时代,以及在特定的环境里,为了完成某种事业,对自身行为的某些方面,必须有所掩饰,只能让人看到不完整的形象,才能获得成功,这不仅是"礼"所允许的,它正是符合"礼"的行为。胡适在我国近代历史上出现在婚姻方面的形象,正是一个不完整的形象。它的成功是圣人的成功。

胡适的婚姻与爱情,如从其反面观之,或从其内在方面来看,则又是十分痛苦的。作为非"圣贤"的常人,只要不是草木,则同样有七情六欲。胡适是绝顶聪明的人,幼年在乡村私塾时期,偷看小说,《肉蒲团》一书就给了他男女私情的启蒙。在上海又染上过十里洋场少年的恶习。他说:"从打牌到喝酒,从喝酒又到叫局,从叫局到吃花酒,不到两个月,我都学会了。"② 甚至一晚吃几家妓院的花酒,吃得酩酊大醉时,还能在局票上写诗词。留学后,曾"誓不复为,并誓提倡禁嫖之论,以自忏悔"。可是到北大当教授时,又经常逛八大胡同,出入

---

① 《胡适的日记》(上),第 197 页。
② 胡适:《我怎样到外国去》(二),《四十自述》。

南国金粉、北地胭脂居住的场所。但这些事,是隐姓埋名干的,并不违反"礼"。

在胡适的遗稿中,有一首无题诗:"隐处西楼已半春,绸缪未许有情人;非关木石无思意,为恐东厢泼醋瓶。"①这是胡适对自己的婚恋如怨如诉的独白。"已半春"的"西楼",是指即将成熟的"外遇"爱情,这里多半是喻曹诚英。使他"未许有情人"的是谁?这个"绸缪"(缠缚之意),不仅是"东厢"江冬秀,更主要的是为"保名"而"克制"的自我约束。这首诗在其生前从未发表过,逝世后才从其遗稿中发现,说明它不足为外人道也。这个怨诉,是一个常人的怨诉。在此看到的正是胡适的真实婚姻与爱情。放浪固为罪,维护自己的"令名",也需要付出代价。俗话说:死要面子活受罪。

附:

山腊梅曹诚英

她自喻为梅,也是一株发育不能自主的病梅,②不过是山野的,不是案头的。

曹诚英(1902~1973),安徽绩溪七都旺川人。字珮声,乳名丽娟,昵称娟,诚英是她的学名。出生于徽商之家。祖辈营商于武汉,经营名茶、字画、文具等。父亲曹耆瑞(庸斋)在武昌开纸店,中年无子,即以侄儿为继子,就是曹诚英的大哥曹继业(字云卿)。父亲在晚年又娶少妻,六十三岁生了一子,名曹继高,字胜之,学名诚克,又名七九;七十岁生丽娟,当时她母亲还只三十岁左右。曹诚英二岁那年,父亲就去世了。嗣后,即由大哥曹继业当家。曹继业善贾,经营有道,在他手上又发展了一爿纸店、五爿茶叶店,并添置了几百亩土

---

① 《胡适手稿》(十)。
② 此指龚自珍所称的病梅。其案头的梅,固为文人画士所"夭",即在山野,也因普天之下莫非王土,一样难逃其祸。

地,成了徽商中的富有者。但曹诚英不与大哥在一起生活。

大哥曹继业与母亲均重男轻女,二哥曹诚克即被送往湖北文华书院,肄业;后毕业于上海路矿学堂,继而赴美国留学,先得威斯康辛大学理科学士,复得该校采矿冶金科硕士。后为爱堆河大学采矿科工程师。曹诚克在美七年,1924年回国,任天津南开大学教授,采矿系主任。抗日战争时期,到重庆任资源委员会矿务局长和武汉大学工学院院长。1964年殁于武汉市。

曹诚英出生后,即被寄养在外婆村上的农民家中,自幼由奶妈扶养,习惯于农家的生活,朴素诚实,没有小姐习气。奶妈和外婆的全家,都十分疼爱小娟,无一人不称小娟聪明伶俐。五岁回到自己的家,据曹诚英说,她母亲是一位封建门第思想比较严重的人,希望她成为一个"喜怒不形于色,四德俱备的名门闺秀"。可是由奶妈家接回来的,竟是一个"养自农家的粗野丑陋的孩子",看起来总感到别扭。于是小娟在曹家,"便成为一个百无一是、举措皆非的怪物"。环境起了一百八十度的大转弯。曹诚英从小没有喝过母亲的一口奶,没有得到过母亲的一点爱抚,彼此无感情,如同路人。曹诚英的母亲本是想再生一个儿子,孰料竟生了个丫头,打乱了她的计划,即把初生的娟送给奶妈领养,不亲自喂奶,就是为了继续争取实现自己的愿望,因父亲太老,怕等不及,不喂奶可以早日怀孕。曹诚英降生到这个家庭,本来就不受欢迎。

曹诚英在奶妈家时,是掌上明珠,奶妈对其爱护备至。回到自己的家则终日遭受训斥、诅咒、讽刺,得不到半点温暖。鲜明的对照、天壤的差别,在她幼小的心灵里就产生了痛恨自己错生在有钱人家的思想。她常怀念奶妈家的生活,而吞声饮泣。现实中尽遭白眼而忍无可忍;反正无人爱怜,即欲疯狂反抗,拼死以争。她在六七岁时,曾发作过两次,一次是针对母亲,一次是针对嫂嫂。结果家人不睬她,由她独自在地上打滚,直至她嚎哭力竭精疲时径自睡着了。其结果是更讨家人之厌。家中唯一与她友好的,即是她的二哥曹诚克。这是曹诚英人生旅途中的第一次顿挫,由明媚的阳光以及惠风拂抚之春天急转入阴冷严酷的冬天。她从小自喻为梅,就是效梅的敢于抗寒,也善于磨炼自己使自己能有抗寒的精神。

曹诚英自五岁起,也即由奶妈家回来之后,开始进旺川私塾上学,读《弟子规》、《孝经》、《四书》、《幼学琼林》等书。1915年,即曹诚英十三岁的那年,大哥曹继业在武汉聘了西席,教授其嫂侄之辈,曹诚英也被叫去听课,迄1917年止,听了经、史、子、文学及诗画等课。曹诚英在上述课程中,"偏爱文学,尤爱诗词,小说。仰慕信陵君、鲁仲连等为人"。两年后仍回绩溪,没有再进私塾,只是在家自学,遇有疑难之处,则请教家门中的叔辈。曹家有"读不完的藏书",因其家中没有温暖,则终日在书房里与书本为亲。一年中唯有期待暑假和寒假,二哥曹诚克回家,才能得到哥哥的短暂爱抚的温暖。曹诚克与其他家人不同,认为妹妹既聪明又可爱。因此二哥曹诚克是她生活中唯一的知己。

曹诚英的母亲和大哥,不仅不让她享有像男孩那样的读书权利——继续深造,还在她寄养在奶妈家时,即授意奶妈许配给宅坦的胡昭万(字冠英)。1918年春天,即让曹诚英与胡冠英结婚,以此推出家门。这是曹诚英极不愿意的,视为"被封建家庭推入火坑",精神陷入极度痛苦的境地,并积郁成疾,患了肺痨。在她致二哥的信或诗词的字里行间,不时流露出前途无望而悲观厌世的情绪。二哥曹诚克反对这门亲事,但这一年的暑期,正是他赴美留学之时。他在赴美之前,即与好友叶元龙、胡家健等商定,设法使曹诚英继续去学校读书。一方面做母亲的动员工作,要她老人家出面把曹诚英由胡家要回来。他自己赴美后,则利用课余假日的劳动所得,汇款回家以供妹妹的学费之用。叶元龙、胡家健等人即分别与杭州的朋友联系,安排曹诚英去杭州读书,并予以照顾。在美国的曹诚克与在家乡的曹诚英、叶元龙等人,不断互通信息,反复商讨此事。当时一封信的往返,起码要数月时间,在有结果时,已是1919年的冬天。曹诚英终于得以在1920年春节(旧历元旦)的第二天,离开了自己的家和故乡,先到上海亚东,再由她哥哥的好友,也即族侄曹执之送去杭州。她哥哥的同学为之联系的是浙江女子师范,但由于该校春季不招生,即插班附小的毕业班,半年后即考入女师,1925年毕业。

曹诚英回顾这一段的历史，总结了两点：

其一，无爱、无伴、无同情，由此而产生一股沸腾的力量，这力量又化为两个支流：一是过分珍重感情，对凡是被忽视的人物，都加偏爱；一是疯狂的反抗，导致傲慢，对凡是被一般人所恭维的或崇爱的人，都加以鄙视。她说：这种"二流一源的力量，摧毁了我的一生"。她的二哥曹诚克说她是"富贵不能淫，贫贱不能移，威武不能屈，道德不能感，舆论不能裁，人情不能范围的怪物"。

其二，在读书的过程中，她的心里种下了儒家道德的种子，尤其是孔子的"仁恕"思想，以及文学上的脱俗"诗意"和小说上的"侠义"感。这一点与她的"二流一源"相辅相成，刚毅的反抗精神与仁恕相结合，既侠义奔放，又海涵情长。

曹诚英与胡适家本是亲戚，胡适的三哥胡嗣秠（洪□，字振之）所娶即曹诚英的同父异母姐姐，1917年冬胡适与江冬秀结婚，正值曹诚英刚从武昌回到绩溪，应邀为新娘做伴娘事是偶合。这是曹诚英与胡适第一次见面，一个已"使君有妇"，一个是"罗敷有夫"，但却仍然是一见钟情，犹如林妹妹初会贾宝玉，似曾相识，感情之波不受任何限制。这又似乎并非纯属偶然。他俩之间必有共同之处。曹诚英亲昵地呼胡适为"糜哥"，不是由于胡适已为北大教授，文坛上已崭露头角，而是因他提倡白话文，尝试新诗，具叛逆精神。"二流一源"就此遇上了知音。

自此之后，胡适对曹诚英境遇的变化，并非漠不关心。1923年，当胡适风闻胡冠英之母要其子与曹诚英离婚时，终于来到他"十七年梦想的西湖"的怀抱。自吟"西湖毕竟可爱，轻烟笼着，月光照着，我的心也跟着湖光微笑了"。他俩终于突破藩篱，热恋而定情了。对曹诚英与胡适的关系，了解他俩的人，一般都予以同情并支持，尤其是她的二哥曹诚克还为她代送书信。曹诚英的同龄同乡们，在背后难免有所议论，但对江冬秀始终是保密的。曹诚英与胡适相爱的事，固然是不胫而走，但只是在徽州人中间流传。使之泄露于社会的，是徐志摩。

1923年，正是胡适在杭州烟霞洞与曹诚英热恋时，徐志摩也曾与胡适于洞中住过,计划共译曼殊斐尔的作品,二人曾作彻夜长谈,"无所不及,谈书、谈诗、谈友情、谈爱、谈恋、谈人生、谈此谈彼,不觉夜之渐短"。徐志摩在日记中就是这样记的。胡适大概就是在此时将此机密泄露给他的,或是由徐志摩凭自己的经验观察出来的。据汪静之说,程仰之在北京听说徐志摩将胡适、曹诚英的恋爱关系扩散于社会,并将此"机密"泄露给了江冬秀,以至胡适提出要与江冬秀离婚时,江冬秀早就有思想准备,结果酿成一场醋海风波。胡适在江冬秀的反攻下,竟然屈服了,则由此铸成了曹诚英的终身悲剧。

在江冬秀蓄谋泄私愤图报复的同时,曹诚英则发愤向学。1925年于浙江女师毕业后,又考南京东南大学农科,中间因该校停办、改名,曹诚英也曾一度辍学,1931年毕业于中央大学农学院,并留校为助教。几次争取公费留学未成,据她说,"最后得一个同乡兄辈的支持,借了钱自费留英"。① 1934年秋,由上海登轮船赴美,入康乃尔大学研究院,攻读棉花的育种遗传,及细胞、水稻等。

曹诚英师范毕业后投考农科大学,难度是比较大的。她从小所读皆四书旧籍,未进过正规的新型学堂,自然科学的基础不厚,必须努力弥补差距。据她自己说,考农科是立志献身农业科学。但在客观上,她是继续走胡适开了端而没有走完的道路。曹诚英留学美国康乃尔研究院,更能证明这一点。为了实现自己的目标,她摒绝一切杂念,拼命用功,使自己的大脑无片刻余暇去考虑其他。这正是她不遁世的遁世法。在这段时间里,她"以个人英雄主义的姿态出现在人群中",并专与强者挑战,打抱不平,不惜被人称作"疯子唐·吉诃德"。有人说她随时"打算扯碎自己"。1928年,她在由东南大学改名的中央大学的群育委员会找到一份文牍的工作,意欲靠自己的力量,解决上大学的经济问题,以谢绝别人的资助。但在"工读二者不可得兼"时,比她后到的人都得到房间,可以安心学习,而她却无法解决,使她愤世嫉俗的情绪到达顶点,竟买了一瓶烧酒狂饮自杀,后经8

---

① 据程法德于1990年致作者的信中说:"胡以中美庚子赔款基金会的钱送曹赴美留学。曹家已衰败,无经济能力留学,此是实情。胡是基金会董事长,有此实权。家父(程治平)言之凿凿。"

个小时才抢救过来,并导致心脏受伤,病了半年之久。曹诚英的生活再次受挫,自尊心又受到极度伤害,使她有时强忍自己的感情,有时则疯狂地发泄,如同唐·吉诃德与风车作不懈的抗争。这是反常的生活,因而使她得了一种古怪的病:每在感情激动时,必打喷嚏不止,往往一口气少则十次,多则无数,其结果轻则头昏眼花,重则脸肿眼赤,喉痛而发高烧。这是曹诚英所患甲状腺症的特有症状。在此仅是初期,嗣后则逐渐加剧。

曹诚英出国留学,换个环境,学业上可望有所成就,或可治疗她心头的创伤。她二哥曹诚克在她赴美后所写的第一封信说:

妹妹:送你行后,即日便返京……在京住了两夜,便乘车返平。适遭连日大雨,整天在家,腻了五六日,未看一个朋友,却陪母亲看了两夜戏,廿四日不得不来津了。

在平时接你在日本发来的两封信,知熟人甚多,且竟不晕船,甚为安慰。母亲亦甚喜欢,俱议,你比我当时样样都高明十倍,以后无疑的各样也强我十倍。是的,萧叔王是我南开的同事。我当时便想托他照顾你,但同他说话时,误听为他是送客。现在他总早知道你是我的妹妹了……

在船上廿日,见的都是求学问的人,必定也交了许多朋友。廿日的海洋清暇,必定也有许多佳作,好的请抄几篇给我看看。我初到海船上,及初踏上美国陆地,简直尚不如刘姥姥初进大观园。你呢?但对美国人在街道上行走之快,及样样的敏捷,想必你我同感,我没有见过三十层以上的高房子,没有坐过地下铁路,想你都经历过了。你见这封信时,学校方面各事总都弄好了。

美国吃饭吃得来么?我惟一不羡外国,便是那些洋饭,更不喜欢吃面包。

……

哥手书,八月廿六日

从此信中可知,她母亲对她的看法改变了,母女之间的关系也改善了。

1939年曹诚英学成回国,任安徽大学农学院教授。抗战爆发,安徽大学内迁四川成都,曹为四川大学特约教授,继在四川白沙大学先修班任教员。此时,曹诚英已步入中年,饱经风霜之后的生活渐渐恢复平静,亦想得到属于自己生活应有的东西。过去,由于自尊受到伤害,逆反的冲动而发自高自大,对一切似乎均蕴含敌意。她无意中悬有一个标准:"富有诗意而又有专门技能。"所谓诗意,便是脱俗,即可以随时放弃一切,同时又要求有丰富的内涵。她曾说过:"如能绘画而不能写诗,只是一个画匠;能弄音乐而不能作曲,只能称作乐工。"这样的标准高不可攀,因此在生活中常常忽视了别人的情爱。她反思说:"直到无意中知道伤害了人,方又内疚,无穷的痛上加病。更不幸的又在病中得了别人的情爱。"她自责自己所以痛上加病,是出于"自私自利"。她说,有时用诗来赞美那个被重新改造了的精神偶像时,则加深了自己的病。

　　就在抗战初期的四川,她在自己的生活中放进一个姓曾的中年人,不觉情投意合,并订了婚期。孰料又遭复仇恶神的报复。这是她所未曾预料的,冤家路窄,江冬秀又一次打击了她。晴天霹雳,曹诚英的身心再次负伤。于是诸病迸发。她痛不欲生,据说又曾有寻短见轻生的企图。

　　这时她的二哥曹诚克在重庆资源委员会工作,她与母亲及侄儿在成都。她写信给二哥要他来接管这老小三代,自己则上峨嵋山。当时在峨嵋山的万年寺、新开寺接引殿里,有专为世俗人皈依三戒的"皈依"仪式,曹诚英参加了"皈依"戒礼。这就是没有出家形式的出家,打算今后去农村作自食其力的隐士。虽不能算是真心信佛,却想做到四大皆空,心无挂碍。结果未能实现,病又引发了,二哥曹诚克上山把她接了下来。曹诚英这次是甲状腺大发作,来势很猛,并相当危险,不得不进医院动手术。第一次进重庆歌乐山中央医院,自秋至冬,住了将近半年。出院后在朋友家养病,一年后,病又发,第二次进重庆医院,动了第二次手术。曹诚英不仅在精神上受到严重创伤,经济上同样陷入拮据不堪的境地。当时的医药费和生活费全仗同学祝效珍的帮助。祝效珍是曹诚英浙江女师的同学,是她知己好友之一,也是同学中最富有的一个。曹诚英养病,是寄居在祝效珍家。祝于此关键时刻所供的友情,是曹诚英由衷感激的。祝与叶振麟结婚,后来去了台湾。这可谓曹诚英人生旅程中所遭到的第三次打击。经数年调养,身心逐渐恢复。不久就聘内迁北碚的复旦大学农学院教授,生活再次平静下来,如她所作的自况小词所云:

平水轻舟,浪花微起翻双桨。缓吟低唱,逃出结尘网。热闹由他,自在由吾享。宁孤赏,懒和人讲:那些荣枯账。

曹诚英所经风雨频仍,棱角已模糊,但"侠义"的秉性难改。在这次病愈之初,北碚正在筹建一个荣誉军人自治实验区,其主持人罗衡是陆翰琴的熟人,陆又是祝效珍的同窗好友,由此引荐曹诚英为该实验区作农林业副设计。该实验区的成立,蒋介石、宋美龄很重视,宋美龄并要出席1943年10月10日的成立典礼。众人私议宋美龄对实验区未做任何工作,却要沾此荣誉。曹诚英一方面避而不参加成立典礼,并针对此写了一首《临江仙》:

一将功成枯万骨,从来小卒无名。无名何容身躬行。劳能终不灭,点滴积宏功。休笑人微区又小,也曾各尽其能。为家为国为民生。功裨安所用?只此足光荣。

曹诚英天性近文学。1923年在杭州读书时,汪静之、冯雪峰、魏金枝、柔石等在杭州组织"晨光社",曹亦参加了这个文学团体,并得到胡适的支持与帮助。曹与胡如能建立正常的关系,在文学上的才能定可更多发挥,文坛上或可有一席地位。遗憾的是性近而无缘,曹有此愿望而无法实现。这次养病期间,有暇以此自娱,所作诗词较多。陆翰琴正主编《妇女月刊》,曾约曹写过《改良国民品质的建议》,是以优生观点立论的。祝效珍还将她平时所写的诗词,选编在《妇女月刊》上发表。

抗战胜利,随校迁上海。1952年秋,高校院系调整,曹诚英去东北沈阳农学院,直至退休。

曹诚英于1958年退休,当时国内的学术空气,受政治的影响颇大。生物学界都以米丘林—李森科的细胞遗传学为宗,魏斯曼—摩尔根主义的遗传学被排斥为唯心主义的反达尔文主义的学说。曹诚英在美国所学的遗传学正属后者,遂改研究马铃薯和高粱。退休时该院院长曾对她说:你学的学说,将来可能还用得着,希望不要离开学院。但由于北方的气候对她老年多病的身体不适,一心想回南方,曾与当时尚在北京作家协会的汪静之相约南下,汪静之是她的同乡老友,汪静之的夫人符竹因更是曹诚英幼年时私塾和青年时浙江女师时的同学,关系非同一般。1965年汪静之获得作家协会同意离京南下,与曹约定在杭州赁屋,曹与汪氏家人在一起生活,使其孤身有所照料。因租屋不易,一拖就至"文化大革命"开始,一时难以成行。

"文化大革命"是号称触及人们灵魂的政治思想大革命。不仅是活人,连死者也难逃此劫。不知是什么人,又把胡适与曹诚英的关系重提了。这笔老账对六十年代的人来说,既是惊奇又是新鲜,仿佛又掘出一个深藏的"敌人"。但它毕竟是历史陈账,胡适固然是"战犯"和"反动文人",但与曹诚英的关系不过是恋爱问题而已。运动的重点是政治,调查结果都证明曹诚英对政治不感兴趣,此事就不了了之。

1969年初,东北黑龙江省的中苏边境,发生了珍宝岛事件,中苏关系骤然紧张起来,沈阳地区也是第一线,老年人成了疏散对象,沈阳农学院也分散了。曹诚英就在此时十分顺利地回到杭州,同年冬才回绩溪山城。1972年去上海访友与治病,1973年终因肺癌不治而长逝于沪上,享年71岁。

曹诚英只是胡适家的亲戚,不是胡家的成员,但曹诚英一生中的荣辱、欢乐与悲痛,却无一不与胡适息息相关。胡适钟情"娟妹",曹诚英也酷爱"糜哥"。这对有情人终未能成为眷属。胡适负了娟表妹一笔情债,曹则持"仁恕"以报。曹诚英曾一度努力以曾姓之人弥补空白,但江冬秀出而阻止了它。江氏固然报复得逞,其实是做了一件愚蠢不过的傻事。

曹、胡的恋情,按胡适的说法,颇具文学的趣味性。胡适曾说过,文学上的团圆观,是中国人牢不可破的劣根性,只有曹雪芹敢于突破这个团圆观,使林黛玉和贾宝玉生离死别。但仍有许多人仍硬要把林黛玉从棺材里拖出来配给贾宝玉做夫人,故事固然美满了,"无可奈何"的悲剧也解决了,但是"文学趣味就没有了"。作为作家,应该有勇气承认"世间有无数无可奈何的悲剧"无法解决,没有必要以"团圆观"来麻痹与欺骗读者。作为"活剧"中的主人公,究竟应该如何对待这"文学的趣味性"? 探究这个问题,对弄清胡适实用主义价值观大有裨益。

曹诚英的一生坎坷多变,她效梅花抗寒的精神,尽力抗争,以吐幽芳。但在风雨如磐的中国,终使她遍体鳞伤,致残不治。曹诚英在临终之前,要求死后将其骨灰,由上海归葬绩溪旺川,这个愿望实现了。从绩溪县城去胡适故居上庄,必经旺川。她的墓就在旺川村头的公路旁边,站在路上就可看到其石砌的墓圈,是一个极其普通的墓。寂寞荒凉,杂草丛生。但其矗立的墓碑,宛如风中的劲草。参观者如有深知曹诚英其人者,或可感受到一股腊梅的幽芳。①

本文的"婚姻"部分曾以《胡适的婚姻恋爱》为题摘载于台湾《中华日报》1990年12月17日。

所附部分根据的资料均由友人颜非先生提供,特此申谢。1990年台湾《新生报》以"胡适百岁冥诞特稿"于《新生副刊》连载,题为《胡适与曹诚英的一段情》。

---

① 早年,胡适国内的亲友,都不愿正视胡适的婚外情。1990年我曾致函程法德先生求证有关胡适离婚的事,他在8月28日的复信中,提供他所知的回忆后说:"近十年前,石原皋先生写《闲话胡适》提到上海酗酒追捕房及与曹之关系,国内胡的亲属极为不满,多次在我面前骂石原皋不是人……胡适可写之处甚多,何必一定要写他与诚英之事。……舍亲胡祖望,他亦不愿见到胡适早年的恋爱新闻。"1991年我将台湾《新生报》的文章寄他后,他在3月9日的来信说:"拜读来函与大作,先生以叙述历史的手法,徐徐道来。《胡适与曹诚英的一段情》不流于世俗之情爱,或揭人阴私之嫌,叙事有序且附人证,读后令人有信服之感! 先生之大作可作为胡适传外补缺。现居美国之舍亲(指胡祖望)亦可知其父当年一段隐情小史。"

胡适与汪孟邹

胡适是新文学运动的领袖,汪孟邹是亚东图书馆主人,一个是学者,一个是出版家。胡适早年的著作,多半由亚东图书馆出版,亚东的发展与新文化运动和胡适的学术成就亦几乎是同步的,彼此相辅相成。胡适之之名是世人所熟悉的,汪孟邹三字却鲜为人知。过去很少有人注意到胡适与汪孟邹之间关系的价值。汪孟邹在胡适的朋友中应占有重要的地位。

一

胡适与汪孟邹是同乡,但他俩不是从小就认识的。胡适是上庄人,上庄位于绩溪的西北部八都,距离县城有八十华里。上庄与绩溪县县城之间,隔着一座高山——䪨岭。上庄处于大会山、南云尖等山环抱之中的一片盆地上,常溪河流贯其间,归注富春江。

绩溪有三家大族:汪、程、胡。汪、程二姓不仅是绩溪大姓,在徽州地区也是大姓,其商人的足迹遍布全国。胡姓在绩溪分三宗:金紫胡、尚书胡和明经胡。金紫胡、尚书胡祖上出有明代抗倭名将胡宗宪;世称"汉学世家",所谓解经三胡①即属这一系。金紫胡与尚书胡,上溯其祖源,同为胡公满;尚书胡因胡宗宪比附严(嵩)党,在宗族内

---

① 解经三胡,或称"绩溪三胡",有两种说法:其一,指匡衷、培翚、承珙三人。章太炎《訄书·清儒》和梁启超《清代学风之地理的分布》均主此说。其二,指匡衷、培翚、春乔(秉虔)三人。胡适主此说,梁启超在《清代学术概论》中亦采此说。"绩溪三胡"以研究《礼》学闻名于世。第二说中的春乔(胡秉虔)并不治三礼。

被贬别例。明经胡是别出,其始祖为唐代的"昌翼公",即唐昭宗的太子。他出生数月,即遭朱温篡位之祸,赖胡三公收养匿居民间,才由李姓改胡姓,故又称李改胡。所谓明经胡者,是因胡昌翼在后唐曾以"明经发进士第"而得名。明经胡初居婺源考水,到第二世始迁居绩溪。①

在绩溪的两大胡氏宗族,李改胡一宗的文化不如"解经"的金紫胡高。据胡适说,他们迁居上庄的这一族,世代都靠经营小本生意为生,宗族中虽也出有名人,如蜚声海内外的墨圣胡开文,但读书人不多。在胡适的近支中,第一个有志向学的,还是胡适的伯祖胡星五。但他在科举场中并未得志,仅为乡绅兼塾师而已。得到胡星五赏识的胡适父亲胡传,经培养成为绩溪八都最有权威的人物。我们读胡适所著《四十自述》的《我的母亲的订婚》一章,强烈地感受到"三先生"(胡传)在地方上所享有的崇高威望:"三先生还没有到家,八都的鸦片烟馆都关门了,赌场也都不敢开了。七月会场上没有赌场,又没有烟灯,这是多年没有的事。"胡适的母亲冯顺弟就是以这样崇敬的心情同意嫁给大她32岁的胡传的。胡适也同样以如此崇敬的心情记叙他母亲与父亲的结合的。

有人说胡适的家世"该是政治的",而非学术的。②学术领域的空气比较自由,容易接受先进的思潮;政治领域则反之,比较保守。晚清时期的维新思潮吹进了县城和城郭附近的村镇,但在胡适的家乡——上庄,新思想普及的时日则较迟。在胡适《四十自述》的《九年的家乡教育》一章中,就看不到维新思想的痕迹。

胡适在乡读书九年,读了当时学塾里应读的书,"《诗经》只背朱(熹)注",没有"背毛(大小毛公)郑(玄)二注……《十三经》还没有读完,《周礼》也未读,就到上海去了"。③ 胡适读的只是宋明理学,没有接触汉学。至于当时已为革新派所提倡的今文经学和维新思想,更

---

① 参阅颜非、来生《胡适家世源流》,载《徽州师专学报》1987年第1期。
② 李敖:《胡适评传》,第98页,(台湾)远景出版社,1979。
③ 《胡适之先生晚年谈话录》,第44页,第200页,(台北)联经出版事业公司,1985。

未见涉猎。

　　胡适第一个启蒙老师,是他的生父胡传,第二个老师是他的四叔介如,第三个老师是族中年轻而又管教严格的胡禹臣(观象)。胡适的同学有些是"赖学"者,对读书不感兴趣,唯不同师的胡近仁,是一个好读书而又有才气的人。但无论是他的父、叔、师、友,读书都是循着"进学、中举、会进士、点状元、做大官、发大财"的道路运行。"赖学"者固然进不了学,好学的胡近仁在乡试中偶然落第(因在考棚代人做"枪手",人家中了举,自己反落了第),1909年仍想应试优拔,还是胡适劝阻了他。

　　胡适在家乡所接受的知识和思想,全是按照其父生前规定的教案实施的。胡适还未满三岁时,他的父亲就亲自教他认字,胡适四岁时已认识七百至一千字了。正式入学塾时,已不算"破蒙"的学生,《三字经》《千字文》《神童诗》《百家姓》等读本,可以免读。胡适读的第一部书是由胡传精心构思准备好的《学为人诗》。此诗在《四十自述》中已抄录了其开头的一节,以及最后的三节。这里将其余未录出的有关五伦部分(亦即二、三、四、五、六、七节)转抄如下,对我们了解胡适是很有帮助的:

　　　　凡为人子,以孝为职,善体亲心,能竭其力;
　　　　守身为大,辱亲是戒,战战兢兢,渊冰日惕。

　　　　凡为人臣,夙夜靖共,敬事后食,尽瘁鞠躬;
　　　　罔怙宠利,而居成功,小心翼翼,纯乎其忠。

　　　　曰兄曰弟,如手如足,痛痒相关,亲爱宜笃;
　　　　有恩则和,有让则睦,宜各勉之,毋乖骨肉。

　　　　夫妇定位,室家之成,诗嘉静好,易卜利贞;
　　　　闺门有礼,寡妻以刑,是谓教化,自家而行。

　　　　朋友之交,惟道与义,劝善规过,不相党比;

> 直谅多闻,藉资砥砺,以辅吾仁,以益吾智。

> 凡此五者,人之伦常。居以教民,谓之宪章;
> 父以教子,谓之义方。宜共率由,罔或怠忘。

1934年,胡适将此《学为人诗》的手迹裱装成册,并题跋云:

> 生父铁花公手写,他自己做的学为人诗一卷,是我二岁时他教我读的,先母替我保藏二十多年。先母死后又已十三年,裱装成册,含泪敬礼。胡适　民国二十三年九月①

全诗共十节,第一节为叙论,第七至十节为综论,唯第二至六节的分论,即"父子有亲,君臣有义,夫妇有别,长幼有序,朋友有信",此五者"上不变天性,下不夺人伦"。胡传在叙论中说:"子臣弟友,循理之正。"其重点是放在子、臣、弟、友四伦上,并以此作为"义方"教子。《学为人诗》的基本精神均为胡适接受了。胡传生前是位忠臣,胡适则是一位孝子。②

胡适所读的第二部书是《原学》,也是由其父胡传用韵文写成的,是哲理性的著作。胡适在《四十自述》中,用了较多的笔墨写《从拜神到无神》,把他幼年生活中所发生的琐事,提高到哲理的角度,予以学术性的总结,就是通过《原学》,对其父理学思想的继承。他说:

> 我父亲不曾受近世自然科学的洗礼,但他很受了程颐、朱熹一系的理学的影响。理学家因袭古代的自然主义的宇宙观,用"气"和"理"两个基本观念来解释宇宙,敢说"天即理也"。"鬼神者,二气(阴、阳)之良能也"。这种思想,虽有不彻底的地方,很可以破除不少的迷信。

胡传虽在胡适三岁时就去世了,但他的思想,由其遗嘱的执行人间接地,却忠实地灌输给了胡适。其四叔介如是执行人之一,母亲冯顺弟则是其父遗嘱最忠实全面的执行人和监护者。冯顺弟晨夕必训其子以其父为楷模,望胡适日后亦成为一个胡传式的人。胡禹臣教

---

① 江冬秀复制,藏台湾胡适纪念馆。
② 拙作《胡适父亲之死及其态度的剖析》对此有所分析。

胡适读的书,没有超出朱熹的注本,仍属正统的理学范围。胡适说其父留给他的"大概有两个方面:一方面是遗传,因为我是我父亲的儿子;一方面是他留下了一点程朱理学的遗风。我小时跟四叔念朱子的小学,就是理学的遗风;四叔家和我家的大门上都贴着'僧道无缘'的条子,也就是理学家庭的一个招牌"。

胡适于课余所偷读的白话小说,除了能对日后提倡白话文(革新工具)起一定奠基作用外,仍然无维新的思想。其中,《肉蒲团》还是一本淫秽小说,对胡适以后在上海一度放浪形骸起了不良作用。由此可知当时绩溪的西乡上庄,其风尚和思想是相当闭塞的。

要说上庄具有新思想的人物,据可考的资料来看,当数胡适的二哥胡绍之。胡绍之虽也随父至台湾驻台南、台东署中,受到父亲思想的影响,但因他们兄弟(除胡适)的束发受书,均另延西席所教,胡传没有像对胡适那样,为他们制定教材,并亲自教授。胡绍之还曾在上海新式学堂读过书,较早接受了新思想。且其人有"狂士"之称,唯其"狂",就不那么谨小慎微了。胡传死后,他在上海和武汉经商,常与新事物打交道。辛亥革命宣布上海独立后,胡绍之还曾在沪军政府司法部任职,直至民国元年,因南北纷争,遂浩叹"吾国今已进入共和,表面上固可自豪,然实则危险万状,较前尤甚,有识之士多抱悲观主义"。[①] 胡适说他生平有两大恩人,其一是母亲冯顺弟,其二是二哥胡绍之。其母在抚育之恩外,还能不失时机地让他上学读书;当他在乡间无法再深造的时候,其二哥把他由旧学轨道转向新学的轨道,使他有可能走向世界。

胡适在上海读书,基本上是按二哥的规范行事。先入梅溪小学,是二哥上过的学堂,继入澄衷学堂,因该校总教习是二哥的同学,唯中国公学是自己慕名投考的。胡适出洋留学,二哥还嘱咐他学铁路工程或矿冶工程,务"勿学文学、哲学,也不要学做官的政治法律"。[②] 奈因胡适对铁路、矿冶实在不感兴趣,略为折中,才进了农科。谁知

---

① 胡绍之致胡适信,未署年月,载《胡适档案》,藏中国社会科学院近史所。
② 胡适《中学生的修养与择业》,《胡适言论集》甲编。此书分甲、乙两编,台北"自由中国"社编,华国出版社,1953。

工、农对胡适一概无缘,一年半之后,不得不转入文科。从这时起,胡适才开始摆脱父、母、二哥为他规定的途径,自主地走自己想走的路。

胡适在上海所接受的新思想,主要是严复所介绍的进化论和梁启超的"新民说"等,这些新思想使他了解当时的世界是物竞天择、适者生存的,并懂得改造国民和拓宽学术领域的重要性。

1907年,胡适在中国公学写有一首述志诗:

> 生年今十六,所事竟何成?
> 苦虑忧如沸,愁颜酒易赪;
> 伤心增马齿,起舞感鸡声;
> 努力完大职,荣名非所营。①

"鸡声"就是严复、梁启超等人给他的启示,促使他"闻鸡起舞"。其所志"大职",就是促西学之东渐,拓宽学术领域,"把这老大的病夫民族改造成一个新鲜活泼的民族"。胡适留美学成归国的前夕,曾以诗抒怀云:

> 从此改新业,讲学复议政。
> 故国方新造,纷争久未定。
> 学以济时艰,要与时相应。
> 文章盛世事,岂今所当问。②

胡适的人生观就是在前此时期形成的,以后直至死去无大变化,乃为世人所熟知。胡适一生想完成的使命,是希望国家民族充分世界化,其实不过是他由山村走向城市、走向世界的自我扩大而已。上庄时代的"糜先生",是具有乡绅风度的小胡适,放洋留学之后,则染上盎格鲁撒克逊的洋绅士风度。胡适是一个在当时的时代里世界化了的中国知识分子。

---

① 致胡近仁(丁未冬),载《近代史资料》(总65),第72页,中国社会科学出版社,此为不定期刊物。

② 《胡适留学日记》卷16。原名《藏晖室劄记》,1939年上海亚东图书馆初版,1947年11月上海商务印书馆再版。

汪孟邹(1877～1953),①正名邦伊,学名链,亦名梦舟。祖居绩溪城内白石鼓,与其胞兄汪希颜早年均为秀才。由于环境与上庄不同,汪孟邹受新思想的熏陶比胡适为早。关于汪孟邹青年时期的经历,他自己有个说明:

> 甲午战败(1894,光绪二十年),康、梁维新,我的业师胡子承先生(正名晋接),非常赞成他们的新思想,常常叫我们要多读历史、地理以及许多新书、新报。戊戌政变(1898,光绪二十四年),我的哥哥希颜(正名邦佐,学名铸)便到南京进高等学堂去了。后又转入了江南陆师学堂(校长俞恪士,正名明震)。他在那里认识了许多好朋友。章士钊(行严、秋桐)、赵声(伯先)都是同学。陈仲甫(独秀)是朋友。我的哥哥是高材生。辛丑的国耻(1901,光绪二十七年)又来了。次年春天,我的哥哥要我也去江南陆师学堂,因为校长看见我们弟兄的通信,可以许我中途插班进校,可是那一年的下半年,我的父亲(正名器勋,号念五)不幸去世了。我同我的哥哥奔丧到家,因为母亲年迈只有叫我停学,留在家中授徒,不幸第二年(1902,光绪二十八年壬寅)夏,我的哥哥又死在江南陆师学堂,年仅三十(他生于1873年,清同治十二年癸酉),他应该是那一年卒业的。我的哥哥有两男三女:乃

---

① 汪原放在《六十年来——回忆亚东图书馆》中说汪孟邹生于1878年(见该书第1页),误。兹据汪原放1923年11月15日日记所记全家祖孙三代的年龄、生肖和生卒月日。择要如下:祖父(器勋)七十六岁,猴(1848年,戊申)四月廿五日生,(1901年)八月十日卒。父亲(希颜)五十一岁,鸡(1873年,癸酉)十一月十二生,(1902年)六月廿六卒。大叔(孟邹)四十七岁,牛(1877年,丁丑)十一月十七生。哥(乃刚)三十二岁,龙(1892年,壬辰)八月廿日生。原(原放)二十七岁,狗(1898年,戊戌)七月十九生。括号中的内容由笔者所加。汪孟邹属牛,当生于光绪三年丁丑(1877年),汪原放属狗,当生于光绪二十八年戊戌(1898年)。但他总是把其叔减一岁,自己则增一岁。

刚、淑如(女)、原放、慎如(女)、协如(遗腹女)。①

他们的堂弟汪杰夫(武秀才)亦曾由于汪希颜的动员,进江南陆师学堂学习过。

在此有必要交代一下汪孟邹的业师胡子承,这与胡适也有间接关系。

胡子承(1870~1934),正名晋接,一名石坞,又字紫琴,号梅轩,秀才,郡廪贡生。属金紫胡氏,是"解经三胡"的后裔。他的父亲肇龄,是恩贡生,也是徽州的一位理学鸿儒,曾主持邑中东山书院多年。胡子承幼年即随父在东山进学,年弱冠即精通程朱理学,闻名遐迩。乡试不第,则"无意仕进"。时值甲午战败,康、梁已在北京掀起维新运动,乃转向新学。初受聘于绩溪城金紫胡氏家塾,后迁至白石鼓汪宅。1903年胡子承和同乡周栋臣(正名承柱)等凑集了一千二百元股金,由汪孟邹去芜湖开一家新书店,名叫科学图书社,自己于是年年底,应离城八里的仁里村程序东、程琇斋兄弟和程松堂、程石塘仲昆之邀,筹设新型学堂。据1904年《安徽俗话报》(第三期)报道:

> 绩溪县有几个明白好义的绅士,拿出钱来,在仁里地方开办一个学堂,定额中学四十名,小学三十名,学习普通各学,名叫思诚学堂,请了一位在日本宏文学院普通科卒业的程宗泗管理一切。已于三月初二开学,听说学科、仪器,却很完备。②

思诚学堂的全名叫"思诚两等小学堂",所谓"中学"、"小学",实系初等、高等,请程宗泗管理一切,是拟议中的事,校长实为胡子承,教员皆重金礼聘名儒硕彦。有胡橘轩(徽州素负盛名的硕彦)、毕醉春(歙县名儒),程铁华(精地理学),江鹏萱、程仲圻(皆为留日学生),江震川(南通师范生)等。当时绩溪与胡适同龄的青年,差不多云集

---

① 汪孟邹:《亚东简史》。该书是汪孟邹于1953年向上海书业领导所作的"交待",由其口述,汪原放笔录整理而成,收在汪原放所著《六十年来——回忆亚东图书馆》(简称《亚东六十年》)。学林出版社1983年出版的《回忆亚东图书馆》(是其节本)中有部分引述。

② 见《安徽俗话报》第3期。该刊为半月刊,陈仲甫主编,1904~1905年共出23期,芜湖科学图书社发行。

在思诚读书,诸如许怡荪、程士范、胡翼谋、章希吕、汪乃刚、程干丰、程本海、余昌之、汪原放等,都是思诚出身。

在绩溪的孔灵,亦有该地首富汪绅创立了一个崇是学堂,聘南洋水师学堂卒业生程云鹄和歙县的郭卓云为教习。① 东山书院亦改为东山学堂,请歙县洪泽臣、胡郁文为教员。② 据于交通要道的杨溪亦办了一个尚志学堂。孔灵的崇是学堂不久即与思诚合并。一时绩溪风气大开,但均在翚岭以南。

在歙县,1905年亦毁贡院为徽州府中学堂,由许承尧(际唐)为监督,同时由谋国之士汪律本(鞠友)、郑履端(莱亭)、江昞(彤侯)、程震炎(笃原)、汪鋆(柳江)、黄质(宾虹)与许承尧等组织黄社(一说工商勇进党)。翌年"以芜湖皖之要冲,宜进拓与徽州成犄角之势",③黄社即与汪孟邹以及李光炯(芜湖的安徽公学)取得联系。东山学堂的洪泽臣、胡郁文因与该堂领导意见不合而去职,到芜湖与陈独秀等另创徽州公学,④绩溪、歙县由此与芜湖声气相通,成了皖南新学堂及新思想的策源之地。其中思诚的成效最著。民国成立后,安徽省教育司长江彤侯把创办徽州师范(第五)的任务交给了胡子承,最后择地休宁万安(曾改名第二师范、徽州中学),取代了思诚的地位,人们誉之为皖南的最高学府。不过,思诚在历史上的功绩是不可磨灭的。胡适在逝世的前一年,还怀念思诚说:"思诚学堂是绩溪一班有钱的人的私立学堂,设在县城附近,后来成为皖南一个很有名的学堂。程本海和余昌之都是思诚出来到上海亚东图书馆做事"。思诚出身的人,多数都成了胡适的朋友,并均成为扶持这朵思想文化界红花(胡适)的绿叶。

汪孟邹在芜湖开设的科学图书社,是一家兼营文教用品的新式

---

① 《安徽俗话报》第15期。

② 《安徽俗话报》第20期。

③ 许承尧口述、郑初民笔录:《民元前徽州革命党人之活动》,文中说的革命组织是"工商勇进党",而黄宾虹说成立的是"黄社"(纪念黄宗羲),此从黄说。

④ 《安徽官报》第15号,丙午(1906年)八月。此报为月刊,安庆印本,仅见光绪二十一年到三十三年,中有间断,期数编号不连贯。

书店,它在1904年所登广告是这样写的:

本社创设宗旨为输入内地文明起见,去秋开办情形已登日报,近复增集股本,力图扩张,特约日本东京同乡诸君,并委派妥友驻沪专司采办所有东京、上海新出书籍、图画、标本仪器、报章等件,务求完备,以副同人创办之初心。所售各书籍因鉴于欲开民智教育为先,故于蒙学小学所用教育书籍及用品尤所注意。①

1904年春,陈独秀把《安徽俗话报》由安庆迁去芜湖,科学图书社即为该报的发行所。并与芜湖的革命学堂安徽公学、皖江中学、徽州公学(初级师范)声气相求。陈独秀更进一步联络淮上健儿柏文蔚等力量,在安徽公学成立"岳王会"革命组织。②号称安徽小上海的芜湖,不仅是思想文化的中心,又成了全省革命的策源地。汪孟邹被誉为"维新巨子",科学图书社为"会议机关"。1922年为纪念芜湖科学图书社创立二十周年,出了一本精装的《廿周年记念册》,其中有陈独秀题词云:"二十年前,孟邹以毫无商业经验的秀才,跑到芜湖开书店,实是盲目行动,然当时为热烈的革新感情所趋使,居然糊糊涂涂,做到现在的状况……"另一位长期在芜湖与科学图书社共命运的高语罕的题词,说得全面而具体,兹录如下:

安徽近二十年,所谓种族革命、政治战争、社会运动、文化运动,芜湖实居重要地位,而长街(科学图书社的所在街名)之中,方丈危楼,门前冷落之科学图书社,实与之有密切关系!书业目的,与吾辈以教育为终身事业者,理无二致。不过书中所言,与教育者所宣传,其结果往往与原始理想背道而驰。于是神圣高洁的"自由"、"平等"、"解放"、"康穆尼"、"安那其"等等嘉名,皆变为无色无味的毒药。

此二十年中,所谓种种运动中的人物,及受过所谓"自由"、"平等"等等名词洗礼者,莫不几经变化:虎变豹变的固多,变而为牛鬼蛇神的亦不少。然而科学图书社,犹是二十年前之科学

---

① 《安徽俗话报》第三期封底。
② 参阅拙作《安徽俗话报》(《辛亥革命时期期刊介绍》,人民出版社1982年)和《辛亥革命时期的岳王会》(载《历史研究》1979年第10期)。

图书社!

科学图书社在前进中,其方向是正确的。诚如陈独秀说:"这二十年中,孟邹办了个亚东图书馆,我做了几本《新青年》,此外都无所成就,惟彼此未做十分无人格的事,还可以对得起死友。"

汪孟邹走上新书业的道路,从表面上看,似由其家庭原因造成的。他在悼祭母亲的《哀章》中曾这样说:"儿兄(希颜)性过常人,才气纵横,不可一世,充其所造就,吾家光宠实多,奈不幸而今死矣!维此之故,一家之务千钧之重,竟付儿一人任之。儿既鲜学问,又无职业,终夜旁皇,罔知所措。于癸卯(光绪二十九年)之春,遂应师友之招,就商芜湖书业生涯,已摧我中年矣!"①汪孟邹本与陈独秀一样,少时以追求科举功名、光耀门楣为旨,之所以转而热心于革命新事业,实是受严复、康有为、梁启超等人的思想所启迪,并认为自己所接受的新思想都是由新书新报中来,由此对"新书业发生兴趣"。② 这是时代的召唤。

今从其胞兄汪希颜与他的通信中,依稀可见当年的鸿爪。1902年4月23、24日,汪希颜向他介绍自己阅读当时新出的报章杂志书籍的感受说:"在上海购得新书、新报数种,日夕观览,大鼓志气……其得力最多者为日本新出之《新民丛报》,其宗旨在提倡一国之文明,其体例则组织学界之条理,中外双钩于笔底,古今一冶于胸中。吾谓学游六年,不如读此报一年;读书十卷,不如读此报一卷。此报一出,而一切之日报、旬报、月报皆可废矣。"汪希颜要求孟邹读此《新民丛报》和《天演论》。孟邹将读后所写的心得告诉其兄,希颜在信中说:"弟读《天演论》未通其意,望再读一过,并俟此报(按,即《新民丛报》)寄到,参观互证,当必恍然有悟,是耶? 非耶? 容与我弟辩难之。"汪希颜最后对孟邹说:"吾人欲为世界上必不可少之人,必为世上必不可少之事。今日之日乃中外交通、古今变迁、新旧接续一大关键,当

---

① 见汪原放编《六十年来——回忆亚东图书馆》,此稿即《回忆亚东图书馆》(学林出版社1983年)之原稿(未刊)。

② 汪孟邹《我与新书业——答萧聪先生》,《大公报》1949年8月24日,又见《回忆亚东图书馆》,第206页,学林出版社,1983。

此将交通、将变迁、将接续之际,则必有其人交通之、变迁之,而接续之。吾人生逢其会,虽不能图其人中之前茅,亦不能不充其中之小校……"这是兄与弟共勉之言。同年6月24日的信中说:"我弟僻处深山,居然有此意识(办一小塾)……兄意时势及此,无可挽回,所望于将来,惟赖此天理浑然不识不知之童子。若得各省、各府、各州县、各乡镇皆有如我弟孟邹者,吾知二十多年后,中国将进为地球第一等雄国不难也。惟欲办此事,愈早愈妙。"[①]昆仲均甘为新旧交会之际的新思想媒介,并寄希望于新的一代。

胡适在青年时期,同样受到严复、梁启超等人的思想影响,不过胡、汪二人受此影响的时间有先后,更主要的区别还在于:胡适当初只是为了应付老师的作文题目,而汪孟邹已是作为自己的行动指南了;胡适的事业尚未开始之前,汪孟邹的事业和社会地位已经初步奠定了。

胡、汪的生平资料,胡富汪贫。胡适自留美以后,就已注意保存"自传"资料,他的每一个字,似乎都是为了留诸后世的,所以有关胡适的资料十分丰富而完整。汪孟邹与此相反,世人有只知亚东而不知有汪孟邹者,或有把汪孟邹与汪原放误当一人者。但汪孟邹是值得一书的人物。1925年,胡适在上海治痔瘤,寄居于亚东约四月之久,就曾动员汪孟邹写自传,并为之拟定了一个大纲:

五十自记

1. 儿时的回忆;

2. 家庭;

3. 教育;

4. 早年的师友;

5. 科学图书社;

6. 亚东图书馆;

7. 一些怪物的朋友;

---

① 汪原放编《六十年来——回忆亚东图书馆》,稿本。

8. 回忆与希望。①

可惜汪孟邹没有写,1947年8月4日,汪在《大公报》作《我与新书业——答萧聪先生》文中还说:"新书业与中国文化关系密切,我从事此业四十余年。闻见和感想颇多,如今同业老友凋零殆尽。我也老了,很想写点出来,借以给后来研究新书业历史的人做材料。但不知能否如愿。"②结果依然未能如愿。到50年代,尚存一些零星的原始材料。1962年汪原放退休后,准备写亚东的回忆录,对有关汪孟邹生平资料,作了一次整理,有:(1)《南都竹报》(手迹),即汪希颜由南京寄回的家信;(2)梦舟日记(1915年3月—1923年12月),共七本,约九万二千字,有间断。(3)友人的来往书信(原件)。汪原放很想据此编《孟邹系年》,终因资料不足,未成。后来这些资料都用在汪原放所写的《亚东六十年》里。《亚东六十年》③从1962年起开始写作,到1965年4月完成,计2701页,约120万字。1983年学林出版社出版的只是其节本。原始材料,散失殆尽。

1953年10月16日,汪孟邹于上海突然凋落,死于癌症。享年七十有七。当时胡适已流寓美国,彼此鱼雁不通。

汪孟邹比胡适大十四岁,胡适后来居上,但汪孟邹是先觉者,有引途之功。胡适年少得志,他的成功,除个人的才识与努力外,多靠朋友的帮助,汪孟邹是其中关键的一个。

---

① 汪原放日记(《退休日记》)1962年5月11日。记云:"这个纲目的字底子还在,是适兄用毛笔写的,今成纪念品了。"1980年3月,《闲话胡适》的作者石原皋先生建议我去上海访汪原放先生。见了面。但汪先生已丧失记忆,即借了一些日记回旅舍。当我将日记簿奉还时,汪先生已住进医院。4月1日于长征医院逝世,享年82岁。

② 汪孟邹:《我与新书业——答萧聪先生》。

③ 《亚东六十年》是汪原放在日记中对《六十年来——回忆亚东图书馆》的简称。所谓"六十年",是指1903年芜湖科学图书社成立至其1962年退休的这一时期。回忆录的页数,都是汪的日记中的页数。

二

　　胡适在事业上与汪孟邹发生关系，是在亚东时期，但胡适个人与汪孟邹的关系，可追溯到清末。1910年1月5日（己酉年十二月十五日），胡适在日记中有："作书致橘丈。前次橘丈得汪孟邹公函，言吾邑教育会将举余为东山堂长，以资整顿。余得书审度数日，今日以书决辞之。"[①]此时正是胡适离开中国公学，欲自谋职业而又尚未找到工作之时。胡适在中国公学主编《竞业旬报》，已有诗文名，并已自命为"新人物"。这些情况均是由其好友许怡荪、程乐亭等人传递回绩溪的。这时绩溪的教育界，正需要革新力量去占领阵地。

　　清末，随着预备仿行立宪的宣布，各地革新力量仿佛有了支持。绩溪东山学堂，本为胡培翚讲学的东山书院。1905年改为学堂后，领导权仍掌握在旧派（绩溪县绅士周鸾生是该学堂监督）手中。时堂中有学生想"天天做四书五经文，不能遂意"，竟敢在讲堂上辱骂"教习"，教习洪泽臣、胡郁文诉诸周监督。周反说教员多事。又上诉县府，知县李第青偏袒周，致使洪、胡二教员辞职。此种现象不是个别学堂的事。

　　1905年4月4日，汪杰夫（孟邹的堂弟）在致孟邹的信中所涉及的事与此有关："……东宅携还《俗话报》（按：《安徽俗话报》）云：彼四叔不购。……按渠等近日之注意，不在乎此，而是在书院月课。今年李某（按：即知县李第青）自省垣还后，将开学堂思想消灭殆尽，判然若二人。然自去年整顿以来，计每年约可余数百元（或云千元），今既不开学堂，其洋无处可用，拟将此款作为书院月课奖赏（或云添课，或云加奖，尚未定妥），以致邑中名士，莫不攘其袂，拭其目，全副精神，注意数百金之上。……今弟以《俗话报》问购于彼，难怪其一笑置之。揣彼之心，以为《报》过浅，诚不屑观，而弟则以为不合渠等之程度

---

① 《胡适的日记》（上），第2页，中华书局，1985。

固耳。"①

《安徽俗话报》在上年初创之时,曾征得李知县同意,随官报发行,亲出《正堂李示》,②四乡张贴。可是今年李的态度变了,这不仅影响到俗话报的订阅,还影响新学堂的教学。1905年7月,清廷宣布"自丙午科为始,所有乡、会试一律停止"。在立宪运动中成立的绩溪教育会,邀胡适回乡主持东山学堂,是与旧势力对抗的需要,也是对胡适的器重与提携,但胡适不愿在此时见江东父老。

汪孟邹再次与胡适联系时,胡适在留美学生中已小有名气。汪孟邹先是把胡适介绍给《甲寅》的章士钊,当时陈独秀在《甲寅》编辑部。《甲寅》的通信栏中已开始讨论"新文学"的问题,即所谓"使吾辈思潮如何能与现代思潮相接触,而促其猛省"。③胡适此时在课余正在"比傅中西",研究中国的古典文学,及翻译外国小说,尚未涉及文学工具的革新问题。胡适翻译外国小说,与林琴南一样,用的是桐城派古文。《甲寅》被迫停刊后,未及刊用的稿件,均由汪孟邹代为处理。就在此时,汪孟邹还曾想请胡适回国主持由安徽进步人士拟议组织的日报。胡适志仍不在此。后陈独秀在上海创办《青年》(第二卷改《新青年》)杂志后,汪孟邹又将胡适介绍给陈独秀。

汪孟邹与陈独秀的友谊最深,上海亚东图书馆的创设,就是陈独秀促成的。汪孟邹对此有回忆:"辛亥革命了(1911年,清宣统三年),柏文蔚做了安徽都督,仲甫(独秀)做秘书长。我到安庆去,都督府里许多朋友都要我出来做事,有的要我去拿一个税局,有的要我去做行政方面的事。仲甫却不以为然,一定要我回芜湖做生意。他和柏文蔚商量,要帮我的忙,凑点股子,再到上海开书店。"④"亚东图书馆可见是维新和革命的产物"。⑤ 从一定程度上说,亚东时期胡适与汪孟邹的关系,也即胡适与陈独秀的关系;在芜湖科学图书社时期,

---

① 汪原放:《六十年来——回忆亚东图书馆》。
② 《安徽俗话报》第7期。
③ 黄远庸致《甲寅》杂志记者,《甲寅杂志存稿》(通讯),第96~98页。
④ 汪孟邹:《亚东简史》。
⑤ 汪孟邹:《我与新书业——答萧聪先生》。

陈独秀与汪孟邹的关系,亦和陈独秀与胡子承的关系相仿佛。

《青年杂志》继承《甲寅》输入新知识、阐明新学理的优点,并明确以青年为对象,以崭新的姿态,横空出世。汪孟邹告诉胡适,《青年杂志》"乃链友人皖城陈独秀君主撰,与秋桐亦是深交"。① 此时胡适已在酝酿文学工具的革命,但其主张在留美同学中总是得不到支持。陈独秀则殷切希望他为《青年》写稿,成了胡适的知音。胡适的成名作《文学改良刍议》,在《留美学生季报》上发表后,未起任何反应;在《新青年》上刊出后,就暴得大名。陈独秀更推崇胡适为文学革命"首举义旗之急先锋"。陈独秀把胡适引进北大,也是由胡适通过汪孟邹转托陈代谋的。② 这使胡适在归国后,得以立即能立足于国内的最高学府,登高而呼,为今后的事业奠定了一切必要的基础。陈独秀对于胡适确有知遇之恩,但汪孟邹在胡适获得成功的道途上,不乏架桥铺路之劳。

胡适在"五四"前后,对提倡新文学运动,发表了许多震古烁今的文章。这些文章如果没有亚东为之汇集成册,虽然能蜚声一时一地,其影响则难以扩大普及,更不能传于后世。世人之了解胡适,同时代的人固然可以从《新青年》等杂志读到他的文章,但更多的人则是通过亚东出版的《胡适文存》的。直至今天,海峡两岸仍是借此《胡适文存》了解那个时代的文化思想和胡适其人。汪孟邹的亚东图书馆与"胡适之"三字,在半个多世纪内,紧紧地联系在一起。

1935年的《独立评论》封底上,有一页《胡适之的书》的广告:

一、上海亚东图书馆出版:

《胡适文存》(初集、二集、三集)、《胡适文选》、《先秦名学史》(英文本)、《四十自述》、《神会和尚遗集》(编校)、《短篇小说》(第一集、第二集)、《尝试集》(新校)、《藏晖室劄记》(印刷中)、《胡适文存》(四集,印刷中)

二、商务印书馆出版:

---

① 汪孟邹致胡适,现存《胡适档案》。

② 汪孟邹在1917年1月13日致胡适信中说:"兄事已转达,仲甫已代为谋就,子民先生望兄回国甚急,嘱仲甫代达。"见《胡适档案》。

《中国哲学史大纲》(上)、《白话文学史》(上)、《章实斋年谱》、《淮南王书》、《戴东原的哲学》、《词选》。

胡适的主要作品，基本上囊括在这页广告中，由商务印书馆出版的，为大部的专著；由亚东图书馆出版的，为综合性论著。能反映胡适思想全貌的，正是亚东所出的书。

亚东与作家的关系，据汪原放的归类，分章士钊、陈独秀、胡适、陶行知、宗白华、丰子恺、章铁民等七个系统。其中，以胡适一系为大宗，与胡适接近的作者，如陆志韦、朱自清、陶孟和、孟寿椿、刘半农、钱玄同、赵诚之、张慰慈、刘文典、李秉之、吴虞、陆侃如、俞平伯、康白情、徐志摩、孙楷第、顾颉刚等，均从属于胡适的系统。[①]

亚东为胡适出版的第一本书是《短篇小说》第一集。这是胡适在留学时期课余翻译的，末尾附有胡适的《论短篇小说》，1919年10月10日登广告，迄1922年就印了四版，共一万一千部。当初亚东所定的价格较高，胡适认为太贵，自动减低版税，只收百分之十，要求第一版以三角钱出售，第二版为二角五。但因定价过低，纸张质量差，五六年就坏了。胡适后来感到懊悔，"还不如定价高些，用好的纸张，可以保持长久，合算些"。[②] 1933年9月，又出《短篇小说》第二集，印五千册。

第二部书是《尝试集》，1920年3月出版。这是一本开风气的书，1922年已印了四版，共一万五千部。至1953年亚东结束为止，总印数为四万七千册，与同时出版的《三叶集》(田寿昌、宗白华、郭沫若三人的诗集)相比，发印量要大得多，《三叶集》总印量为两万两千九百五十册。

《胡适文存》初集，1920年即征得胡适同意，着手收集文章，并出了广告。1921年12月15日出版，一次就印了四千部。1922年已印了三版，共一万二千部。

1924年11月出《胡适文存》第二集。

---

① 汪原放：《六十年来——回忆亚东图书馆》。
② 汪原放：《六十年来——回忆亚东图书馆》。

1930年春又出《胡适文存》第三集。

在1924～1930年的六年间,胡适的著述较多,专著有《戴东原的哲学》、《词选》、《白话文学史》、《神会和尚遗集》、《人权集》等。其他尚有五十余万字的散文,即结集成此《文存》第三集。

1931年出《胡适文选》。这是胡适亲自由三集《文存》中精选辑成的,旨在争取青少年而向中学生普及的读物。胡适为此写了《介绍我自己的思想》为《自序》。

同年出版《神会和尚遗集》。

《四十自述》是与《短篇小说》第二集于1933年6月15日赴美之际同时交给亚东的,9月出版。

继此,即准备出《胡适文存》第四集和《藏晖室劄记》。汪原放于1933年底派章希吕和胡铁岩去北京帮助胡适整理,章希吕即住在胡适家中,兼任胡适的助手和《独立评论》的校勘。《藏晖室劄记》的编目工作,在1933年底就完成了。全部誊清,则在1934年7月4日,"约四十万字,足足弄了半年以上的功夫"。《文存》第四集拖的时间较长,编目就几易其稿,正如胡适在《自序》中所说,有许多讨论政治的文字,不宜发表。1934年9月,才将《文存》四集的目录编定。"约文九十篇,字约46万"。两书先后带交亚东后,《藏晖室劄记》先付排,1935年排成的纸页被焚,翻工又拖延了时日,一直拖至1939年才出版。1935年9月下旬,胡适去上海把《文存》第四集转交商务出版,并将"近一年来所做的文章"①加了进去,另取名为《胡适论学近著》。半月出书。如在亚东,最快亦要半年。

《先秦名学史》,是亚东出版的唯一的英文著作,自己无法排印,而是托商务印书馆的印刷所代排的。按理这本著作应由商务出,但胡适交亚东来出了。这是值得一提的事。这书是胡适在哥伦比亚大学攻读博士的学位论文。因当年论文答辩没有顺利通过,胡适没有再继续争取就回国追求自己的事业了,但他又不认为自己的论文水

---

① 《章希吕日记》,载颜振吾《胡适研究丛录》,生活·读书·新知三联书店,1989。有未辑入者,则引自抄本。

平不够格,需要继续大修,却认为参加答辩的六位导师无一认真阅读了他的论文。自忖在这种情况下,争取亦属徒劳。1919年杜威来华讲学,借助了这位当年未赏识的弟子,并了解到胡适此时在国内外的声誉和地位,远远超过了"博士"学位的范围。杜威在中国待了两年后回国时,胡适在1921年7月11日的 送行文章中说:"杜威先生于民国八年五月一日到上海,在中国共住了两年零两月。……我们可以说,自从中国与西洋文化接触以来,没有一个外国学者在中国思想界的影响有杜威先生这样大的。"①由此,胡适感到补领学位的时机到了。因哥伦比亚大学有个规定,每位博士候选人要向学校当局呈送论文副本百份。胡适在杜威离开中国的第二年,请亚东印他的博士学位论文,无疑是为了补领博士学位作准备。胡适为此书的出版,写了一个简单的说明,称此书是"作为博士考试的一部分而被接受的",并说本文曾受到读过它的人们的赞许。当时,了解此内情的人很少,亚东的成员,包括汪孟邹在内均不知情,把它列为亚东创立十周年纪念的廉价书,大大增加了胡博士学术地位上的声誉。胡适所以不把此书交商务出版,是他考虑与亚东的关系比商务为深。亚东出版这本书,亦非纯粹从业务角度考虑,多半是出于人情。

胡适的代表性著作,均在1919～1939年的21年间,由亚东为之出版的。胡适在晚年说:

> 过去亚东图书馆印书是不计成本的。……他们几个人在多种杂志上随时注意我的文字,随时收录,过了几年,编了一个目录送我,那些可以保留,那些应该删节,有没有遗漏,还应该增补什么?我把目录整理之后,他们就付印了。如果没有他们的热心收录,我的文章是都散失了,那有这几部文存?②

亚东也视出胡适的著作为自己的专利。1925年上海文明书局出版胡适的《白话文钞》,7月21日在《申报》上登了一则广告:"最新出版:梁任公《白话文钞》、胡适之《白话文钞》,研究白话文学,不可

---

① 胡适:《杜威先生与中国》,载《民国日报·觉悟》,1921年7月11日。
② 胡颂平编撰:《胡适之先生年谱长编初稿》,第十册,第3560页(1961年5月6日),(台北)联经出版事业公司,1984。

不读梁、胡两先生底作品。但他俩的作品,每散见于书报,已出的文章又过于繁重,不便阅读,本局特汇选篇幅比较简短的,各得数十篇,编成两书,以便初学。"汪孟邹看到后,立即将此广告剪寄胡适,说:

> 此事恐与文存销路之广有碍,如你亦以为然,望具讯质问他,不许再登告白,以此一次为限,此宽的办法也。或函托梅华铨(律师)具函质问他,何以不得我的同意,而竟印行了,看他如何回答,此严的办法也。①

此时,胡适主编的或与胡适有关的期刊,也多由亚东发行或代销,如《新潮》、《少年中国》。胡适在北京创办的《努力》周刊,1923年决定暂行停刊,"将来拟组月刊或半月刊"。这个《努力月刊》原计划由亚东发行,后来大概考虑要给作者付稿酬,所以转由商务发行。对此,汪孟邹对胡适言明:"归商务办,为有条件的让步。"②

亚东图书馆也是胡适提倡新文学与整理国故的实验所。亚东出版新式标点古典小说,就是在胡适的影响下首倡的。胡适在留学时代,就已提倡新式的标点符号,在《藏晖室劄记》中,有多篇文章是关于这方面的设想的,1916年许怡荪摘抄拟在《新青年》上发表,被汪原放看到了,非常赞同,"还录了一些放在手头"。1920年汪原放提出要对《水浒传》、《红楼梦》、《儒林外史》、《西游记》等小说加新式标点和分段出版,就是把胡适的主张付诸实施。胡适并建议标点者写《校读后记》,书前附"句读符号说明","句读者"署上自己的姓名,以示文责自负。当时北京大学在招生考试时,也要考标点与分段。为了试做标准答案,几个专家拿一本《汉书》,择定其中一段分头标点,结果是六个样。标点、分段也是专门的学问。普及此举,在文化界是一件不算小的事,社会上颇起了一点小小的震动。虽有人滥加攻击,但主要是积极赞许。鲁迅说:"大体是有功于作者和读者的。"很快引起了日本文坛的注意。因此竟出现了一班效颦者,他们信手拿来一部旧小说标点、作序,不负责任,对书中意思没有弄懂,也来做什么

---

① 汪孟邹致胡适,见《胡适档案》。
② 《孟邹日记》,见《六十年来——回忆亚东图书馆》第86页。

"校正",结果是糟蹋了书,流弊无穷,走向了反面。

胡适还是亚东的顾问,汪孟邹和汪原放经常向胡适请教出书的方向和范围。胡适曾建议亚东出《中国哲学丛书》,列有《朱子年谱》、《王阳明传习录》、《颜氏学记》、《费氏遗书》、《李直讲集》、《明夷待访录》(黄梨洲)、《伯牙琴》(邓牧)、《明儒学案》、《近思录集注》(江永)等书目;还曾建议出《古短篇小说丛书》,包括:第一种《京本通俗小说》(七种加一种,叶德辉刻),第二种《今古奇观》,第三种《拍案惊奇》,第四种《石头记》,第五种《醉醒石》。胡适建议商务印书馆出的万有文库,就是 1925 年在上海治痔瘤时,在汪孟邹家提出初议的,当时叫《常识丛书》(《日用丛书》),可能原先是为亚东设想的小丛书,后来由商务接纳才成大型丛书的。

亚东图书馆在 1927 年以后,逐渐走下坡路,在出版胡适的《文存》第四集和《藏晖室劄记》时,已经到了破产的边缘。为什么在此危难之时,胡适竟把正待出版的《文存》第四集转移给商务,不作雪中送炭,反为雪上加霜? 这倒是需要探究的问题。原因有两个方面:

其一,亚东图书馆走下坡路,与 1927 年以后的政治形势有关,这点我们不去深究。只说亚东内部的原因。汪孟邹看到营业有衰落的趋向,就打算办分家的手续,这是与汪原放合不拢所致。汪孟邹一生无嗣,胞兄遗下的二男三女,就是他的子女。三女中慎如、淑如已出嫁,只有协如未嫁。乃刚不常在店中,唯汪原放始终在店中协助经营书业,故意见不合的主要是原放。据陈独秀说,原放"现在的举动,是三个原因构成的:一是天性不厚,二是以前在亚东的生活害了他(在此层,吾兄也要负相当责任),三是病的成分"。① 这是在致汪孟邹的信中说的,此信汪原放看过,是默认这三点的。

汪原放自称是"叔侄相左",其起因可追溯到 1923 年的恋爱问题。汪原放自幼与父辈的好友周栋臣之女周锡婉订了婚,但汪原放到上海后则提出周锡婉太矮,另与张秋霞热恋,坚决要与周锡婉解除婚约(时周在芜湖二女师读书)。周栋臣早死,汪孟邹觉得对不住故

---

① 陈独秀致汪孟邹,1935 年 6 月 8 日,未刊。

友,叔侄因此大起冲突。

就在1923年,汪原放在日记里留有自我素描:"一个长个子,满面络腮须。走路去如飞,坐下椅嫌低。性子烈如火,脾气不甚佳。香烟不离手,书籍爱如金。西装最所爱,中装视为仇。欲知为何人?叫做汪原放。"这就是陈独秀所说的"天性"。

叔侄意见不合,甚至背道而驰,势必影响店务发展。1930年汪孟邹和胡适商量,请梅华铨大律师做顾问,于1月24日办了一个分家的法律手续,据汪原放说,这实是一个"紧缩计划",是胡适上当了。1933年汪原放的妻子秋霞患肺炎逝世,汪孟邹又宣布自己退出股本,把亚东让给乃刚、原放和协如兄妹三人,他自己只保留芜湖的科学图书社,也办了法律手续,同年4月1日,即偕老伴回老家去了。

自此亚东由汪原放主持工作,但亚东的景况每况愈下。汪原放因一时找不到续弦而大发疯病。8月7日夜竟把《醒世姻缘传》一千多页的纸板尽行扯碎,损失约两千元。[①] 同时言行失常,与家庭成员无一不吵嘴,造成全店不宁。这就是陈独秀所说的"病的成分"。1934年亚东入不敷出,1935年此种超支现象有增无已。汪原放承认"说江河日下,完全是实情"。

为了帮助汪原放渡过难关,胡适和章士钊帮了不少忙,胡适出面建议与商务合作,目的是借商务作担保,以便向银行贷款,但银行还是不放贷。胡适专程由北平赶到上海,并亲自出面担保,上海银行、浙江兴业等银行才通知办转期手续,并在除夕晚送来了钱。章士钊也给了汪原放一千元的即期支票。新、旧年关渡过了。胡适与章士钊也在此时商定联名请汪孟邹回店,并请陈独秀写信给孟邹促其早日来沪(时陈独秀已在南京狱中)。

汪孟邹提出要汪原放一家回绩溪,作为他回店的先决条件,陈独秀劝他说,"单是对他(原放)愤慨,或不许他逗留上海,问题是不能解决的"。陈独秀建议汪孟邹恳请章士钊为原放谋一新的差使,同时将原放以前在店内翻译和标点书籍的版权与纸板,都归他自己处理,把

---

① 《章希吕日记》。

"家庭财产关系,亦弄个清楚明白(对不讲情理的人只有讲法律),以后自无葛藤之可言,否则只有改公司,而旧的葛藤,仍然存在也"。①所以汪原放只把子女送回老家,自己仍在上海。孟邹回店后,说"店事给原放搞坏了,他只要大、大、大,不要小"。原放则不以为然,认为生意不好,势所必至,其原因很多,如"九一八"、"一·二八"、"禁书"、"翻印"、"盗印","购买力弱"等等。1936年6月11日汪原放立了一张与亚东脱离股份及一切权利义务的字据。从其当时的日记中得知,他曾设法另创立一个"成功书店",但律师的意见是必须得胡适的合作,故终未见实现。10月17日的日记中,汪原放以诗自遣:

    鸡犬升天梦,于今作不成。

    不如归故里,做个赋闲人。

  11月的日记本上,则见有汪孟邹手书致章士钊的信:

    原放已无路可走,似颇着急,请予以自新之路,带他至平,予以一职,让他挣扎,虽恩断义绝之余,亦十分感激不了。

   行哥   弟孟邹 廿五、十一、十八

  当时,章士钊正拟就任冀察政务委员会委员兼法制委员会委员长。章士钊没有把汪原放带去北平。1937年7月,汪原放找到北平,章士钊因自己用人有限,无法安排而故意避不相见。还是胡适给他写了一封向商务推荐的信,但因战争迫在眉睫,商务正在紧缩、裁员,此事未成。不久抗战开始,商务的办事处内迁长沙。

  在汪原放主持亚东时,胡适尽力帮助解决困难,在汪孟邹回店后竟突然变卦,必另有原因。

  其二,胡适在汪孟邹回店后不能雪中送炭是江冬秀干预所致。章希吕在1936年1月15日的日记(已残缺不全)记有"《藏晖》排成的页数被火烧去,亚东已受损失……不如让他出版"。这是胡适的态度。江冬秀持相反意见。章希吕说:"我在此住了将近两年,觉得他们夫妇的心情是绝对不同。适兄从来不肯得罪一个人,总是让人家满意的去,他自己宁可吃些亏;适嫂是一个说得出做得出的女人,不

---

  ① 陈独秀致汪孟邹书,1935年6月8日,未刊。

怕人家难为情的。譬如亚东出事,我见他生气这是第二次。"江冬秀因《藏晖》排就的页数被烧而对亚东生气是第二次,那么,第一次应是《胡适文存》第四集改由商务出的《胡适论学近著》之事。

不过,江冬秀第一次生气,章希吕不知其中原委,也未出现在日记中。这次所以出现,是因胡适不愿再一次执行"懿旨"。江冬秀需要章希吕向汪孟邹写信:把胡适在前年(1934年底)"经手借来移借亚东之款及其版税,从废历开年起,请亚东想一筹还办法,并将廿四年(1935年)终结存版税若干开一细帐来"。江冬秀把理都说成在自己一方。半月不见亚东来信,江则欲亲赴上海兴师问罪,一面与胡适又一次争吵。章希吕说江的精明不在孟邹之下,或且过之。江冬秀认为汪有自取之道。一月后亚东来信,内称"第一、二两项的借款筹还及本年版税不欠,似难做到。第三项结至廿四年(1935年),版税清单可寄来"。江冬秀丝毫不让步,与胡适争吵比上次更凶,并要挟胡适:她以后家不管,每月要胡适给她二百元;如要她管家,就非六百元不可。4月25日汪孟邹寄来快信,"内附给适嫂一千五百元借据一纸,期限今年十二月还一半并利息,明年四月还一半并利息"。江冬秀仍不满意。

1936年5月,亚东把前几年排成的《缀白裘》以一千五百元卖给中华,仍难偿债。5月25日,汪孟邹函商江冬秀期款稍缓,江冬秀当夜即与胡适争吵,并提出两个条件:(1)所有胡适在亚东出版的几部书,都提归商务发行;(2)《藏晖室劄记》版权卖给商务,①以偿旧债。

江冬秀为什么欲使汪孟邹的亚东不能生存而后快?其根源还在曹诚英与胡适的恋爱事上,是江冬秀的醋海余波。汪孟邹对曹诚英与胡适谈恋爱是支持的,亚东就是他俩经常相会的地方。1934年曹诚英在其二哥等人的帮助下,自费赴美留学,所进的学校正是康乃尔大学。胡适也帮了不少忙。曹在出国前,还曾在亚东小住一段时间。江冬秀怀恨在心。当时的汪孟邹已回绩溪,今日复出,江冬秀则借机

---

① 《章希吕日记》。胡适在晚年谈及此事时说:"他们(亚东)十年来不曾付我的版税,寄给我的家,觉得很抱歉。我劝他们把纸版卖给商务,卖来的钱先还别的债主。我的版税可以不付了。"没有道出真相,却为江冬秀承担了责任。

报复。①

  胡适在1925年提出要与江冬秀离婚,江冬秀以杀子相要挟,使胡适像斗败了的公鸡,从此不敢再反抗,但感情上仍与曹藕断丝连。1936年1月,胡适借赴天津开会之机,又去了上海,旧历的除夕,在上海作《无题》诗云:"寻觅了车中,只不见他的踪迹,尽日淡淡高会,总空虚孤寂。明知他是不曾来——不曾来最好,我也清闲自在,免得为他烦恼。"这分明是怀旧之情。但在第二天的旧历元旦,又给家中发了一个电报:"新年作客,佳节思家。"②所持是应付与妥协的态度。

  从此之后,胡适不再在亚东出书了,但与汪孟邹的友谊依旧,亚东也仍是胡、曹相会的场所。1949年12月,胡适已赴美国,还写信托汪孟邹买与《水经注》有关的书籍,汪照办了。这是胡、汪最后一次联系。

三

  胡适是一个实验主义的学者,继承着我国"无征不信"的传统,但又能开风气之先,不因循守旧,所以创设了一个公式:"大胆假设,小心求证。"他在《胡适文存》初集的序中说:"至于这种随时做的文章,是否有出版的价值,这个疑问,我只好让国内的读者与批评家代我回答了。我自己现在回看我这十年来做的文章,觉得我总算不曾做过一篇潦草不用气力的文章,总算不曾说过一句我自己不深信的话,只有这两点可以减少我良心上的惭愧。"在《文存》第二集的序中,依然援引了这几句话。嗣后,胡适一般均保持了这个原则。汪孟邹很了解这点,并对胡适作过仔细的观察。最有代表性的事例是1925年出《科学与人生观》的讨论集时,汪孟邹请胡适与陈独秀为之作序。胡、陈二人的序言都是在亚东的编辑所写的,"适之写的时候,要找不少书,先摆好再写。仲甫不同,只要纸笔,又不查书、看书,只管写下去

---

  ① 此为石原皋先生所述。石老本拟于《续话胡适》中补述,奈天不假年,1987年1月遽逝于合肥,享年82岁。

  ② 《章希吕日记》。

就是了"。前者是书生型的,后者是天才型的。

汪孟邹从事新书业,同样具备严谨而又创新的风格。与亚东出版事业有关系的作者,基本上均属这种类型。1947年有人评述亚东图书馆说:

> 在二十五年前,当号称文化街的上海四马路上,鳞次栉比的书店橱窗里正满摆着色情小说和黑幕大观的时候,能够不为时风所左右,严肃的出版着性质纯正的书籍的,除了故赵南公先生所经营的泰东图书局之外,还有一家亚东图书馆,它的主持人就是汪孟舟(邹)先生。……他是皖南绩溪人。皖南一向是产生学人的地方……汪先生的从事出版事业,自然也不能说是出诸偶然的了。

文章在列举亚东所出的书目之后说:"这些书在当时的青年思想上有过相当大的影响。"还指出亚东"开了标点书的先河"。接着写的是:

> 在一九二五年——二七大革命的前夜,亚东首先出版了革命文学倡导者蒋光赤的小说《少年飘泊者》和《鸭绿江上》。同时,在租界当局和军阀政府双重压迫之下,敢于经售革命政党的机关刊物(如国民党的《政治周报》,共产党的《响导》和《中国青年》等)的,除了国民党的民智书局和共产党的上海书店之外,恐怕也只有泰东和亚东两家。①

文章还指出,亚东在北伐以后,"稍稍落后了一点",此后文网渐密,全国出版界同遭厄运,则取守势。抗战中未迁内地,而遭敌伪打击,胜利后仍一时难以恢复。这个概述是符合实情的。

亚东图书馆的出版事业有两大特点:

其一,是革新。这是亚东贯彻始终的主线,关于这点可先与同行商务作个比较。商务也出新书,但其整个倾向正如该馆成员张雄飞在1962年上海工商联座谈会上所说:"张菊老的思想较保守,厌新。章锡琛主持《妇女杂志》,要出《新女性》,封面上有裸体女人,就通不

---

① 萧聪:《汪孟舟(邹)——出版界人物印象之一》,《大公报》1947年8月。

过,因张老很不满。章锡琛出了商务,另办开明书店,先只在弄内小做,后来《新女性》畅销,竟成了大书店。"又说"胡适到商务编译所,嫌大家一统工作,须坐六小时班,不如教授舒服,只干了三天就不干了。才介绍王云五进馆的"。① 汪孟邹说:"一般营业当然是资本愈多愈好,规模愈大愈好;可是像亚东图书馆这样小规模也有好处。那些大出版家不免畏首畏尾,我们胆子就此较大些。"②可知胡适交亚东所出的书,都是毋须担风险的。

由于亚东所出的书具有开风气之先的特点,也就常常遭禁。按时序排列,先是《甲寅》遭禁,继则《胡适文存》、《独秀文存》等书遭禁,在三十年代的禁书目录中,属于亚东出的书很不少。胡适对此很不服气,曾写信给当年任北京政府平政院院长、内务总长、司法总长的张国淦责问:"究竟我的书为什么不许出卖?禁卖书籍为什么不正式布告该禁的理由?"邵力子先生对此曾发表感想说:"要禁就禁",这便是唯一的理由,"胡先生要寻根究底地去问,未免太不聪明了"。③

书业的经营状况,取决于主人的精神面貌。汪孟邹说过:"我与同业群益主人陈子佩、子寿昆仲,泰东主人赵南公,太平洋主人张秉文诸老友时常要闲谈,都说:我们与其出版一些烂污书,宁可集资开设妓院好些"。④ 这是何等高尚、掷地有声的金玉之言!但那些色情小说和黑幕大观一类的烂污书却是从不遭禁的。

其二,是严谨。亚东不断推出新书,并非趋时投机、偷工减料,而是保质保量,创金字招牌。出版界的"亚东本",就是享有盛誉的金字招牌。亚东规模不大,设备不善,能得如此盛誉,是靠艰苦努力、严谨的工作作风换来的。亚东出版胡适的书,不仅在排式上颇费斟酌,在校对上更花大力气,要求不仅与原稿无误,还要纠正原稿错漏的地

---

① 《汪原放日记》1962年7月7日。张雄飞共讲了三点,第三点是《万有文库》初版时生意不佳,后因冯玉祥说他的连里、营里都要一部,这一下"救驾"了。汪说这都是"平时不知的"。

② 汪孟邹:《我与新书业——答萧聪先生》。

③ 均见《回忆亚东图书馆》。因援引较多,不一一注出。

④ 汪孟邹《我与新书业——答萧聪先生》。

方。就是说,"有的地方或者会漏了一句引文,甚至也有漏了一小段的。有些年份,有时也会错掉十年、百年,譬如1777年错为1877年,1698年错为1688年之类"。这类错漏虽不多,总要找到原文来校定,因此随时要添置参考书。汪原放说:"自从出《胡适文存》,随时添置,经过几年,我们应用的参考书就相当完备了。"因此有条件核对原文,把作者抄漏的、抄错的都纠正或补正。有些"在初校就提出的问题,到二校还不能解决,一直要到三校,甚至末校,才能改正。总要查考下去,肯定是错了的,才改它。同时立刻发快信到北京问适之兄商量妥当与否"。如章希吕在校《短篇小说二集》时,其中《米格儿》一篇中有一处发现一个"米该儿",开明活叶文选改为"米格儿"。当夜跑到徽宁里去查看英文原本,原来"米该儿"并不错,是开明把它改错了。①

由于亚东本的质量创立了信誉,就出现了盗印亚东版的现象。不仅盗印小书,如《胡适文存》、《独秀文存》等大书亦有被盗印的。盗印版的纸张印刷虽不好,但价格低廉,因他们不需付版税和稿酬。盗印人的规模比亚东本身更大,对亚东的营业是一个严重的威胁。粗制滥造的标点本,他们有"一折八扣"的优待,同样威胁着亚东的业务。如北京的书店同行说,对顾客总是先拿出"一折八扣"本以及其他便宜的本子,如果是大学的学生,"他们一定要'亚东本',那时候我们只好再拿出来。他们是骗不了的"。出版界的元老之一张静庐曾说过:"谨慎独步的亚东图书馆,仍在胡适之先生协助之下,埋头于中国通俗小说的考证和整理,造成铅粒的'亚东版'。对这'亚东版'的谨慎工作,我们不能抹杀汪原放先生的苦干精神,为一部小说的校点费一年、半年的时间,和十次、八次的校对,是常有的事,这是'亚东版'之所以可贵。但也是被标点书商粗制滥造所打败的致命伤。"这种正当的权利得不到保障是社会问题。汪孟邹只有向读者呼吁:"劣本虽廉,不堪卒读;稍增代价,便得佳本。"贯彻正确的方针,也要有牺牲精神。

"亚东本"的形成,与其主人的风格有关。有人说汪孟邹"治事谨

---

① 《六十年来——回忆亚东图书馆》。

严,丝毫不苟。据接近他的人说,连一张广告稿子,他也必定规划妥善,算准字数,并且请人誊正,然后付排。在他这种精神熏陶之下,亚东的同人也保有这种优良作风,无怪乎亚东版的书籍,校对特别仔细,错字几乎没有,版本形式也特别优美了"。① 汪孟邹并不否认这点,他只是补充说:"我们出版认真,不肯苟且,一半是由于个性使然,一半也是许多朋友,如章行严,陈仲甫,胡适之诸先生督促之力。"②

胡适与汪孟邹既有共性,也有相异点,他俩的政治态度就是不同的。胡适对社会的进步,主张点滴改良。不过,他在辛亥革命期间,也曾有过革命的倾向,二次革命失败,还曾希望有三次革命发生。在他决心择定以哲学为职业,专攻杜威实验主义之后,就奉行渐进主义了。此乃人所共知,毋庸赘述。关于汪孟邹,有人说他"一生不曾卷入过政治,但由于他强烈的正义感,他始终同情进步的政治思想。数十年来每一个处于被压迫状态中的革命党派,差不多都和他发生过关系"。③ 这是表象之论,没有完全了解汪孟邹。据汪孟邹自己说,同盟会的革命运动取代了维新运动后,他在芜湖开办科学图书社,即旨在革命了。1913年创立的亚东图书馆,就是"维新和革命的产物",嗣后的汪孟邹也就始终与革命连在一起。"五四"新文化运动与亚东密切相关,中国共产党的成立,与亚东同样有密切关系。汪孟邹的政治主张,长期以来都是跟陈独秀走的。从汪原放的《回忆亚东图书馆》中,可以理出一个有关事实的线索。

陈独秀1920年由北京返回上海,就是以亚东为基地组织中国共产党的。汪孟邹亦参加了一些活动。中国共产党在上海成立,亚东的店员知道得最早。陈独秀担任中共中央书记后,党内的一切大事,汪孟邹都知道。有人要见陈独秀,汪孟邹"总答应替人约好时间见面会谈"。1927年陈独秀在上海组织市民政府时,汪孟邹向陈独秀推荐赵南公为市民政府代表。陈独秀在武汉辞去党内领导职务之后,回上海首先征求汪孟邹的意见,回到上海后由汪孟邹安排藏身之所。

---

① 萧聪:《汪孟舟——出版界人物印象之一》。
② 汪孟邹:《我与新书业——答萧聪先生》。
③ 惠泉:《记汪孟邹先生》,(香港)《明报月刊》7卷2期,1972年2月。

汪孟邹对"八七"会议的情况一清二楚,这些决不能视为陈独秀无原则泄密。还有两件事,是他生前对汪原放说的,可以进一步说明问题:

1.你(指汪原放)的党支部名册,在"四一二"以前十分紧的时候,我找延年把他们埋在地下的名册一道起出,给我烧了。

2.《万年青》(账簿)上有两个书店:一个是长沙的文化书社,一个是武昌的时中书局。文化书社的经理是毛主席,时中书局的经理是恽代英。他们都由陈仲甫担保三百元来往(赊货)前来联系,货都发了。账不必再算,是史料,将来或有用处。①

由此看来,汪孟邹与中国共产党的关系,绝非一般的关系。经人证实,当时的汪孟邹是中共的特别党员。② 这个身份连汪原放也不知道。汪原放参加共产党是陈乔年介绍的。汪孟邹曾经说过:"我常常老老实实的告诉仲甫,我实在害怕,我不能做一个共产党员。仲甫说:'好吧,你就不要做党员,只管站在外面,做一个同情者好了。'"有人据以证明汪孟邹未成为一个共产党员,是轻信了汪原放的话。上述的话是由汪原放复述的。作为一个特别党员,不可能无故暴露自己的身份。若此话是在1927年以后说的,这就符合实际了。陈独秀离开党的领导岗位,尤其在被开除出党后,汪孟邹的这种关系也就不复存在了,但却可说明汪孟邹没有参加后期的托派小组织。

由于汪孟邹与陈独秀以及中国共产党有这种关系,在对胡适与陈独秀之间的政治观点分歧,汪孟邹总是站在陈的一边劝解和争取胡适。如1919年3月,陈独秀被解除北京大学文科学长之职后,首先告诉了汪孟邹。汪孟邹在致胡适的信中说:"仲甫去职,已得他来讯。旧党当然以为得势,务望兄等继续进行奋身苦战,不胜盼念之至。"③1923年,文化思想界有一场科学与人生观的论战。这本是努

---

① 汪原放编《六十年来——回忆亚东图书馆》所记武昌的书局,原为"时中书局"。是否为"利群出版社"之误,抑或别有原因,待考。

② 郑超麟先生多次与我谈及此事,当我问及汪孟邹是否还参加了托派小组织时,回答是否定的。

③ 见《胡适档案》。

力派与玄学派之间的争论,但汪孟邹为之结集讨论集时,请陈独秀也为此书作序,其目的就如陈独秀所说,是希望"经过这回辩论之后,适之必能百尺竿头更进一步"。1925年,胡适参加段祺瑞办的善后会议,上海《申报》报导胡适与章士钊、林长民、汤漪合办《善后日报》,后虽知道是谣言,汪孟邹还是建议胡适"最好是速办努力周报,以表明对政治的态度,造谣者自无可再造。置而不理,恐不是最当的办法"。① 五卅运动之后,胡适不同意提反对帝国主义,曾与陈独秀在亚东激烈辩论。汪孟邹在第二天对胡适温语相劝:"适之,你怎么连(反对)帝国主义也不承认呢? 不对吧!"

彼此的政治态度纵然各不相同,却并不影响他们之间的私谊。这也可算是这批朋友的特点。胡适在1925年为汪孟邹代拟的自传大纲中,所列"一些怪物的朋友"中,至少包括陈独秀、章士钊和胡适之。他们始则同道,继则殊途,"五四"之后,陈独秀"左"向,胡适右向,章士钊则转向(或倒向)。他们是我国近现代史上的代表人物,其走向各代表了社会的某一阶层。他们的活动总是伴随着政治风浪与思想文化的运动。他们对国家民族的前途,各有自己的设想和立论,言之成理,持之有故,都深信自己是正确的,谁也难服谁。欲证明谁是谁非,需待历史的检验与再检验。彼此可以当面辩驳,或在刊物上公开责难、批判。他们反对"好同恶异",提倡"有容",行为光明正大,决不在黑处放暗箭。一人遭难,都千方百计设法营救,从不落井下石,如此朋友之道,是我国的优良传统,也象征着时代的生机。他们堪称"怪杰"。

汪孟邹亦是怪物,熟悉他的人说:"凭着孟邹先生的见解和气质,他也有做文化战士的资格和趋向。在书店同业中他以'怪'见称,郑振铎曾说他是'市廛之侠',茅盾在一篇文章里曾说到汪孟邹的'永远跑在时代前头'。……都指明了汪孟邹与普通书贾不同的个性。"② 物以类聚,怪怪相友,见惯也就不怪了。

---

① 见《胡适来往书信选》(上),第314页。
② 惠泉:《记汪孟邹先生》。

最后还要指出一点,胡适与汪孟邹的关系,在其发展过程中起了易为人忽视的变化。可从他俩的称谓变化说起。胡适当初在日记中称汪为"汪孟邹翁",继则称"先生",后又称"兄",当面直呼"孟邹"。而汪孟邹的侄子汪原放(小胡适七岁)则始终称胡适为"兄",却称陈独秀为"仲翁",称章士钊为"行翁"。与汪原放同辈的章希吕等人亦然。而陈独秀称汪孟邹为"先生",称原放为"兄",始终如此。汪孟邹在早年如何称胡适已无考,在"五四"前后称胡适为"兄"或"适之哥",与称章士钊为"行哥"一样。因此,素讲礼节的胡适已无词称汪原放,写信时只能用不加称谓的"原放"二字。胡适对汪孟邹在称谓上的变化,与其原称胡近仁为"老叔",后来改称"老友"是不一样的,是反映了胡适社会地位的变化。"老叔"改"老友",或可说是破除旧习,"翁"改"兄"却完全是因循旧俗。胡适从一个普通留学生,骤然成为新文学的领袖,身份不同当年,理当刮目相看。迄 30 年代,已是当局的高级顾问,借用傅斯年的譬喻:"牛粪上的鲜花。"①而汪孟邹始终是一介寒酸的小亚东主人而已。胡适平素颇注意自身的形象,对自己的"暴得大名"有所警惕。他曾说过:"古人说'暴得大名,不祥'。这句话是很有理的。名誉是社会对于一个人或一个机关的期望的表示。……期望愈大,愈容易失望,失望大了,责备也愈严重,所以享大名的人,跌倒下来,受的责备比常人更大更多。所以古人说暴得大名是一件不祥之事。"②但要事事、处处防止世俗的侵蚀,是难以做到的。

　　在胡适的心目中,汪孟邹始终只是一个书商,这是问题的关键所在。想当年,书商是要以名学者、名作家为衣食父母的。章希吕就是这样说的:"亚东总是占(沾)光适兄的地方多,将来亚东无论改公司与不改公司,于有求于适兄的地方还不少。如果这样下去,把适兄对亚东一点同情心也失掉,未免可惜。"③胡适当年对亚东的"照拂",正是从这个观念出发的。曾几何时,作者与出版者衣食父母的关系似乎倒置了。导致其倒置的所以然,不属本文探究的范围,但究竟哪种关

---

① 见《胡适来往书信选》(下),第 190 页。
② 胡适:《一师毒案感言》,《胡适之先生年谱长编初稿》(二),第 535 页。
③ 《章希吕日记》。

系才是正常的关系？才能有助社会文化事业的发展？只有让历史事实回答。

　　胡适晚年,对陈独秀的看法不无政治偏见,但对汪孟邹,恐怕还由于他学无专长。关于这点,汪孟邹的故友有所解答。他说:"无论新旧学问,汪先生都没什么了不起的造诣,但他真说得上好学不倦,尤其是'不耻下问'……汪先生还有一种难能可贵处,便是他非常认真地看待他的知识学问,学到的东西吸收进血液去,在生活中实行出来。这和许多大有学问的人却把学问当作装饰,或当作欺世盗名的手段,真不可同日而语了。"① 说得太好了。事业和学问一样,只要他作出成绩,就理当受到尊敬。上世纪70年代曾有人说过:"汪孟邹这个人在文化运动里总应该有一席地位。我们的多数史家素对于出版和书店商人太不重视了,我自己应该改正过来。"② 善哉斯言！汪孟邹是一位有远见卓识的出版家,他的学问正表现在他的出版事业上。胡适早年著作的传播,与亚东不可分割,足为一证。

---

① 惠泉:《记汪孟邹先生》。
② 周策纵:《略谈汪孟邹与陈独秀》,(香港)《明报月刊》7卷2期。

胡适与宣统的交往

1922年5月17日,深居紫禁城深宫的溥仪皇帝,突然给胡适打了一个电话,约胡适于第二天去宫里"谈谈"。胡适因第二天有事,改约于5月30日入宫。5月24日,胡适先去拜访当时正在做溥仪英文老师的庄士敦,了解宫中情形和溥仪的近况。庄士敦告诉他,这位年轻的皇帝近来颇能"自行其意",不听人劝阻,把辫子也剪掉了,并在读胡适的《尝试集》新诗。这次打电话也未同任何人商量。胡适对这位年仅十七岁的宣统皇帝很感兴趣。

胡适说,5月30日12时前,宣统派了一个太监"来我家接我,我们到了神武门前下车"。"我们进宫门,经春华门进养心殿。清帝在东厢,外面装大玻璃,门口掀起帘子,我进去。清帝已起立,我对他行鞠躬礼,他……请我坐。我就坐了。我称他'皇上',他称我'先生'。他的样子很清秀,但单薄得很。……室中略有古玩陈设,靠窗摆着许多书,炕上摆着今天的报十余种,大部分都是不好的报,中有《晨报》、《英文快报》。几上摆着白情的《草儿》、亚东的《西游记》。他问起白情、平伯;还问及《诗》杂志,近来也试作新诗。他说他也赞成白话。他谈及他出洋留学的事。……他说有许多新书找不着。我请他以后如有找不着的书,可以告诉我,我们谈了二十分钟,就出来了"。

宣统当时给宫外打电话,不仅给胡适一个,有些并非约对方进宫见面,纯粹是为了好玩。20世纪20年代初,北京城里普遍装置电话,宣统十分羡慕人家安置电话,尽管他的左右反对在宫中安装这样的"奇技淫巧",他们说,"宫中从没有安装过这样的东西,不仅现在不应该,就是将来也不应该装。更主要的是以皇帝之尊,而随便和外界用电话交谈,殊非君主者所以自重之道"。但宣统好奇心切,还是坚持安装了，安装后为了"先打为快"，第一个电话，就是他从电话簿上找到的北京颇负盛名的杂耍演员徐狗子。电话拨通后，听见对方答话时，叫了一声"徐狗子"，即急忙把话筒挂上了。又学着京腔给京剧名演员杨小楼打电话，在对方哈哈大笑中又把话筒挂上，这还不失其为天真的胡闹。有一次则是恶作剧了，给一家大饭店打电话，向他们定了一桌饭菜，叫他们送到捏造的地方去……更多的则是与家属成员通电话，一谈就是一两个小时。

宣统打电话给胡适，是为了好奇，"想看一看这位胡适之博士究竟是什么样的人"。在当时的大多数报纸上，常常能看到胡适的名字，知道是一位提倡新文化运动的领袖人物，老先生们对他十分反感，就连教宣统英文的庄士敦也说"胡适就是'胡说'"，说他在尝试的新诗中，把"野餐"说成英文"匹克尼克"，对此大加讪笑。宣统好奇，"想要亲眼'瞻仰'一下这位新诗人的丰采光华"。在打电话给胡适时，不像前几次不报自己的姓名，而是实说"我是宫里……宣统"。胡适对此亦颇为重视，第二天即送去一张名片，上面写着"我今天上午有课，不能进宫，乞恕"。30日进宫后，也"深受感动"。

当时的紫禁城内的清室，仍是一个小朝廷，犹如罗马城内的梵蒂冈。这是辛亥革命后中华民国参议院《关于清帝逊位后优待之条件》中所规定的："大清皇帝辞位之后，尊号仍存不废，中华民国以待各外国君主礼相待。"宣统就在这一年结婚。他在《我的前半生》中这样记述他在"小朝廷"中所举行的婚礼："自辛亥革命以后，除了张勋复辟的几天'热闹'之外，就要算这次我的结婚为最'热闹'的了。……他们都穿着清代旧的礼装，手中执节……骑在马上，由宫中捧着所谓'圣旨'，在中华民国政府所派来的步军统领衙门马队、警察队马队、保安队马队的簇拥保卫下，向婉容的住宅进发。更有两班军乐队走在前面。后面是黄缎银顶轿一顶。其后还有无人乘坐的三顶黄缎银顶轿，此外还有包括龙凤旌伞和銮驾仪仗共七十二副，后面还有四驾黄亭，其中装有印玺和'皇后'礼服之类，还有宫灯三十对。其中最鲜明又滑稽的对照，则是既有完全清代服饰的所谓'清室官员'，又有中华民国政府派来的穿戴着军警制服的人员，既'严肃'又'和协'地在首都北京大马路上并肩走着。"

　　胡适当时在北洋政府的心目中,是一个传播思想的过激党,紫禁城中也视之为危险人物,他的进宫,小朝廷反应有二:一种是"皇上怎能把这样的'新文学家'找到宫里来呢?尤其是这样和他'破格'谈了话,岂不是于'体统'有碍?!"另一种是与此适相反,表示了"往自己脸上贴金"的洋洋得意,他们说"胡适这样的人都让我们'化'过来了"!小朝廷的内务大臣金梁在密谋复辟奏折中说,"化之以德,未尝不可援墨归儒,胡适即其例也"。这都是正统"帝王思想"之反映。

　　胡适本来并不打算让新闻界知道这件事,但一些小报竟把它报道出来了,并且越说越离奇。所以他在7月20日出版的《努力周报》第十二期上发表《宣统与胡适》一文,以正视听。他在文中简述了见宣统的经过。胡适特别强调:"那一天最要紧的谈话,是他说的,'我们做错了许多事,到这个地位,还要糜费民国许多钱,我心里很不安,我本想谋独立生活,故曾想办一个皇室财产清理处。但这件事,很有许多人反对。因为我一独立,有许多人就没有依靠了'。……一个人去见一个人,本也没有什么希奇。""清宫里这一位17岁的少年,处的境地是很寂寞的,很可怜的;他在这寂寞之中,想寻一个比较也可算是一个少年来谈谈(胡适是年30岁),这也是人情上很平常的一件事。不料中国人脑筋里的帝王思想,还不曾刷洗干净,所以这一件本来很有人情味儿的事,到了新闻记者笔下,便成了怪诧的新闻了。……最可笑的是,到了最近半个月之内,还有人把这件事当作'新闻'看。还捏造出'胡适为帝师','胡适请求免拜跪'种种无根据的话。我没有工夫一一更正他们,只能把这件事的真相写出来,叫人家知道,这是一件很可以不必大惊小怪的事"。

　　两年以后,在第二次直奉战争的高潮之际,直系将军冯玉祥突然倒戈,发动"北京政变",不仅囚禁了总统曹锟,重组摄政内阁,并强行修正"优待清室条件",宣布"废除帝号,没收清宫",立即驱逐溥仪小朝廷出紫禁城。11月5日执行此任务的鹿钟麟到宫中问溥仪:"你到底愿意做平民,愿意做皇帝?若愿意做平民,我们有对待平民的办法。若是要做皇帝,我们也有对待皇帝的手段!"溥仪赶忙回答说:

"我自然应该做平民,无奈许多人跟着吃我,他们迫着我在这里,要不然,我早就走了。"就这样,溥仪及后妃移居北府(溥仪生父载沣的醇亲王府),紫禁城由此改为故宫博物院。

胡适在事发的当晚得知这消息后,立即致函摄政内阁外长王正廷提出抗议。胡适说:"我是不赞成清室保存帝号的,但清室优待条件,乃是一种国际的信义,条约的关系。条约可以修正,可以废止,但堂堂的民国,欺人之弱,乘人之丧,以强暴行之,这真是民国史上一件最不名誉的事。"他提出了几点建议:

(1)清帝及其眷属的安全;(2)清宫故物应由民国正式接收,仿日本保存古物的办法,由国家宣告为"国宝",永远保存,切不可任军人政客趁火打劫;(3)民国对此项宝物及其他清室财产,应公平估价,给予代价,指定的款,分年付与,以为清室养赡之资。

胡适在此所抗议的,仅是"以强暴行之"的手段、"欺人之弱"的方式。

胡适的这封抗议信,翌日在《晨报》上摘要发表后,一时中外各报均有转载,国内各界的反应,据胡适说,"十几日来,只见谩骂之声,诬蔑之话,只见一片不容忍的狭隘空气"。仅有英国人庄士敦表示支持赞同,致书胡适说,"你正是说出了这样一个正确的事情,并且用正确的方式说了出来"。"你无疑已经注意到《京报》对我的卑鄙的攻击了。目前那一类中国报纸的攻击,正是在我意料之中的。我不认为冯玉祥已经进入了他用阴谋手段所企图建立的完全和平的统治"。胡适周围的友人们,却几乎没有一个赞同的。周作人在9日致书胡适说:"我怕你不免有点为外国人的谬论所惑。……例如《顺天时报》曾说优待条件素由朱尔典居中斡旋而议定的。这回政变恐列国不能赞同云云……总之,这些帝国主义(这里要模仿一句时髦的口吻)和外国人都不是国民之友。是复辟的赞成人。……在这一点上我觉得不能和你同意"。胡适在10日说:"我要声明,我写给王儒堂君的信是五日晚上发出的,还不曾有机会受'外国的谬论'的影响。"第二天,又致书周说:"我两年前见过溥仪君,他那时就说要取消清帝号,不受优待费。并说已召李德迈来清理财产。其后他改派郑孝胥君,与以全权,在醇亲王之上,其意不可谓不诚。外间说,能决此事,只有暴力一途,若假以时日,则必不成(王正廷君对我如此说)。我不信此是实情。我以为,此次若从容提议,多保存一点'绅士的行动',此事亦未尝不可办到,只此一点,是你和我的不同之点。"

李书华、李宗侗在9日的《晨报》上看到胡适致王正廷的信后,即写信给胡适表示异议:"这样议论,若出于'清室臣仆变为民国官吏'的一般人,或其他'与清室有关系'的一般人口中,当然不足为怪……我们根本上认为中华民国国土以内,绝对不应该有一个皇帝与中华民国同时存在,皇帝的名号不取消,就是中华民国没有完全成立。"李氏昆仲正是当年清廷军机大臣李鸿藻的后裔。胡适有专函奉复。①

据溥仪说:"当一九二四年,我从满清宫出来住在我父亲家中时,他(指胡适)还亲自到过当时的醇亲王府见了我一面。"

胡适一生,始终是一个自由民主论者,而当时持"帝国主义的外国人都不是民国之友"论者周作人,后来竟走向了其反面。溥仪后来也成为伪满皇帝。两者竟异曲同工。战后,溥仪成了战犯,在服刑期间,"用马克思主义的伟大科学真理"改造成了"新"人,他所写的"忏悔录"中,对胡适有个批判:"胡适这个人却实实在在有愧这'新文学家'四个字,因为他的灵魂深处,不但有一种与封建残余反动势力异途同归的共同之点,同时,还有和资本主义反动阶级同流合污的另一面。不管他在当时嘴里怎样说着假开明的诱人词句,他的整个立场根本就是和人民利害相反的。只不过是利用当时新旧思想尚在混沌时期,披上了一件'五四革命运动'的外衣,一时迷惑了当日大部分渴望新空气的青年,在实际上却和帝国主义在一鼻孔出气。看他后来竟完全滚入美帝的怀抱之中,终于甘心自绝于祖国人民这件事,就可知道,这位胡博士,究竟是个怎样的角色。"这就是改造成"新"人后的新观点,已失当年的烂漫天真。

本文原载安徽老龄委主办《黄山秋》2000年10期,收入本集时有增订。

---

① 见《胡适来往书信选》(上),第268~278页。

胡适与蒋介石的关系

一、缘前的相异

　　胡适生于1891年,蒋介石生于1887年,蒋长胡四岁。胡适出生于安徽绩溪,蒋出生于浙江奉化,都属山明水秀之乡。追溯胡、蒋两家的祖先,都有一段颇有趣味的传说。胡适的祖先据其家谱记载本不姓胡,是唐朝李世民的后裔,唐末代皇帝李晔在朱温篡位时,托称自己的初生婴儿早产夭折,在血袴中密委近侍胡三公,匿隐民间。胡三公是婺源人,婴儿长大后从胡姓,传三十三世而移居绩溪县上庄。而蒋氏的祖先,据沙孟海的考证:"蒋氏是周公之后",其远祖为周公旦的第三子,封于蒋国,封邑原为河南固始,后辗转到浙江。① 有趣的是,蒋氏的始祖是尧、舜、周公、孔、孟……中国道统系列中的圣人,而胡适的始祖,却是经玄武门之变,举兵平定割据群雄的唐朝开国皇帝李氏之后。今天的胡、蒋二人,已换了位。

　　胡适,谱名洪骍,乳名嗣穈,在上海读书时,因受严复所译《天演论》的影响,由其二哥为他取号为"适之"。蒋谱名周泰,小名瑞元,学名志清。1900年,蒋从塾师毛凤美读《易》,毛则为他取"中正"为名、"介石"为字。但他一直没有使用,学名"志清"还是在1902年赴宁波考秀才时取的。"中正"出自《易经·履卦》:"履虎尾,不咥人,亨。"意思是踩在老虎尾巴上,老虎不咬人,是通顺。"刚中正,履帝位而不疚,光明也",意思是阳刚居中而正,坐在皇帝位上亦无危险。"介石"

---

① 沙孟海:《武岭蒋氏宗谱纂修始末》。

出自《豫》卦。"六二:介于石,不终日,贞吉"。"《象》曰:不终日贞吉,以中正也"。① "六二"是阴爻,"介于石"即坚如石,阳刚太过,与阴柔不合,或曰不合顺自然而动。"不终日"表明它不到一天就变柔了,是好事,终归于"中正"。"中正"与"介石"虽撷自两卦,但是互通的。"适之"出自进化论的"物竞天择,适者生存"。个人如此,国家亦是如此。此名寓意在于:一个文明古国具有适应新潮流的活力,因此,"适之"是具有进取性的名号。阳刚太过的"介石",能合顺自然阴柔,也是"适之"。两者在这点上有共性。至于"胡适",则不是"胡适之"的简称,而是他在 1910 年报考清华留美预备学校时临时使用的。当时正是他既失学而后又失业之际,精神上的苦闷使他在生活上曾一度放浪形骸,同乡好友均规劝、鼓励他报考留美预备学校,他虽下了决心,但又怕万一考不取,而为人讥笑,因此用"胡适"二字去报名,表达他当时的彷徨心态。"胡适"二字译成白话,就是"到哪里去"。他幸运地考取了。"胡适之"和"胡适",是在两种不同的境遇下命的名,前者是"物竞天择,适者生存",后者则是"物竞天择,幸者生存"。"胡适之"是舶来思潮的产物,胡适的一生,充分体现了这点。"蒋介石"却是十分传统的,没有赋予任何时代的新意。"胡适之"与"蒋介石",从其名字上看,他俩在年轻时都为自己的前途定了位,他们的结合,仿佛是时代的需要。

在胡适与蒋介石的成长过程中,有一点是完全相同的:他俩都是幼年丧父,都由年轻守寡的母亲抚养成人。胡适的母亲冯顺弟,是父亲胡传第三个填房,结婚时胡传已 49 岁,而冯顺弟只有 17 岁。胡传去世,冯顺弟仅 23 岁,胡适刚 4 岁。蒋介石的母亲王采玉,也是其父蒋肇聪的第三个填房。蒋肇聪因病逝世时,王采玉 33 岁,蒋介石 8 岁。母亲年轻守寡,把全部希望寄托在亲生儿子身上,也把全部的精力倾注于儿子身上。望子成龙心切,对儿子的管教也更加严格。胡、蒋二人对母亲管教的接受方式则有所不同。

胡适自幼被父亲胡传带在身边,3 岁时即由胡传亲自教他认红

---

① 参阅周振甫《周易译注》,第 43 页、第 64 页、第 65 页,中华书局,1991。

纸方字。这是胡传教其爱妻冯顺弟的副产品。冯顺弟出身裁缝家庭,自幼未受过教育,胡传在官宦之余,教她认字,胡适3岁时,她已认识了几百个字。当胡传开始教胡适认字时,她可以从旁当助教,父亲公务太忙时,母亲亦可以代理教职。经一段时期教学,冯顺弟能认识一千余字,胡适也能认识七八百字,所以胡适事后回忆:"我小时也很得我父亲钟爱。"①胡传逝世后,冯顺弟即把他送进学塾读书,因他已认得七八百方块字,在此基础上,他直接读他父亲生前为他准备的教材,再按顺序读《诗经》、《孝经》等书。胡适接受能力颇强,对读书有兴趣,不像有些同学"情愿挨饿、挨打、挨大家笑骂而不愿念书",因而深得老师的喜欢。

胡适自幼举止文静,母亲冯顺弟力戒他与野蛮小孩在一起撒野。他曾说:"我小时不曾养成活泼游戏的习惯","一生可算不曾享受过儿童游戏的生活。"实际上他也与儿童在一起游戏,不过玩的方式有所选择,他参加玩的游戏均是智力型的。据说胡适幼年爱玩的游戏是"掷铜钱",这种游戏是以智取胜的。由于他少年老成,家乡人总说他"像个先生样子",称他为"糜先生"。

蒋介石自幼顽梗倔强,很不安分,惹事生非,并把这也当作玩乐。据其乡里传说,在他4岁的除夕,全家围聚吃年夜饭,他却异想天开,把一只筷子插进自己的喉咙,想试试此喉咙到底有多深。筷子插没了,他的眼珠也翻白了。母亲王采玉几乎晕倒,祖父足足守候了一整夜。凌晨,蒋忽然听见祖父隔窗在问:"瑞元好点了吗?"他就扬声说:"爷爷,我好了,一点不痛。"瑞元醒来了。5岁的中秋晚上,家人都在楼台上举首赏月,他却注视着身旁的水缸中倒映的月亮,似乎唾手可得,便探身向缸中去捞,一个筋斗,翻身倒栽在水缸里。6岁,祖父请来一位西席,想通过教育来管教他。可是瑞元根本不把先生放在眼里,气得先生宁愿不要束脩,负笈而去。于是瑞元更不可一世,"以讲舍为舞台,以同学为玩物",②一放学就和村里的放牛娃在一起舞刀弄

---

① 胡适:《九年的家乡教育》,见《四十自述》。
② 毛思诚:《民国十五年以前的蒋介石先生》上辑,第16页。

棒,模仿军队打仗的阵势,自封大将,凡事都要占别人的先,别人不让,就耍赖,村中儿童都有几分怕他,送他一个诨号:"瑞元无赖"。

年轻守寡的母亲,带着幼儿生活,不可避免地会被人欺凌,寡妇在艰难的逆境中,总是与儿子相依为命。寡妇对儿子的期望虽是同样的,但收效不相同。小瑞元则是屡教不改。有一次王采玉把他关在房里,痛加鞭挞,他急得无处躲身,就钻进床铺底下不出来,巧有邻居来找其母亲,瑞元即乘其母亲开门之机,从床底下窜出夺门而去,逃到街上,消失在人群中。王采玉追之不及,气得号啕大哭。像这样失望生气当然不止一次。王采玉是再醮,她19岁丧夫,初生儿同时夭折,心灰意冷而出家当尼姑,本已超脱尘世。但因一位算命先生说她命中该有贵子,不该出家为尼,所以才同意改嫁的。王采玉与蒋肇聪结婚后,生有二子二女,其中一子一女夭折,命相中所示的"贵子",不管愿意不愿意接受,或喜欢不喜欢,都是命中安排。她口念佛经,日夕祈祷,就是祝福儿子不惹事生非,读书有进。① 王采玉的希望,不如冯顺弟那么甜蜜,带有浓烈的苦涩味。

冯顺弟自丈夫逝世后,对嗣穈的管教,严父慈母一身兼任。送子上学,选择管教最严的教师,家教也十分严格。据胡适自己回忆:"她(指他母亲)从来不在别人面前骂我一句、打我一下。我做错了事,她只要对我一望,我看见了她严厉的眼光,就吓住了。犯的事大,她等到晚上人静时,关了房门,先责备我,然后行罚,或罚跪,或拧我的肉。无论怎样重罚,总不许我哭出声音来。"冯顺弟要求胡适日后能成为像他父亲胡传那样的人。她在每天清晨或天刚亮时,把胡适叫醒,或对他检点昨天的行为,或勉励他用功读书,认真对他说:"我一生只晓得这一个完全的人(指他父亲胡传),你要学他,不要跌他的股。"②("跌股",绩溪方言,意为丢脸、出丑)胡适也乖巧,总是不使母亲伤心,更不使她失望,显示出小嗣穈的可教。在胡适的婚姻大事中,母亲看中了江冬秀,订婚13年,胡适由美国留学回国,仍然是新人践旧

---

① 参阅王月曦《毛福梅与蒋氏父子》。
② 胡适:《九年的家乡教育》,见《四十自述》。

约。胡适所以这样做,其中一个原因,据胡适对友人说,"正欲令吾母欢喜耳"。① 1918年,冯顺弟病故,胡适在《先母行述》中说:"先母所生,只适一人,徒以爱子故,幼年即令远出游学;十五年中,侍膝下仅四五月耳。生未能养,病未能侍,毕世劬劳未能丝毫分任,生死永诀亦未能一面。平生惨痛,何以加此!伏念先母一生行实,虽纤细琐屑不出于家庭闾里之间,而其至性至诚,有宜永存不朽者。"

母爱是伟大的,尤其年轻守寡的母亲的爱,则更伟大,它能使顽石点头,无赖瑞元即是如此。"蒋瑞元天不怕,地不怕,只怕母亲哭爹妈"。"有一次,蒋听他兄长(同父异母)说母亲被他气哭了,便急忙跑到母亲房里去,跪在母亲膝前"。② 蒋介石在王采玉逝世后所撰的《先妣王太夫人事略》中说:"中正幼年多病疾,且常危笃;及愈,则又放嬉跳跃,凡水火刀捭之伤,遭害非一,以此倍增慈母之忧。及六岁就学,顽劣益甚,而先妣训迪不倦,或夏楚(指夏楚二种木材所制的责罚之具)频施,不稍姑息。"1921年王采玉逝世,蒋介石在她的墓碑上,刻了一副自题的对联:"祸及贤慈,当日顽梗悔已晚;愧为逆子,终身沉痛恨靡涯。"蒋介石对母亲的孝心实不亚于胡适。

由于胡、蒋二人的秉性不同,日后的发展也就迥异。胡适留学美国,先读农科而后转入文科,他对职业的选择,是以"对于一己及社会皆有真价值者"为标准。他认为当时祖国所需要的,"不在新奇之学说,高深之哲理,而在所以求学论事观物经国之术。以吾所见言,有三术焉,皆起死之神丹也:一曰归纳的理论;二曰历史的眼光;三曰进化的观念"。③ 因此他关心和追求的正是:"一、泰西之考据学;二、致用哲学;三、天赋人权说之沿革。"他一心想把自己这块材料铸成器——"与时相应……他日为国人导师"。④ 胡适的一生正是沿着这条道路奋斗的。

蒋介石走的是另一条道,他一心想学军事,千方百计争取去日本

---

① 胡适致胡近仁。
② 王月曦:《毛福梅与蒋氏父子》。
③ 《胡适留学日记》(三),第33页。
④ 《胡适留学日记》(九),第65页。

和德国学习军事,结果到日本的振武学校留学。我国自鸦片战争之后,历次对外战争,均为失败而割地赔款,蒙受耻辱。有识者均主张加强国防,使军事近代化,"师夷之长技以制夷"。蒋介石1912年创办《军事杂志》,在所撰的发刊词中说:"各国抱殖民政策,以兵力为后盾,二十世纪以后,太平洋沿岸将成为各国驰骋角逐之场,祸在眉睫,我人必讲求保国之道。""我国此次之革命,名为对内,实为对外;对外问题最重要者为军事"。这反映了他当时的民族意识。不过,也就在此时,他启用了"中正"与"介石"的名字。表明他投身革命,就想办法寻找自己应得的位置。蒋介石在革命运动中博得孙中山的信任。在孙中山逝世以后,又能在与元老胡汉民、汪精卫等人的角逐中,取得胜利,得以在政治上"中"而"正"之。

二、较量而相知

胡适与蒋介石直接发生关系,是在1927年北伐之后。这时二人均已实现了各自预设的目标。胡适自美国学成归国,在"五四"新文化运动中,提倡新文学革命,充分发挥了其先锋作用,一举成名。白话文成为文学的正宗,并被政府采纳,中小学的课本一律改用白话,胡适也被誉为"中国白话文之父"。尔后他又提倡"好政府主义",并在好人内阁中作过短暂实践。虽然失败了,但在国内的名声大振。蒋介石在孙中山逝世以后,获得"革命继承人"的地位,出任北伐军总司令,在各个击破北洋军阀之后,继则破坏国共合作,又战胜新军阀,独揽大权。

1926年年底,蒋介石所领导的北伐军,已占领了南方七省,形势一片大好。当时胡适尚在英国伦敦,参加庚款咨询委员会会议。袁昌英观测国内政治形势的走向而致信胡适说:

> 我近来心目中只有两个英雄,一个文一个武。文英雄不待言是胡适,武的也不待言是蒋介石。这两个好汉是维持我们民

族命运的栋梁。①

第二年,蒋介石发动"四一二"政变,并以国民政府军事委员会的名义发布继续北伐令时,胡适已由欧美归来。杭州的任白涛于5月23日致书胡适指出:

> 我觉得现在中国的战争,就某点上说,算是白话与文言之战;换言之,新文化——尤其是新文学——的运动,从笔尖上移到枪尖上了。②

这二人的意见,可代表当时一部分中国人的看法。他们把文言比作贵族,白话比作平民。文英雄领导的新文学运动已经胜利了,今天又正是武英雄领导的北伐战争节节胜利的时候。马克思有一句名言:"批判的武器当然不能代替武器的批判,物质力量只能用物质力量来摧毁。"③北伐战争是由"笔尖上移到枪尖上"的革命。任白涛并强调:"我相信文学革命不成功,一切革命不会成功的。就是成功了,它的基础是不稳固的。"可见他对当时"枪尖上"的革命,有着无限的期待。任白涛未必信仰马克思主义,他不过是从事实出发观察问题而已。

"四一二"政变以后,国共分家,胡适经过慎重考虑,选择支持国民党的政治走向。但因胡适过去批评过孙中山,倡导过"好政府主义",曾希望北洋政府能够改好。在他由欧美归国的途中,国内的友生们纷纷向他提出种种建议。他由美返国的轮船刚刚到日本横滨,就接到丁文江的信,劝他最好先在日本稍作逗留。高梦旦也写信对他说:"时局混乱已极,国共与北方鼎立而三,兵祸党狱,几成恐怖世界,言论尤不能自由。吾兄性好发表意见,处此时势,甚易招忌。"1927年元月,张慰慈致书告诉他,"近来北京的局面差不多到了法国革命时代的Reign of terror(恐怖政治)了,健全的舆论是不可能的事"。顾颉刚在信中说得更恳切:"先生归国以后,名望过高,遂使一班过时的新人物及怀抱旧见解的新官僚极意拉拢,为盛名之累。现在国民党中谈及先生,皆致惋惜,并以好政府主义失败,丁在君(文

---

① 袁昌英致胡适,《胡适来往书信选》(上),第412页。
② 任白涛致胡适,《胡适来往书信选》(上),第432页。
③ 马克思:《黑格尔法哲学批判导言》。

江)先生之为孙传芳僚属,时加讥评,民众不能宽容。先生唱文学革命,提倡思想革命,他们未必记得;但先生为段政府的善后会议议员,反对没收清宫,他们都常说在口。如北伐军节节胜利,而先生归国之后继续发表政治主张,恐怕有以'反革命'一名加罪于先生者。"①并"挚劝"胡适回到国内,"万勿回到北京去"。② 胡适在日本逗留了三个多星期,于五月中旬回到上海,即赁房住下,从事研究与讲学,静观国事的变化,高卧"隆中",待价而沽。

当时的局势,正如有人所说:"五方割据"(即北洋、汪、冯、阎、李的五方鼎立)。不久蒋、汪合流而成四方(中原大战后,始得表面上的统一)。说客谋士纵横全国,呈现一片统一前混沌的状态。真可谓"天下方务于合纵连横,以攻伐为贤"。在此期间,胡适确实为"盛名所累",各方有遣使来上海,礼聘"卧龙"胡先生出山。首先来礼聘的是李(宗仁)、白(崇禧)。唐生智和东北的常荫槐等亦曾派专使来访。胡适胸有成竹,都未为所动。胡适尚在欧洲时,就认为:"当前中国所急的是一个近代化的政党,国民党总比北洋军阀有现代知识。"③以国民党取代北洋军阀,是他早就期待的。但新的割据者均挂了国民党的招牌,他早就把注意力集中到蒋介石身上。1926 年 10 月 4 日,胡适在英国同由中国回去的朋友讨论中国时局时,承认蒋介石是一个好的革命者,但对蒋是否"可算得政治家"④尚存在疑问。胡适在1927 年曾对唐生智所遣来使直言:"人各有所长,但各有限度,用过限度,五十斤力者乃挑一百斤至二百斤重担——如冯玉祥、吴佩孚、孙传芳、唐生智皆是也。"唯对蒋介石,胡适认为,蒋介石虽尚不能算是一个政治家,却不失为可以造就的对象。

1929 年 3 月,国民党在统一了北方,又击败了李、冯、阎的军事同盟后,召开第三次代表大会,这是全国统一后的胜利大会。会上有个"严厉处置反革命分子"的提案,国民党员以外的凡违反三民主义之

---

① 顾颉刚致胡适,《胡适来往书信选》(上),第 427 页。
② 顾颉刚致胡适,《胡适来往书信选》(上),第 428 页。
③ 沈伯刚:《我所认识到的胡适之先生》,《时与潮》,第 111 页。
④ 《胡适的日记》(手稿本)。

分子,都可包括在内。国民党为了巩固自身统治,需要严厉镇压反对势力。胡适对此十分注意。出于对国民党的期望,胡适认为这样违反了人权原则,这也是胡适对蒋介石是否能算个政治家的问题的检验。胡适致函司法院院长王宠惠说:"中国国民党有此党员,创此新制,夸耀全世界了!"由此挑起了一场关于"人权"的论战,这成了胡适与蒋介石直接结缘的契机。

胡适本想通过新闻媒体,表述自己的意见,但他送发给通讯社和各报馆的稿件,竟被国民党的新闻检查机关封杀。自己的意见未能面世,却先被国民党的报纸所批评,胡适只得利用自己掌握的《新月》月刊来表达自己的抗议。胡适先后发表了三篇文章:《人权与约法》、《我们什么时候才可有宪法》、《知难行亦不易》,终于在社会上掀起轩然大波,其分量比中原大战还要重得多。世称"人权运动",恰如其分。

胡适的《人权与约法》针对的是国民党政府于1929年4月20日公布的"人权命令"。其中说"无论个人或团体均不得以非法行为侵害他人身体自由及财产,违者即依法严行惩办不贷"。胡适质问:"'身体自由'怎讲?是'身体'与'自由'呢?还是'身体之自由'呢?""禁止'个人或团体'非法侵害人权,并不曾说政府或党部也应尊重人权",指出当时社会人权深受侵犯的行为正来自"政府机关或假借政府与党部"。我国保障人权的法律何在?命令不能代替法律。无论什么人只需贴上"反革命分子"、"土豪劣绅"、"共党嫌疑"等,则无人权保障可言了,身体要受辱,自由被剥夺,财产被宰割。胡适更例举安徽大学校长刘文典,因以语言顶撞了蒋介石,"被拘禁了多少天。他的家人和朋友只能到处奔走求情,决不能到任何法院去控告蒋主席。只能求情,而不能控诉,这是人治,不是法治"。胡适还指出:"在这种状态下,说什么保障人权!"最后要求:"快快制定约法,以确定法治基础!快快制定约法以保障人权!"

在《我们什么时候才可有宪法》一文中,胡适追根溯源,指出孙中山在1924年以前,主张有一个"约法时期"为过渡时期,后鉴于民国初年所制定的《临时约法》的失败,"乃由于未经军政、训政两时期,而即入于宪政所致"。大多数人民久经束缚,骤被解放,不知宪政活动方式,或墨守成规,或为人所利用,"陷于反革命而不自知"。《建国大纲》说:"民国之主人者(国民),实等初生之婴儿耳。革命党者,即产生此婴儿之母也。……训政时期者,为保养教育此主人成年,而后还之政也。"因此取消了"约法"。胡适认为,孙中山取消约法的理论,与他所提倡的"知难行易"说是相违背的。孙中山在《建国方略》中曾说:"其始则不知而行之,其继则行之而后知之。其终则因已知而更进于全行。"人民的参政能力,同样是如此,"民治制度本身便是最好的政治训练,这便是'行之则愈知之'",是"越行越知,越知越行"。胡适说《临时约法》的失败,"不是骤行宪政之过,乃是始终不曾实行宪政之过"。最后,他指出,"无宪法的训政只是专政。我们深信只有实行宪政的政府才配训政"。

在《知难行亦不易》中,胡适分析国民党之所以不尊重人权的认识论根源正在于"知难行易"学说。他指出,把"知"与"行"截然分开,导致两大危险:其一,孙中山强调"行易知难,而勉人以行易"。许多年轻人则只认得"行易",而不觉得"知难"。于是有打倒知识阶级的喊声,轻视学问。其二,掌权执政的人,以为一切理论与知识已有先总理(孙中山)解决了,"政治社会的精义,都已包罗在《三民主义》、《建国大纲》等书之中。……于是他们捐着训政的招牌,背着'共信'的名义,箝制一切言论自由,不容有丝毫异己的议论"。胡适说:"知固是难,行亦不易。"他以医学活动为例证,认为医生"全靠知行合一,即行即知,即知即行,越行越知的工巧精妙"。治国亦然,"古人所以说'知之非艰,行之维艰',正是为政治说的"。胡适强调:"当国的人"必须明白,"以一班没有现代学术训练的人,统治一个没有现代物质基础的大国家"是繁难的,"只有充分请教专家,充分运用科学。然而'行易'之说可以作一班不学无术的军人、政客的护身符。此说(指'知难行易'的学说)不修正,专家政治决不会实现"。

胡适以"人权"问题向国民党提出批评,惹恼了新执政的国民党,尤其是基层的党部与政府。首先,他们从理论上加以围剿:《中央日报》发表《胡适所著〈人权与约法〉之荒谬》,上海《民国日报》全文转载;另发表张振之《知难行易的根本问题——驳胡适之'知难行亦不易'论》等一系列理论文章。其次,他们又制造舆论攻势:胡适当时的工作所在地上海市特别党部提出提案,"胡适公然侮辱本党总理,并诋毁本党主义,背叛政府,煽动民众,应请中央转令国府严厉惩办案"。《民国日报》的醒目标题是:"中公校长胡适反动有据。"《大公报》的上海专电:"胡适担不起的罪名:侮辱总理、背叛政府——沪市党部攻击胡氏之文。"各地党部亦纷纷响应,如江苏省党部要求"缉办无聊文人胡适",青岛的党部呈请"严惩竖儒胡适,以为诋毁总理学说者戒"等,上海市七区特别党部呈请严惩反革命之胡适,并即时撤销其中国公学校长职务。国民政府的立法院长胡汉民讲话了:"训政"是总理在"政治学上之创造","立宪只是一道命令或一种方式","总理的一切遗教就是成文的宪法……如再要另外一个宪法,岂非怪事"。①

9月25日,国民政府饬令教育部警告胡适。内称:"查胡适年来言论确有不合……本党党义博大精深,自不厌党内外人士反复研究探讨,以期有所申明。惟胡适身为大学校长,不但误解党义,且逾越学术研究范围,任意攻击,其影响所及,既失大学校长尊严,并易使社会缺乏主见之人民,对党政生不良印象。自不能不加纠正,以昭警戒。为此拟请贵府转饬教育部,对胡适言论不合之处,加以警告,并希通饬全国各大学校长,切实督率教职详细精研本党党义,以免再有与此类似之谬误发生……"

此饬令在报端公布后,胡适的友人及赞同胡适意见的人,均为他捏一把冷汗,一位与胡适素昧平生的人致书胡适说:"我们中华民国,尤其是革命以后的民国,倒还不如帝国之自由……君不闻乎?法律以外无自由。"②张元济致书胡适说:"若在前清康雍王朝,此又不知闹成何等风波矣,毕竟民国政府程度不同,吾辈于此应进民德颂也,一叹。"③还有一位友人把4月25日"国府令饬教育部警告胡适"的剪报

---

① 《中央党部纪念周》,1929年9月23日。
② 残函,见《胡适的日记》(手稿本),1929年9月15日。
③ 《胡适的日记》(手稿本),1929年10月7日。

寄给胡适,并特在"本党党义博大精深,自不厌党内外人士反复研究探讨,以期有所申明"之句打上着重号,说:"这几句话我相信可算是你争出来的结果,你也应该表示满意,现在我以十二分至诚劝你不再对这问题发表什么意见。"①

但胡适并没有因此却步。他在10月7日把原部令退回,并给教育部长蒋梦麟一封信,指出,他写的三篇文章都是以他的名字发表的,"与中国公学何干"?他的文字得罪了什么人,请明白指出。"若云'误解党义',则应指出误在那一点"。"若下次来文仍是这样含糊笼统,则不为谓'警告',更不得为'纠正',我只好依旧退还贵部"。

胡适在国民党的围剿声中,为什么竟如此镇定自若,且颇具信心?究其原因,约有几点:(1)正如他在复张元济的信中所说,"天下无白白地糟蹋的努力",种豆种瓜总有相当收获,自由是争出来的。"邦有道,也在人为,故我们宜量力作点争人格的事业"。②(2)胡适在复周作人的信中说:"我也可以卷旗息鼓,重做故纸生涯了。但事实上也许不能如此乐观,若到逼人太甚的时候,我也许会被'逼上梁山'的。"③言外之音:他现在尚未被逼到上梁山的地步,同时也有由于他坚持批评而不致使更多的人"上梁山"之意。(3)也许最主要的是,胡适发动这场"人权"攻势,目标是国民党的权力中枢人物,至今中枢人物尚未发话。所以他对张元济说:"老虎乱扑人,不甚可怕。"

胡适在《新月》上发表的三篇文章,可谓向国民党挑战的第一个回合,双方胜负未见分晓。胡适在同年11月又对国民党宣传部长叶楚伧所撰《由党的力行来挽回风气》一文发动更猛烈的攻势,可算是第二个回合。叶楚伧的文章是配合国庆节纪念辛亥革命的烈士而撰写的。为了强调排满,该文竟把清朝以前的中国说成是"一个由美德筑成的黄金世界",自清朝而后,则"政治道德,扫地无遗";把新文化运动中推出的《尝试集》新诗,亦与保皇党、研究系、同善堂、性欲丛书同列为"葬送一切革命党人的陷坑"。于是,胡适不失时机,撰《新文

---

① 《胡适的日记》(手稿本),1929年9月27日。
② 胡适致张元济(手迹影印件),1929年6月2日。
③ 《胡适来往书信选》(上),第542页。

化运动与国民党》一文,借此对国民党的围剿予以反攻。胡适质问:"觉罗皇帝"以前的中国,是不是一个由美德筑成的黄金世界?如果是,回到三百年以前的社会就行了,何必"还做什么新文化运动呢"?因此,胡适宣称叶楚伧是一个反动分子,他所代表的思想是反动思想。

胡适历数国民党的文化反动和思想反动,并探究其根源:"根本上国民党的运动是一种极端的民族主义的运动",自然便含有保守性和维护传统文化的成分。胡适指出,在"五四"以后,"国民党受了新文化运动的大震动",党内补充了许多新血液,党的大权一度在"左派"手中,保守派被摈斥,但"直到近两年中,钟摆又回到极右的一边……革命的国民党成了专政的国民党"。他接着说:"一个在野政客的言论,有错误只是他自己负责,一个当国政党的主张,便成了一国政策的依据,要是不合时代潮流,将影响一国进步……十年以来,国民党所以胜利,全靠国民党有几分新觉悟,能明白思想变化的重要。"现在所以大失人心,"一半固然是因为政治上的设施不能满足人民的希望,一半却是因为思想僵化不能吸引前进的思想界的同情。前进思想界的同情全失掉之日,便是国民党油干灯草尽之时"。陈钟凡看了此文的原稿之后说:"了不得,比上两回的文章更厉害了!我劝先生不要发表,且等等看。"①胡适没有接受劝告,在《新月》二卷第 6、7 号合刊上发表了。上海市特别党部立即产生强烈反应:"呈中央将胡适褫夺公权,并严厉通缉。"国民党中执委秘书处公函教育部撤查胡适中国公学校长,并于 1929 年 11 月把全国各地报刊批判胡适的文章结集成《评胡适反党义近著》,预告将出第二集。翌年 2 月,上海市特别党部奉"中宣部"密令查封《新月》第 6、7 号合刊。

胡适针锋相对。他在政府下令前,就提出辞职。新闻媒体报道:辞职后,将去美国讲学。同时,他把第一回合在《新月》上发表的文章和最近撰写的《新文化运动与国民党》,以及罗隆基的《论人权》、《告压迫言论自由者》、《专家政治》,梁实秋的《论思想统一》,加上此前撰

---

① 《胡适的日记》(手稿本),1929 年 11 月 19 日。

写的《名教》一文,合编成《人权论集》,在《新月》书店出版发行,与国民党所出的《评胡适反党义近著》相抗衡。对上海市特别党部转发"中宣部""密令"查封《新月》事,胡适认为是"犯法"的,曾与律师讨论要依法律起诉。不过,奇怪的是"中宣部"查封《新月》的密令,竟然转交给了胡适本人,耐人寻味。

国民党的基层党部咬牙切齿地咆哮,为什么总是升不了温?原因是,在这"势不两立"的对峙集团之间,有着微妙的相互感应。胡适友人在南京国府所发"警告胡适"令中,已看出了国民党高层有着让步的迹象,称此为胡适"争来的结果"。胡适自己的感受则更为真切。下列数事就是人权运动硝烟弥漫中的感应节奏:

其一,胡适1929年5月发表《人权与约法》,国民党6月召开的三届二中全会所公布的"治权行使之规律案"中第二项即规定:"人民之生命财产与身体之自由,皆受法律之保障,非经合法程序,不得剥夺……"这里所谓"治权行使"即指政府的执法为保障人权,所以胡适说"与我的《人权约法》一文有关"。① 这个决议案,不叫"人权命令",也不叫"约法",避开了敏感性的名称,但接受了胡适建议的实质内容。

其二,1930年1月21日,同一张《时事新报》刊载了相反而又相成的两则新闻,相映成趣。一则是"(上海)市宣传部(第四十二次)会议呈请缉办胡适"的消息;另一则是由立法院法制委员会委员长焦易堂提出的"人权法案草案"十三条。这两条新闻,同源于1929年4月22日国民政府颁布"人权命令",胡适因此发难而掀起人权运动:基层党部的反应是要求"缉办"胡适,国民政府立法院的反应却与基层党部完全相反,态度是积极的。这两条消息,看来似乎是相互排斥的,归根结底又是同一的。人权草案在3月1日的国民党三中全会上虽决定"应从缓议",但草案中"人民基本权利之被侵害,往往出于国家机关之本身,又将何所依据以保障之耶"的条文,却是"今日最犯忌讳的"。立法院的法制委员会竟把它写进了《人权草案》,胡适说

---

① 《胡适的日记》,1929年6月19日。

"大可洗刷'御用机关'的恶名"。①

其三,1930年2月,教育部通令全国:厉行国语(即白话文)教育。教育部是奉行国民党"中执会"的指令。胡适曾在《新文化运动与国民党》一文中说:"一个革命的政府,居然维持古文骈文的寿命,岂不是连徐世昌、傅岳芬的胆气都没有吗?"教育部的通令公文还是用白话文写的,它彻底改变了胡适所指责的那种局面:"小学用国语课本,而报纸和法令公文仍用古文……学了国语文而不能看报,不能做访员,不能做小书记。"这个通令全国厉行国语教育的举动,无疑也是国民政府对《新文化运动与国民党》一文所作出的反应。

其四,国民党基层党部要求把胡适当反革命缉办未能得逞,却殃及《新月》同人罗隆基。1930年11月4日,上海公安局以"言论反动,侮辱总理"的罪名逮捕了罗隆基。胡适竟然能通过蔡元培、宋子文等人设法营救,其过程不在此赘述,但有必要把胡适致兼任教育部次长陈布雷一封信中有关内容,作一介绍:

> 鄙见"一个初步共同认识",必须建筑在"互相认识"之上,故托井羊兄带上《新月》二卷全部及三卷已出之三期,各二份,一份赠与先生,一份乞先生转赠介石先生。《新月》谈政治,起于二卷四号,甚望先生们腾出一部分时间,稍稍浏览这几期的言论。该"没收焚毁"("中宣部"密令中语)或坐监枪毙,我们都愿意负责任。但不读我们的文字而但凭无知党员的报告便滥用政府的威力来压迫我们,终不能叫我们心服的……②

由此,更可明白人权运动与政府之间存在着某种感应对流的关系。胡适以笔伐国民党见效,表明这政体机制尚有生命力。1931年5月,《中华民国训政时期约法》在国民会议上通过,姑且不论其内容在实质上有多少民主成分,但它毕竟突破了训政时期不制定约法的成规。

在国民党政府的要员中,首先与胡适接触的是"国舅"宋子文。

---

① 《胡适的日记》,1930年1月29日。

② 《胡适来往书信选》(中),第40页。

宋子文是想向胡适寻求"支持","代他们想想国家的重要问题"。就在上海特别党部声讨胡适的时刻,宋子文约胡适谈心。胡适向宋子文提出了一系列的改革意见,这已不属感应,而是直接沟通了。

1930年2月12日,国民党三中全会召开的前夕,正是国民党"中宣部"禁售《新月》密令下达一周之后,蒋介石的政治顾问英国人怀爵士约请胡适会谈,向胡适透露了蒋介石即将于3月1日国民党三中全会上提出的政治改革方案,与胡适先作沟通。这个姿态非同寻常。胡适当即要求"政府像个政府",建议蒋介石对各职能部门干涉太多。① 胡适已在为蒋介石出谋划策了。

中国有句俗话:"不打不相识。"双方在较量中认识得更深。胡适与蒋介石虽以这种特殊的方式结了缘,但当时有人劝胡适"可以保留独立发言之地位",不要"于他人势力之下谋调和迁就"。② 同样,蒋介石虽已心仪胡适,但在1931年清华大学学生派代表赴京请愿,要求胡适出任该校校长时,蒋介石竟告诉学生代表说:"胡适系反党,不能派。"③ 胡、蒋两人在结交之初,表面上仍保持着对立的状态。表象与实质也总是难以完全一致的。不过,经过人权运动,胡适敢于犯上,在一些人的心目中,形象更高大了;蒋介石能容忍批判,也颇具豁达大度之风。

三、讽谏以相助

1931年5月5日,国民会议在南京召开,通过《中华民国训政时期约法》草案。蒋介石在开幕词中,论述了世界各国的政治体制学说,除了传统的"君权神授"说不计外,比较了三种学说:第一,法西斯的政治理论;第二,共产主义政治理论;第三,自由民主之政治理论。他否定后两种理论,说共产主义的阶级斗争"残酷手段"不适于中国产业落后情形及中国道德;而自由民主主义"有时不免生效有迟钝之

---

① 《胡适的日记》(手稿本),1930年2月12日。
② 《胡适来往书信选》(中),第85页。
③ 《大公报》,1930年3月18日。

感……则意大利法西斯蒂当政以前之纷乱情形,可为借鉴";法西斯主义"认为国家为至高无上之实体,国家得要求国民任何之牺牲。为民族生命之绵延,以目前福利为准则,统治权乃与社会并存,而无后先,操之者即系进化阶段中统治最有效能者"。原来他是接过胡适在人权运动中提出制定约法的口号,偷梁换柱。胡适希望他把苏式的政制改成西方的政制而载明于约法,蒋介石却想以法西斯蒂精神来改造三民主义。于是国民党内出现了一股鼓吹法西斯主义的热潮。

"九一八"事变后,有人提出"宪政能否救国"的问题,这是当局鼓吹有效政制对舆论界影响所致,有人甚至公然主张采用斯大林对付托洛茨基的铁腕手段以求国民党的统一。胡适认为这是一种急躁情绪和追求捷径心理的反映,他说:"虽学者也不能免,这是我们很感觉惋惜的。"[1]

1932年11月27日,胡适在汉口与蒋介石晤面,29日胡适送了一本《淮南王书》给蒋介石。12月2日,蒋派秘书请胡适吃晚餐,席间蒋要胡适注意研究两个问题:(1)中国教育制度如何改革;(2)学风应如何整顿。蒋的意图是要胡适退到教育与学术的"象牙塔"中去。胡适有些生气,很不客气地对蒋说:"教育制度并不坏,千万不要轻易改动了。教育之坏,与制度无关……学风也是如此。学风之坏由于校长不得人,教员不能安心治学,政府不悦学,政治不清明,用人不由考试,不重学绩……学生大都是好的,学风之坏,决不能归罪学生。"胡适本想与蒋介石"深谈",但总是不得时机。[2]

胡适想要蒋认清当前的政治目标:建立一个统一的、治安的、普遍繁荣的文明国家,求得社会的小安而不乱;认清贫、病、愚、贪(污)、乱"五鬼"是当前的敌人。今后的出路是:努力造成一个重心,努力建设可以维系全国人心的制度,建立一种建设的政治哲学。[3] 胡适在与蒋介石结缘后,不仅设法使蒋介石认清上述目标,并在30~40年代尽心尽力为国民党与蒋介石找"出路"。兹就其所谋"出路"的三个方

---

[1] 《一个时代错误的意见》附记,《独立评论》20号。
[2] 《胡适的日记》(手稿本),1932年11月27日—12月2日。
[3] 《胡适的日记》(手稿本),1932年12月5日。

面略述如下:

首先,关于造就社会的重心。他在1932年就说,中国久已失去重心,"就像一个身体没有神经中枢"。前清帝制时代,重心在帝室,但太平天国后即失去了重心,以后一直没有能重建起来。1924年国共合作后的国民党,成了簇新的社会重心,孙中山死后,重心就缺少"活的领袖"。与邻国日本相比较,他们的重心先在幕府,后归天皇,六七十年来的"努力都积聚在一个有重心的政治组织之上";中国虽在各阶段都做了一点成绩,但政局变了,机关改组,领袖换人,一切都被推翻,都得从头做起,"没有一项有长期计划的可能",所以才落到今天的地步。他说既然没有天然的重心,"可以用人功创造一个出来",①但必须具备下列条件:不是任何个人,而是一个大团结。不是一个阶级,必须吸收容纳国中优秀人才,目标是全国的福利等。在当时,"环顾国内,还不曾发现有这样的一个团结"。② 1933年,十九路军和李济深等在福建成立了"中华共和国人民革命政府"后,胡适立即提出"保存这个国家,别的以后再说",③目标已明确了。不过,应选择怎样的领袖,蒋廷黻则提出实行一段时期的专制,④清华大学政治学教授钱端升说:"独裁是一种最有力的制度,统制经济迟早将为必由之路。"⑤丁文江从苏俄考察回来,也力倡在内战期间,民主谈不上,"独裁政治当然不可避免"。⑥ 胡适坚持民主政治,由此引发了一场民主与独裁的论战。意见的分歧,不过是何种统治方式更为有效而已。他们都寄希望于国民党,具体人选对象都为蒋介石。在1935年《政治改革的大路》中,胡适已把社会重心的目标定在蒋介石身上,说他"确有做一国领袖的资格,这并不是因为'他最有实力',最有实力的人往往未必能做一国的领袖",而是因"他(指蒋介石)长进了,气度变

---

① 胡适:《惨痛的回忆与反省》,《独立评论》18号。
② 胡适:《惨痛的回忆与反省》,《独立评论》18号。
③ 胡适:《福建的大变局》,《独立评论》79号。
④ 蒋廷黻:《革命与专制》,《独立评论》80号。
⑤ 钱端升:《民主政治乎,极权政治乎》,《东方杂志》引卷1号。
⑥ 丁文江:《民主政治与独裁政治》,《独立评论》133号。

阔大了,态度变得和平了……并且'能相当的容纳异己者的要求,尊重异己者的看法'"。①

胡适认为,当现代国家的领袖是有条件的,他必须置于议会基础之上,必须在宪法范围之内行使职权。他说:"只有一个守护宪法的领袖是真正不独裁而可以得到全国拥戴的最高领袖。"②这样的国家领袖,不属于一党一派,而属于全国人民。他批评国民党及其政府"制法而不守法",他强调要训练"自己运用法律来保障我们和别人的法定权利"。③他也看到蒋介石"不能把自己的权限明白规定,在于他干涉到他职权以外的事。军事之外,内政,外交,财政,教育,都往往有他个人积极干预的痕迹"。胡适说:"这不是独裁,只是打杂;这不是总揽万机,只是侵官。"④

为促使蒋介石能成为名副其实的国家领袖、社会的重心,胡适不仅在媒体上公开讽喻,还有书面的直谏。1934年4月4日,胡适托蒋廷黻带去一封信,要求蒋介石"明定自己职权,不得越权侵官,用全力专做自己权限以内的事"。他在信中说:"名为总揽万机,实则自居下流,天下之恶皆归之。"⑤他的这一直谏几天以后即起了效应:中央社9日电,报道蒋介石解释"日前手令出版物封面,非必要不得用外国文字年号"事,他说这手令是"命令行营政训工作人员,而政训处竟送中央全委通令全国,实属荒谬。我蒋介石非中央党部,非政府。我的手令如何能给中央宣委会,且通令全国,岂非笑话。望职员以后办事,务须认清系统,明白手续,方能为在上者分劳,不致将事办错云!"胡适看到这则消息后说:"各报所载文字相同,可见是他有意发表的,此事可见他知错能改过。只可惜他没有诤友肯时时指摘。"⑥这细小的纳谏,增强了胡适的信心。所以胡适处处维护这个政权。当有人

---

① 胡适:《政治改革的大路》,《独立评论》163号。
② 胡适:《政治改革的大路》,《独立评论》163号。
③ 胡适:《民主的保障》,《独立评论》38号。
④ 胡适:《政治改革的大路》,《独立评论》163号。
⑤ 《胡适的日记》(手稿本),1934年4月5日。
⑥ 《胡适的日记》(手稿本),1934年4月10日。

起来反蒋时,他就说:"今日无论什么金字招牌,都不能减轻掀动内战,危害民国之大责任。"甚至说"我们不反对一个中央政府用全力戡定叛乱"。①

其次,建设维系全国人心的制度。1934年1月,胡适由北平南下,感到南京政府"只见行政上小有进步,政治危机很大,领袖人物多不懂政治,甚可焦虑"。在一次与孙科的谈话中,胡适建议:"进一步撇开他们人的问题,另想想制度的问题。"他对孙科说:

> 现在有许多缺陷,都是制度不完备之过……如中央政治会议,名义上为最高权力机关,实则全仰一个人的鼻息。究竟中政会能制裁军事委员会否?能制裁行政院否?中政会开会时,有何制度可以使人人能表现其意志?此皆无有规定,又无有确实可行的手续,故一人的专制可以操纵一切机关;虽人人皆认为不当,而无法使抗议发生效力……总之,今日政治制度皆是不懂政治的人制定,只有空文,而无实施手续,所以彼此之间全无连络,又无相互制裁的办法。②

胡适主张应以"放弃党治"为政制改革的前提,不赞成"党权高于一切"的说法。他认为,"高于一切"的应为"人民的福利与国家的生命";国民党应开放政权,容许全国人民自由组织政治团体;当前的主要问题是收拾全国人心,而"不是三五个不合作的老头子,也不是三五个合作的私人关系"。收拾人心的主要方法,"莫如废除党治,公开政权"。③

实行宪政,也必须改变党治。当时的"中政会"领导一切,但无任何监督机关。胡适说:"监督者和被监督者,负责者和负责的对象同是一班人,不如实行宪政,让人民代表机关来监督政府。"并认为,值此国难当头的时刻,应该增强国家意识,而降低党派意识。早在1931年,胡适就向有关人士建议推行"无党政治"。他说:"今苏俄与意大利的'一党专治'是一种替代方法。但(中国)也许可用'无党政治'来

---

① 胡适:《亲者所痛,仇者所快》,《大公报》1936年6月14日。
② 《胡适的日记》(手稿本),1934年2月5日。
③ 胡适:《政治改革的大路》,《独立评论》163号。

替代。"①当时他将此意见写成《从一党到无党的政治》一文,发表在《大公报》上。他说,孙中山的五权宪法精神就是"无党政治"的精神;司法、考试、监察都是无党的;立法院只成一种制定法律和修改法律的专门技术事业,也可以是无党的;唯有行政院是有党的,然而一切事务官都经考试院,则绝大部分可以不受党派政事的支配。他说:"如果将来的宪政能够实行'五权宪法'的精神,中国的党政大可以不必重演政党纠纷和分赃的老路。"②他希望蒋介石"无论在宪政之前或宪政之后,都能用他的地位来做一个实行法治的国家领袖"。③ 30年代由独裁与民主呼声相伴奏的制宪工作,由于抗日战争的全面爆发而中止。

第三,建立建设性的政治哲学。胡适说:"'知难行易'是革命的哲学,不适于建设。建设的政治哲学,要人人知道:'知难,行亦不易'。"④在人权运动中,胡适发表此观点后,有人批判为"胡说"。胡适说:"此非胡适之胡说,乃是孔子旧说。"他举出《论语·子路》为证:

> 定公问:"一言可以兴邦,有诸?"孔子对曰:"言不可以若是,其几也。人之言曰:'为君难,为臣不易。'如知为君之难也,不几乎一言而兴邦乎?"

胡适说:"明乎此,然后可望有专家政治。"胡适在此提出要建立一种"建设的政治哲学",正是蒋介石想同胡适讨论而未得机会面谈的问题。蒋介石送了五本"力行丛书"给胡适,其中第四册《自然研究革命哲学经过的阶段》记述蒋的观点。胡适看了后说:"他(蒋介石)想把王阳明'知行合一','致良知'的道理来阐明我们总理'知难行易'学说。"又说:"蒋介石解释中山先生的'知难行易'是要人服从领袖(服从孙文),此说似是采用我的解释。"胡适在1929年所发动"人权运动"中所发表的《知难行亦不易》文中就是这样说的,因此感到很欣慰。他认为蒋介石"似乎也明白阳明与中山的思想有根本不同"。

---

① 《胡适的日记》(手稿本),1931年7月31日。
② 胡适:《从一党到无党的政治》,《大公报》1935年9月29日。
③ 胡适:《新年的几个期望》,《大公报》1937年1月3日。
④ 《胡适的日记》(手稿本),1932年12月5日。

蒋介石是这样阐述的：

  照这样说，王阳明所讲"良知"的"知"是人的良心上的知觉，不待外求；而总理所讲"知难"的"知"，是一切学问的知识，是不易强求；而知识的"知"，不必人人去求，只在人人去行。我们理解了这一点，便知总理所讲的"知难行易"的知，同王阳明所讲的"致良知"与"知行合一"的知，其为知的本体虽有不同，而其作用是要人去行，就是注重行的哲学之意，完全是一致的。①

  胡适说："蒋君明知二说不同，偏要用阳明来说中山。"似乎觉得蒋这个明白人却在做糊涂的事。他说："大概是他不曾明白懂得二说的真正区别在那儿。"因此胡适进一步举出许多两者区别之所在，如"阳明之说先假定有此良知，故可以说'知行合一'"，因为，"良知是人人所同具，是'你自家的准则，他是便知是，非便知非'，若无此良知，则'知易'之说不能成立。'知易'不立，则行亦不易"。所以，"知善知恶是良知，行善去恶即是致良知"。至于孙中山的学说，则是"以'知难'属于领袖，以'行易'望之众人，必人人信仰领袖，然后可以'知行合一'，然既为'行易'，则不必一定信仰领袖了"。所以胡适说"必须明了'行亦不易'然后可以信仰专家"。最后胡适又引《论语·子路》下半篇孔子的话深化其意：

  （定公又问）："一言丧邦，有诸？"孔子对曰："言不可以若是，其几也，人之言曰：'予无乐乎为君，唯其言而莫予违也。'如其善而莫之违也，不亦善乎。如不善而莫之违也，不几乎一言而丧邦乎？"

胡适由此指出："此段说的更透辟。为政者必须防到此一著，故'法家拂士'是不可少的。为政者若误信真有所谓'良知'，则必不信专家之有用；他若误信'行易'，则亦必不会深信'知难'。故阳明之说与中山之说，若不审慎解，都可一言丧邦。"②

  殊不知蒋介石把明知不同的"知"的本体学说，用于同一的"行"，

---

 ① 蒋介石：《自述研究革命哲学经过的阶段》（"力行丛书"第四册），第11～12页。

 ② 《胡适的日记》（手稿本），1932年12月5日附记。

是"难得糊涂"。孙中山创立"知难行易"学说,是要人"服从我'孙文'",蒋介石也要人"服从我'蒋介石'",正如蒋所说:"注重行的哲学之意,完全是一致的。"但蒋又要具有现代知识的专家为他的"法家拂士",不同点仅如此而已。胡适在此是"难得聪明",如果蒋介石能接纳胡适的"建设的政治哲学",则蒋完全是一位现代的民主政治家了。

1949年,蒋介石败走台湾。1954年大陆掀起批胡运动。1958年,郭沫若说胡是"买办资产阶级第一号的代言人,他由学术界,教育界而政界,他和蒋介石两人一文一武,难兄难弟,倒是有点像双峰对峙,双水分流"。① 由1926年受赞颂的"一文一武",迄至郭沫若批贬的"一文一武",在近30年间走了一个循环,也颠了一个倒。

"双峰对峙,双水分流"是指胡适与蒋介石国民政府之间的关系。1956年10月10日,胡适有"国庆"祝词:"我们爱我们的中华民国,我们记念他四十五年的多灾多难,他的灾难多半是我们过去努力不够,他的拯救还得靠我们人人的苦干。"胡适此时矢守"为国家作诤臣,为政府作诤友"的信条。

胡适在上世纪50年代创办《自由中国》杂志,本来的宗旨是拟"影响共产党统治下的人心",不久大陆解放,他就成了"中华民国"的诤臣。但当政者并不乐意听诤臣之言,因此与当局多次发生冲突,但这份杂志却代表了言论自由的力量,得到社会上一部分人的支持。胡适说:1036年范仲淹《灵鸟赋》中"宁鸣而死,不默而生"和"忧于未形,恐于未炽","其言可以立懦"。他指出"从国家与政府的立场看,言论自由可以鼓励人人肯说'忧于未形,恐于未炽'的正论危言,来代替小人们天天歌功颂德,鼓吹升平的滥调"。② 这是国家之大幸。他又引《孝经》上的话说:"天子有诤臣五人,虽无道,不失其天下;诸侯有诤臣五人,虽无道,不失其国……这一段里有一句话:'故当不义则争之'。就是中国言论自由最古的经典根据。"③

胡适此时依然以"诤友"的身份,一如既往地向蒋介石作直接或

---

① 郭沫若:《三点建议》,《人民日报》1954年12月9日。
② 《自由中国》第12卷第7期。
③ 胡颂平:《胡适之先生年谱长编初稿》(七),第2555~2556页。

间接的诤谏。例如,1951年5月31日他托杭立武由美国带交一信给蒋介石,信中谈自己两年来所受到的教育,并以"知己知彼"劝蒋"多读中共出版的书,如斯大林论中国之类",并希望"国民党自由分化,分成几个独立的新政党"。① 1952年9月14日,胡适又有致蒋介石的一封长信,计8页,建议蒋在即将召开的国民党七大上表示实行多政党的民主政治、废止总裁制,培植言论自由,他说:"今日宪法的种种弊病,都由于……不容许我们批评孙中山的几个政治主张。"同时建议国民党与蒋介石"罪己","愈能恳切罪己,愈能得国人的原谅"。1953年1月16日,胡适回台湾,蒋介石约胡适吃晚饭,两人面谈了两个小时,胡适在日记中说他对蒋说了"一点逆耳的话。他(指蒋)居然容受了"。胡适指出"台湾今日实无言论自由,无一个敢批评彭孟缉"、"无一语批评蒋经国"和蒋介石。

1954年2月,胡适由美返台参加"国民大会"第二次会议。在改选正副"总统"时,他表示支持蒋介石为"总统",认为没有人比蒋"领导政府更为适当"。但蒋经国则利用他主持的"国防部总政治部"掀起批判胡适的"毒素思想",1958年胡适返台就任"中研院"院长之时,蒋经国发动一系列围剿《自由中国》的活动,以示警告。

这正是"总统换届"的前夕,胡适要求蒋介石"树立一个'合法的和平的转移政权的风范',不违反宪法,一切依据宪法……作一公开的表示,明白宣布他不作第三任总统"。但蒋此时仍恋栈,不愿放弃"总统"职位。蒋有所"容忍",只表现在时机的等待上,对《自由中国》的围剿则引而不发。1960年3月21日,蒋在记名投票的方式中获任第三任"总统"。迄9月,则乘胡适赴美参加中美学术合作会议之机,将《自由中国》的实际负责人雷震以筹设"在野党"为由逮捕入狱。"副总统"陈诚专电胡适,解释此案涉及包庇"匪"谍,并赶在胡适返国前,匆匆以军事法庭宣判雷震10年徒刑。胡适返台后,蒋对胡说:"我对雷震能十分容忍。如果他的背后没有匪谍,我决不会办他。"②

---

① 《胡适的日记》(手稿本),1951年5月31日。
② 《胡适的日记》(手稿本),1960年11月18日。

对压制的对象不能以容忍,如同革命者不能对革命的对象以容忍一样。胡适有感失望,但始终没有放弃自己的理念。

四、目的在修正

胡适是观念人物,而蒋介石是行动人物。他们的政治理念与文化观,在实际的行事方式中,有时彼此是脱节的,双方都需要对方的长处,在互补中发挥作用。

就胡适而言,他自始择定的就是"国人导师"的角色,与蒋介石相较而言,他的长处是"政论"。胡适要做的是超党派的监督政党的政论家,可以不入政党、不组政党而仍可以发生效力。他解释说:"也许他们的性情与才气是不宜于组织政党的,他们能见学而未必能办事,能计划而未必能执行,能评判而未必能对付人,下笔千言而见了人未必能说一个字,或能作动人的演说而未必能管理一个小团体。他们自然应该利用他们的长处,决不应该误用他们的短处。"①这实是胡适对自己明确的定位,也充分说明了其观念与行动脱节的特征。蒋介石恰恰相反。

至于这种监督政党的超党派政论家的作用,胡适是代表人物,值得一书其特点:旨在评判与调解,不致使国内的政治"不是东风压了西风,便是西风压了东风"。"身在党之外,而眼光注射全国的福利,而影响常在各政党的政策"。②

中国传统的知识分子介入政治,均通过科举而仕途,所谓参政议政即是"做官","学而优则仕",一旦步入官场,就难以超然。胡适受西方教育熏陶,坚持"在野"论政。1922年,王宠惠曾请他出任教育次长,胡表示"决不干"。抗战期间,他任驻美大使,是视作非常时期祖国对他的征调而为例外。抗战胜利后,仍然坚持在野帮政府的忙。他想成为社会的良心与舆论的代言人。他对在"人权运动"中所发表

---

① 胡适:《政治家与政党》,《努力周报》第5期,1922年6月4日。
② 胡适:《政治家与政党》,《努力周报》第5期,1922年6月4日。

的言论曾作过解释:"《新月》在今日舆论界所贡献者,惟在用其真姓名发表负责任的文字。此例自我提倡出来,我们自信无犯罪之理……只有善意的忠告而已。此类负责的言论,无论在任何文明国家之中,皆宜任其自由发表,不可加以压迫。"①这就是西方民主政治中的"忠诚的反对"的概念。1946年,蒋介石劝胡适改行,参加政府的工作,傅斯年就说:"在政府并不能发生政治作用,反失去社会上的道德作用。"②胡适也认为:"参加国府,则与青年党、国社党有何分别?"③就"成了政府的尾巴"!④ 1947年,蒋介石拉胡适出来竞选总统,傅斯年一针见血地指出:"借重先生,全为大粪上插一朵花。"⑤胡适采纳了傅斯年的意见而婉辞之。

西学东渐,胡适参加新文化运动,并从西方输入自由主义,呼唤人的个性解放,鼓吹人权,崇尚理性,追求西方模式的民主与自由。基于这样一种自由主义政治思想,胡适从1921年开始提倡"好政府主义"。

"好政府主义"的基本观念是政治的工具主义(Political in-strumentalism)。胡适的工具主义主要有以下几个方面的内容:(1)"政治的组织是人类发明的最大工具。因为有许多事业是个人或小团体不能做的……故有此大工具的需要。政府的存在是由于这种工具的需要"。(2)"这工具是一种有组织、有公共目的的权力表现。权力若无组织、若无共同的目标,必至于冲突,必至互相打消。政治与法律的权力,因有组织、因有公益目标,故可指引各方面的能力向一个共同的趋向走去,既可避免冲突,又可增强效率"。与交通一样,如无人指挥,则会形成混乱。(3)"这种工具若用的得当,可发生绝大的效果,可以促进社会全体的进步。人类社会的惰性极大。……若靠自然的演进,必致没有进步。政府机关如用的得当,乃是督促社会进

---

① 胡适致陈布雷,《胡适的日记》(手稿本),1931年1月16日。
② 傅斯年致胡适,《胡适来往书信选》(下),第196页。
③ 胡颂平:《胡适之先生年谱长编初稿》(六),第1960页。
④ 胡适致傅斯年,《胡适来往书信选》(下),第173页。
⑤ 傅斯年致胡适,《胡适来往书信选》(下),第90页。

步,打破社会惰性的唯一利器"。

胡适从他的工具主义出发,引申出工具主义的政府观:(1)"从此可得一个批判的政府标准:为社会谋福利的负责的是好政府,不能尽其职的是坏政府,妨碍或摧残社会公共福利的是恶政府"。(2)"从此可得一个民治(人民参政)的原理:工具是须时时修理的,政府是用人做成的工具,更须时时监督修理。因为人都有揽权的天性,都有滥用权力的趋势。无论怎样好的人,若久揽大权,若无有监督,总会滥用他的威权,去谋他的私利。……故这个工具有严重的监督和随时修正改组的必要。凡宪法、公法、议会等等都是根据这个原理的"。(3)"从此可得一个革命的原理:工具不良,修好他;修不好时,另换一件。政府不良,监督他,修正他;他不受监督,不受修正时,换掉他。一部分的不良,去了这部分;全部不良,拆开了,打倒了,重新改造一个!一切暗杀、反抗、革命,都是根据于此"。

胡适当初还提出了实行"好政府主义"的三个条件:(1)明白的目标:好政府;(2)要有一班好人为此而奋斗,"好人不出头,坏人背了世界走";(3)要人人都觉悟,政治不良,什么事都做不成,教育、实业,甚至小生意都做不成。[①]

胡适提出此"好政府主义"时,已与气味相投者丁文江、王征、蒋梦麟等组织了一个沙龙式的议政团体——"努力会",以"努力谋求我们所做的职业的进步,中国政治的改善与社会的进步",以及"随时随地援助有用的人才"等为宗旨。接着在翌年筹组《努力周报》,作为"努力会"的言论机关。在第二号上发表的《我们的政治主张》,就是"努力会"的宣言。但"努力会"不是一个政党,而只是一群自由主义者议政的沙龙。《努力周报》亦非党刊,只是一群自由主义者的言论阵地,既传播西方的理念,同时也继承"三代遗风",以为这样是保国的上策,也是谋政治清明的唯一方法。[②] 以后的《新月》月刊社、《独立评论》社、《独立时论》社、《自由中国》社等,都是同一类性质。胡适的

---

① 《胡适的日记》(手稿本),1921年8月5日。
② 胡适:《黄梨洲论学生运动》,《胡适文存》二集。

一生,始终牢牢掌握着言论阵地。有人劝他组织政党,他说:"办党不是我们的事,更不是我的事。"①他宁愿支持他人组党。他似乎是步了梁启超的后尘,但他说:"梁任公吃亏在于他放弃了他的言论事业去做总长。"②这又说明他与梁启超等人并不相同。所以研究系的南方机关报《时事新报》批评"好政府主义"空空洞洞,只能做一种学理来讲。③ 事实正是这样,他执行的是社会的良心与舆论的代言人理念,不是某一政党的观象台。

20年代,曾出现过以王宠惠为首的"好人内阁",因王宠惠与阁员罗文干等都是《我们的政治主张》宣言的签名人,也有人讥笑为"学究内阁"。胡适寄予很大希望,提出宪政的政府、公开的政府、有计划的政府,幻想笔杆子指导枪杆子,三个多月即失败了。胡适在失望之余,宣称这个国会不配制定宪法,"民治国家的法律决不是那般自己不守法律的无耻政客所能制定的"。④

胡适对国民党和国民政府以及蒋介石的支持与期望,所依据的仍是"好政府主义",他将它视为"政治组织最大工具","指引其向一个共同的趋向走去"。他发动人权运动,也是按照工具主义政府观的引申意义进行的,批判其"恶"、"坏"的方面,使之趋向"好",并时时监督、改组、修理。他对军阀政府失望而支持国民党势力把它推翻,都是根据工具主义所引申出的"革命的原理"。在他以批判手段与国民党较量的过程中,他得到的感觉是良好的,所以1930年下半年,胡适与人谈政治的时候说:

> 民国十一年(1922年),我们发表一个政治主张,要一个"好政府"。现在——民国十九年——如果我再发表一个政治主张,我愿意再让一步,把"好"字去了,只要一个政府。⑤

胡适当初提出"好政府主义",是针对学生运动遭军阀政府镇压

---

① 《胡适的日记》(手稿本),1922年5月27日。
② 《胡适的日记》(手稿本),1922年6月7日。
③ 胡适:《起码的政治主张》,《时事新报》1922年5月19日。
④ 《这个国会配制宪吗?》,《努力周报》第42期。
⑤ 《胡适的日记》(手稿本),1930年9月3日。

的。有人提出解决问题的办法在于打倒军阀统治,胡适当即表示:"现在的少年人把无政府主义看作一种时髦的东西,这是大错误的。"①因而提出有政府主义与好政府主义。他说无政府主义的缺点在于:"1.……因反对某个政府就反对一切政府……是理论上的错误。2.他们假定一种可以自然向善的人性,是心理上的错误。3.现在的祸患由于实无政府,而他们还要用无政府来补救,是事实上的错误。"②胡适的好政府主义的特点,是承认既有的政府,在"修理"不好的时候才把它"拆开"或"打倒"。当他起草的《我们的政治主张》在《努力周刊》上发表后,有人问及实现这"好政府"是以改良的手段抑或革命的手段,是先破坏后建设还是在恶的基础上面建设"好政府"的问题,胡适当时的回答是:"最好双方分工并进,殊途同归。"太坏了不能改的,或恶势力不容改的,"那就有取革命手段的必要了"。③ 胡适对北洋政权的态度是如此,对国民党政权的态度则更是如此。他对国民党提供了不少建设性的意见与方案,其基本态度是"修正"。他说:"我们的态度是'修正'的态度:我们不问谁在台上,只希望做点补偏救弊的工作。补得一分是一分,救得一弊是一利。"④

胡适的政治工具主义,即是其实验主义哲学在政治上的应用,实验主义认为真理不过是对付环境的工具。胡适传承的是杜威的实验主义,他对"经验"有一种新理解:"旧说于现状之外只承认一个过去,以为经验的元素只是记着经过了的事。其实,活的经验是试验的,是要改换现有的事物;他的特性在于一种'投影'的作用,伸向那不知道的前途;他的主要性质在于连络未来。"⑤实验主义一般注重实效,这里却强调经验的"投影"特性,则是在注意影响深远的未来。

胡适的政治思想的发展,可分几个阶段:他在留学时期就接受了自由主义,自此对政治有着"不感兴趣的兴趣",认为"这种兴趣是一

---

① 《胡适的日记》(手稿本),1930年9月3日。
② 《胡适的日记》(手稿本),1921年8月5日。
③ 《胡适文存》二集卷3,第37~39页。
④ 《胡适的日记》(手稿本),1929年7月2日。
⑤ 《实验主义》,《胡适文存》二集卷2。原载《新青年》六卷三号。

个知识分子对社会应有的责任"。① 并以此盱衡世界大势。他的《我们对于西洋近代文明的态度》,是20年代的代表作。他说,西洋近代文明以承认物质享受为特色,人生的目的是求幸福,贫穷和衰病是罪恶,"借用一句东方的话,这就是一种'利用厚生'的文明"。同时指出:"十八世纪的新宗教信条是自由、平等、博爱。十九世纪中叶以后的新宗教信条是社会主义。这是西洋近代的精神文明,这是东方民族不曾有过的精神文明。"因为"十九世纪以来,个人主义的趋势的流弊渐渐暴白于世了,资本主义之下的苦痛也渐渐明了了。远识的人知道自由竞争的经济制度不能达到真正'自由、平等、博爱'的目的……救济的方法只有两条大路:一是国家利用其权力,实行裁制资本家,保障被压迫的阶级;一是被压迫的阶级团结起来,直接抵抗资本阶级的压迫与掠夺"。② 这时的国际形势是:在十月革命之后,苏联的建设蒸蒸日上;国内也是国共合作的时期。他当时的思想是开放的、前进的。

　　1948年9月4日,胡适在北京电台的广播词,题为《自由主义是什么》,标志了一个新的阶段。他说:"'自由主义'也可以有种种说法……前些时,北平《华北日报》翻译了哥伦比亚大学史学教授纳文斯的一篇文字,其中有这样一句话:'真正自由主义者,——连正统的社会主义者都包括在内,——虽然意见互有不同,但其最后归趋都一致认为多数人的统治应以尊重少数人的基本权利为原则。'……基本权利是自由,多数人的统治是民主,而多数人的政权能够尊重少数人的基本权利,才是真正的自由主义精髓。"为什么要尊重少数人的基本权利?胡适的答案是:"容忍反对党,尊重少数人的权利,是和平的基本权利,是和平的政治社会政策的唯一基础。""不用流一点血,不用武力革命,只靠一张无记名的选举票"。他认为"自由主义"成了"和平改革主义"的别名,是"自由主义的运动在最近百年中最大的成绩"。③ 这时国际上美苏关系已生裂痕,国内则内战的硝烟已弥漫全

---

① 《胡适的自传》,第3章。
② 《胡适文存》三集卷3。
③ 胡适:《我们必须选择我们的方向》,《独立评论》。

国。他强调的"和平改革主义"是受到非和平革命的威胁而发。胡适宣称:当前面临的选择是自由与非自由的选择,是容忍与不容忍的选择。他说:"我虽老朽,我愿意接受有自由的世界,我要选择容忍的世界。"①

胡适于1959年提出"容忍与自由"的问题,认为容忍比自由更重要,更为根本。人们如都认为自己的思想和信仰是不错的,就不能容忍别人的意见,社会就不会有自由。例如,欧洲的宗教革命本是为争取宗教信仰自由,但领导者获得胜利以后就渐渐走上不容忍的路。加尔文掌握了宗教大权,认为自己代表了上帝,故压迫新的批评宗教的言论,活活烧死塞维图斯,以为这样做是替天行道。法国大革命本主张思想、信仰、宗教、言论出版自由,但罗伯斯庇尔掌权后,则造成恐怖统治,仅巴黎一地,上断头台的即有2500多人。胡适说:"当年主张自由的人,一朝当权,就反过来摧残自由……究其根源还是因为没有'容忍'。"

胡适撰《容忍与自由》,是他对自由主义的最后阐发。毛子水说这篇文章的哲学基础是"善未易明,理未易察"。胡适补充说:"所有一切保障自由的法律和制度,都可以说建立在'理未易明'这句话上面。"这时的形势完全不同了,台湾的思想界已在广泛传播哈耶克的《通向奴役之路》,反对计划经济,反对社会主义,对资本主义重新进行估价。胡适也公开为曾说过"十九世纪中叶以后的新宗教信条是社会主义"一语而表示忏悔。

胡适对自由主义的理解或有其历史的局限性,但他的信仰是真诚的。

原载安徽大学胡适研究中心《胡适研究》第二辑,安徽教育出版社,2000。

---

① 《当前中国文化问题》(谈龙滨记录),《自由与进步》第1卷第10期。

胡适与冯玉祥

胡适与冯玉祥同是安徽人。胡适早在五四新文化运动中暴得大名,是一个颇为社会各界瞩目的人物;冯玉祥本是一个军人,由于他善于应变,又好作秀,终于成了政要,也是社会名人。他俩彼此都很关注对方,但二人几乎不曾有过直接关系,间接关系是有几次,他俩的间接关系情趣迥异而盎然!仅有一次直接关系,则有些火药味。他俩是两股道上跑的车,很少共同语言。

北伐战争期间,胡适由英美回国,蛰居沪上做静观天下之变的"卧龙"先生。时值北洋军阀解体,立即又出现蒋、冯、阎、李四方逐鹿,史称新军阀的中原大战。胡适对冯玉祥尤为关注,因为当时冯拥兵80万,30万在陕西,50万在河南。河南是冯的根据地。在冯领导下的河南省政府,有着与众不同的气象。胡适说:"省政府的官,每人每月20元。他们的食宿都是共同的,有点像柏拉图共和国的统治者的生活。宴会是不准的。河南的标语是'浪费一文就是反革命……'蒋介石到郑州,冯玉祥请他吃饭,两菜一汤,算是盛馔。"勤俭节约,反对特殊化,从减轻人民负担着想,符合革命者的称号。不过"河南的财政,只是绑票勒索,财政厅长魏宗晋,当伙夫出身,财政不懂,绑票是好手。冯用其所长,劫富济贫,也是传统的革命方式"。"冯玉祥用人的办法,大似柏拉图的共和国中的办法。可惜有家累而无余财者多不肯去。只有彻底学柏拉图实行共产、共妻,儿童公有,方才有人去效力"。①

胡适并不看重冯玉祥。1928年6月1日他曾对人说:"人各有所

---

① 《胡适的日记》,1928年4月1日。

长,但各有其限度,用过其限度,五十斤力者乃挑一百斤至二百斤重担——如冯玉祥、吴佩孚、孙传芳、唐生智皆是也,故一败不可收拾,因此祸及国人。"① 不幸而言中,冯玉祥在中原大战中一无所得,败走晋南,退居于一个小村庄——柳林社,日以字画作消遣。当时有一位叫燕树棠的人,托人向冯玉祥求画。冯玉祥画了一个人拉着一辆洋车的图以赠,还为此画题了一首诗。诗云:

苦同胞! 不拉车,不能饱;若拉车,牛马跑;得肺病,活不了。苦同胞,怎么好!?

君不见委员们被鱼翅燕窝吃病了,社会如此,好不好!?

燕树棠得到拉车图后,又去请胡适写题跋,再把两者裱在一起,堪称二绝。胡适欣然命笔,题跋也是一首白话诗。诗云:

怎么好!? 我问你。不怕天,不怕地,只怕贫穷人短气,作牛作马给人骑。怎么好!? 有办法,赛先生,活菩萨,叫以太给咱送信,叫电气给咱打杂。怎么好!? 并不难,总好办;打倒贫穷,打倒天,换个世界给你看。

燕树棠对此二绝珍之如宝,迄抗战爆发,避乱西南,1946年重返北平,整理故居,诗画依旧。燕君则恍悟此二绝,是爱与恨哲学的辩论。于是把冯的拉洋车诗与胡适的跋诗一并公之于众,并附上自己的感想。燕树棠写道:

胡先生是学术界的领袖,冯先生是政治上的巨子。他们的思想态度、主张,毕竟不同。冯先生的诗,满纸愤恨,胡先生则劝其不必如此。他似乎说:请你相信科学,你不必恨。如果你不信科学,虽恨,亦无用。只是恨,不能改造,不能建设,造乱有余,造福不足。不但不能解除人民的痛苦,反而增加人民的痛苦。此乃恨的哲学与爱的哲学之大争辩。

诚然,同样的问题,从两种视角、两种态度出发,用以解决问题的方法也就不同,其后果亦迥异。类似这样的争辩,此前把清帝逐出故宫一事上,冯、胡的态度截然不同,也可算是一次。1924年冯玉祥在

---

① 《胡适的日记》。

直奉战争中本属直系,却倒戈相向,发动北京政变,迫使曹锟下台,进而把留居在故宫的清帝宣统驱逐出宫。这也是革命行动,社会的反应不一,有人叫好。胡适则不以为然,闻讯后立即致函外交总长王正廷,称:"我是不赞成清室保存帝号的,但清室优待条件,乃是一种国际的信义,条约的关系……"不遵守国际的信义与条约关系,"这真是民国史上一件最不名誉的事"。这话实是冲着发动者冯玉祥说的。但北大同仁李书华和李宗侗二人却致书胡适说:"我们根本上认为中华民国国土以内,绝对不应该有一个皇帝与中华民国同时存在。皇帝的名号不取消,就是中华民国没有完全成立,所以我们对于清帝废除帝号,迁出皇宫,是根本绝对赞同的……"二李是前清显宦李鸿藻的后裔,如今态度鲜明,坚决与旧制度名号划清界限,并从理论上诠释了冯玉祥的革命行动。胡适复信说:"你们只知道'皇帝的名号不取消,就是中华民国没有完全成立'。而不知道皇帝名号取消了,中华民国也未必就可以完全成立。一个民国的条件多着呢!英国不废王室而不害其为民国,法国容忍王党而不害其为民国。"皇帝名号的存在,不一定影响共和体制,它可以是"虚君共和",世界上已有先例;皇帝名号彻底废除了,也并不象征共和体制的完全确立,照样可以是"实君共和"。前者是讲究实际,不在乎名号纯正与否;后者是只求名号之纯正,实际却可以不讲究。胡适还说:"我并不主张王室的存在,也并不赞成复辟的活动,我只要求一点自由说话的权利。""在一个民国里,我偶然说两句不中听、不时髦的话,并不算是替中华民国丢脸出丑。等到没有人敢说这种话时,你们懊悔就太迟了"。他们是否懊悔了?有没有人懊悔过?今天则已追悔莫及了。

  还有一次是冯玉祥与胡适"短兵相接",这也是最后的一次。1947年10月初,某新闻媒体发表了一封冯玉祥由美国的旧金山致胡适的公开信,"辨正其出国旅费乃美元六万,并非六十万"。原函录于下:

    胡适先生大鉴:前者听见说你回国了,可惜没有见着面。昨天有朋友寄到国内的报纸,有你在上海对新闻记者说的话。我看了之后,觉得出奇得很。别的人随便乱说,可不必回答。你在美国住得很久,当然知道言论自由,是有分寸。随便说话,应当负责……你说我出国领了六十万美金,不知你是以什么为根据?我出国的时候,若不是由几个朋友帮忙,连旅馆都住不起。你听见说我在美国买的有汽车,美国的工人是不是坐汽车?我在国内是不是坐汽车?你听见说我在美国买的有洋房,你知道美国工人是不是住洋房?我在南京、上海、重庆是不是住洋房?若说到房的大小,我的儿子到现在,还住在街上旅馆里,你可以知道我的房子大小。你一定听见说我在巢县买了三座洋楼、三千亩好田。你可不可约几个朋友到巢县去旅行一次……人家出国办事的人,一个少将阶级,在去年每月生活费是一千七百美金,去年年底改为每月八百元美金。我出国是国民政府特派考察水利的,每月的生活费是六百美金,同我一起的水利专家秘书的生活费,每月是三百美金。你知道在美国赁个小旅馆,一天要多少钱?一个月要多少钱?你想一想,可以明白我的生活费,是不是少到无可再少,实在没有办法,才买了一个小房。无论怎么样,比住旅馆省的多。并且回国的时候卖出去,还可以当川资。这些话,你可以考查考查就明白了。我以为你是被人把你的眼蒙住了,你看不明白,把你的耳朵堵住了,你听不清楚。确确实实的说,若是看的明白听的清楚的话,你决不会拿六万当六十万元。好在没关系,反正你是姓胡,那就任意胡说,不然的话,就是糊糊涂涂,再不然你也需要做胡图克图吧。不论怎样说,你是受过教育的,是学过科学的,科学是什么呢?就是实在,也就是实实在在。不能指白为黑,饰无为有。你这个毛病,假如不彻底改革,那么我真的替北大那些先生学生担心极了,你虽然不能误尽苍生,一定也要误尽了青年。特此问好。冯玉祥

胡适在1947年为争取在十年之内,集中国家最大力量,培养五个到十个成绩最好的重点大学,使之成为第一流的学术中心,虑及经费不敷,尤其是外汇短缺,才提及当时的外汇开支情况,竟触犯了冯玉祥。胡适看到冯的公开信后,即于10月4日致函新闻媒体,表示公开道歉。在这道歉的同时,也指出了冯玉祥所云也不尽是事实。

胡适说：

> 我在九月五日，在上海对新闻记者谈话，九月七日在北平对新闻记者谈话，都谈到争取学术独立的十年计划，都提及各大学本年外汇太少的问题，因举本年留学经费所用外汇量之大，作一个对照，后来因为有几个朋友指出政府外汇的花费，何止留学一项，所以在九月中旬有几位新闻记者问我，我当时曾把在南方听得朋友说的几件关于外汇的消息（说了出来），其中一项是说冯玉祥先生和他同行诸位，在一年之中共领美金六十万元，另一项是说资源委员会派到美国考察的专门技术人员有四百人之多。后来我收到水利部次长薛笃弼先生来信，说："冯先生派赴美考察水利，奉准带秘书三人，及水利专家二人，一行共计六人，先后共奉行政院核发考察费三次，计：（一）三十五年（1946年）六月发国币三十八万元，美金五万零二百元。（二）三十六年（1947年）四月发美金六万元。（三）三十六年（1947年）七月发美金二万三千八百元。以上共计国币三十八万元，暨美金十三万四千元，均由财政部直接拨给，并奉行政院分令本部知照，有案可稽。"我又收到资源委员会委员长翁文灏先生来信，说"资委会在战时战后，先后派赴美国实习人员，总数确有9万人左右……目前仍留美者，计不及百人，实习期满后，亦即返国"。我现在正式请中央社替我发表这两封信，更正我上月的错误。我借这个机会，正式向冯玉祥先生和资委会道歉。至于冯玉祥先生公开信里说的关于他在巢县买屋买田的话，我完全不曾说过，当然用不着答复他。 胡适 三十六，十·四

冯玉祥在公开信中辩正自己的出国旅费为六万元，符合胡适调查结果中的第二笔："三十六年四月"所发，是当年（1947年）的费用。"三十六年七月"的一笔，或可理解为下年度费用的预支。冯"在一年之中共领美金六十万元"，也可理解为一次领了三年的经费。冯玉祥在公开信中没有说明领了几次，采取的是一种模糊艺术处理法，而不是"实实在在"的"科学"方法。1948年1月，冯玉祥启程返国，轮船途经黑海失火，不幸遇难。在此之前，未见其有所更正。这是从两种不

同的视角看问题而引起的分歧。

原载《山西文学》2003年第5期;又载韩石山主编《和钱钟书同学的日子》,陕西人民出版社,2007。

胡适由少年诗人到新诗鼻祖

胡适十六七岁时就有"少年诗人"之誉。在新文化运动中,因倡导诗国革命而成我国的新诗鼻祖。在其由少年诗人到新诗鼻祖之间,有着一段艰苦努力磨炼的过程。《尝试集·自序》中,胡适对倡导白话诗的历史已有所介绍,但对由旧诗过渡到新诗的中间环节,并没有交代。这个环节表明两个问题:提倡诗国革命的,只能是诗人;革新能获得成功,须以中外文化交流为条件。本文拟就这两方面略作探究。

一、少年诗人

在科举时代,做诗是蒙童入学的必修课。胡适自父亲死后,当家的二哥不主张幼弟走科举之途。因此,胡适在九年家乡教育期间,虽曾读过《律诗六钞》,但塾师未要求他背诵诗韵和对对子等做诗的基本功。据他在《四十自述》中说,他的爱诗,始于 1906 年中国公学之时。从吴汝纶选编的《古文读本》中找到感觉,嗜读古诗,觉得比幼年读过的律诗要有兴趣得多。古诗自然浑朴,自由活泼,不必对仗,不受韵律的约束,读来趣味盎然。他背熟的第一首诗是《木兰辞》,第二首是《饮马长城窟行》,第三为《古诗十九首》,之后才旁及陶潜和杜甫的诗。

胡适在读诗的同时亦学着作诗,对所读所背的诗加以临摹,尤其取法于白居易的诗。他的《弃父行》①就临摹得惟妙惟肖。胡适当时论诗的旨趣是:"'使老妪听解,固不可;然必使士大夫读而不能解,亦何故耶?'(录《麓堂诗话》)东坡云'诗须有为而作'。元山云'纵横正有凌云笔,俯仰随人亦可怜'(录《南濠诗话》)。"②在其小说《真如岛》中曾这样说:"不作无关世道之文字。"

胡适作诗的旨趣既为"济用",则在诗歌中,必须说理。如他在1907年所作的《谢皋羽西台》(又题《西台行》)批判退隐避世态度,立志以身许国。又如词《霜天晓角·长江》,洋溢着爱国主义思想,同样表现为积极的入世思想。有人以为其中"多了许多说理的臭味"。③殊不知胡适在诗词中说理,正是其特点。他后来曾明确指出:"吾国诗每不重言外之意,故说理极少。"④作诗填词而不说理者,非胡适旨趣之所在。

胡适在《四十自述》中以总结的口吻记述了他在上海新学堂里所发现的几个"新世界":首先,读严复的《天演论》和梁启超的《新民说》诸篇,开辟了他了解"中国之外还有很高等的民族,很高等的文化"的新世界;其次,读了梁启超的《中国学术思想变迁之大势》,又开辟了他"知道《四书》,《五经》之外,中国还有学术思想"的新世界;再次,从吴汝纶选编的古文读本中,又发现了决定他一生命运的诗的新世界。

胡适最初对近体诗没有好感,常出贬词,但使他好诗成癖的,也正是律诗。当时的诗坛,近体诗依然当令,以郑孝胥、陈衍等人为代表的同光体诗派,继承和发扬宋诗,年轻一代的"南社"诗派,接踵而起与同光体诗派抗衡,重倡"唐音",但两者都是律诗。胡适也"要学时髦"而学做律诗。1906年,他受到傅君剑的鼓励,即发愤立志做一个诗人。为了在音律上下功夫,竟不惜侵占学习自然科学的时间。他说:"先生在黑板上解高等代数的算式,我却在斯密司的《大代数

---

① 《弃父行》,载《竞业旬报》第25期。胡适在《尝试集·自序》中说该诗作于1906年,在《四十自述》中则说作于1907年回乡养病时。
② 《自胜生随笔》(1907年),引自《尝试集·自序》。
③ 李敖:《胡适评传》,第202页,(台北)远景出版社,1979。
④ 《胡适留学日记》第5卷。

学》底下翻《诗韵合璧》,练习簿上写的不是算式,是一首未完的纪游诗。一两年前,我半夜里偷点着蜡烛,伏在枕头上演习代数问题,那种算学兴趣现在却被做诗的新兴趣赶跑了!"在他还"全不知'诗韵'是什么"时,就已在习作律诗了。后来他才知道,"做诗要硬记《诗韵》,并且不妨牺牲诗的意思来迁就诗的韵脚"。胡适由不喜欢律诗到着迷于钻研韵律,是为了求得作律诗的基本功。不喜欢律诗,是因其要"牺牲诗的意思来迁就诗的韵脚"。两者是相矛盾的,由此却孕育了他谋求诗体解放的思想种子。

胡适在上海学诗作诗,是课余自学,与同学、老师以及乡友的帮助均有密切关系,其中同乡好友胡近仁的帮助最为重要。1907 年胡适回乡养病,胡近仁有《秋夜同适之话旧》七律云:

帘前新月影婆娑,握手依依笑语和。
数齿可堪怜我长,抚心殊觉让君多。
别来旧雨饶豪气,醉后新诗共浩歌。
剪烛西窗浑乐事,等闲休问夜如何。①

胡适在返沪时亦有五言留别诗以赠:

十载联交久,何堪际别离;
友师论学业,叔侄叙伦彝。
耿耿维驹意,依依杨柳辞。
天涯知己少,怅怅欲何之。

近仁鼓励胡适作诗,中秋的翌日,胡作七绝四首,兹录两首如下(另三、四两首,见后《赋别胡近仁》):

一

有叔有叔字近仁,忘年交谊孰堪伦。
香山佳句君知否?同是天涯沦落人!

二

十年老友三年别,别后相逢互索诗。
含笑高吟含笑读,互拈朱笔互书眉。

---

① 《胡堇人未刊文稿》,转引自颜非《胡适与他的总角之交胡堇人》,又见李又宁主编《胡适与他的朋友》,纽约天外出版社,1990。

诗有跋云："予与近仁先生交，几及十年，亦莫知其交谊之所由始，唯觉与年俱进耳。今年夏，予归自沪渎，先生昕夕过从，其乐何极！今且别矣，敬赋此为赠，用以自附于赠言之义云尔，词章云乎哉！"10月14日胡适由乡返沪，当天即交便人带回他所作的诗，请近仁斧正。他在信中说："小诗数章附函寄呈，待足下评骘甚殷，匠石之斧，断断不可不挥也。"诗之后又有"附言"："途中寄怀一首，本未入流之流，不足记忆。如先生能为我点铁成金，则尤当九叩首以谢。"①

胡近仁（堇人），行名样木，号槲禅。与胡适同是上庄人，比胡适大四岁。自幼聪明好学，其天资据说比胡适还高。胡适于家乡九年塾学时期，为总角之交。胡适颇敬畏这位年龄相仿辈分却高一辈的族叔。胡适说他"读书比我多"。当时胡适的学业，除业师外，"近仁叔切磋指导之功为最"。胡近仁也十分推崇胡适。1901年胡适11岁时，胡近仁作《送族侄胡洪骍——骍年十一喜翻切文学》二首：

一

渊源家学已堪闻，畴至卿身更出群。
辨韵分声裁正轨，凤凰池上日新曛。

二

秦碑汉碣奥谁详，羡子髫龄一腹藏。
寄语凤凰池上客，兰牙须令作桢梁。②

诗中盛赞胡适年少学优，为国家栋梁之材。胡近仁还指望他"共沐恩波凤池上，朝朝染翰侍君王"，不过胡适没有走这条科举仕途。胡近仁的这二首诗，却为我们揭示了胡适做诗无师自通的奥秘：该诗的标题即为"骍年十一喜翻切文学"，明言胡适此时已爱好"翻切"与文学。胡适十一岁时即能"辨韵分声裁正轨"，说明他自幼对声韵之学颇有基础，只是没有用于作诗的实践罢了。关于这一点，胡适自己从未说明。

当时的胡适和胡近仁，都把做诗视为业余爱好，不属正业，行有

---

① 《胡适家书手稿》，安徽美术出版社，1989。
② 《胡堇人未刊文稿》。

余力则为之。胡近仁《题适之诗稿》说胡适赴沪校主攻的是自然科学,诗歌的成就虽能如白居易和陆游,不过是"余技"而已。日后"破尘飞"者,当是靠此"科学",勉其从今日起,切莫舍"本"而逐"余"。丁未暑假,胡适与胡近仁有"戒诗之约",就是他在《四十自述》中所说:"几次想矫正回来,想走到自然科学的路子上去,但兴趣已深,习惯已成,终无法挽回了。"

诚然,胡适由故乡返沪后,不仅未能遵戒诗之约,却越发热衷作诗。同年旧历十月九日胡适做了一首五言律诗,押了一个"赪"字韵,遍征师友相和,应者有几十。这首五言律诗是述志诗:

> 生今年十六,所事竟何成!
> 苦虑忧如沸,愁颜酒易赪。
> 伤心增马齿,起舞感鸡声。
> 努力完天职,荣名非所营。①

在寄胡近仁时有附言:"十月九夜,离群索居,俯仰身世,率成右律。此诗和者甚多,先生肯赐和一二章否?"胡适在所得和诗中,使他特别受感动的是任叔永的诗,其中云,"鼎铸奸如烛,台成绩是诗。雕彤宁素志,歌哭感当时"。② 他在致胡近仁的信中说:"骍前曾言此后必守戒诗之约,今乃自食其言,可愧也。然以别后景况日趋衰飒,故聊借此用自排遣。友人任君赠骍诗有'雕虫宁素志,歌哭感当时'之语,骍感谢之至于极地。先生闻此,当知我心也。"③胡适不能守"戒诗之约"是由于社会景况的日趋"衰飒",借诗以排遣胸中的积郁,以诗歌为表现时代是非爱憎的工具,"感于哀乐,缘事而发",作社会风尚的晴雨表。任叔永的诗,为他指明了方向,无意中左右了他正要逆转的命运。胡适对自己的前途与职业,实际在此时已经择定了,只因当时的

---

① 《胡适家书手稿》,安徽美术出版社,1989。
② 任鸿隽:《前尘琐记》,(台北)《传记文学》1957年第26卷第2期。
③ 1915年8月1日,任叔永在《送胡适之往哥伦比亚大学》诗中有"我昔赠君言:'彤彤岂素志'? 今日复赠君,我言将何似"之句。胡适加注云:"丁未,适之以'赪'韵诗索同学相和,叔永赠诗有云:'彤彤宁素志'句。""雕虫"与"彤彤"其意均为只讲究辞章,"苟以哗世取宠而不适于用"。

潮流和他二哥的干预，使他在这个问题上迂回了一段时间。①

此时的胡适，虽然片面地认为文学（诗歌）均是有所为而为之者，"不知天下固有无所为之文学"。② 事实上，在他此时所写的诗中，不少是无所为的作品，如《秋日梦返故乡》（戊申八月）、《女优陆菊演纺花》（己酉）、③《岁莫杂感》（己酉）④等皆是。有的看来似无所为而为之者，却在美感之外，亦兼及济用，如《秋柳》（己酉）。还有一些是怜人怜己、自怨自艾的，这就是《赋别胡近仁》（一、二首见前，兹录三、四首）：

三

怜君潦倒复穷愁，愧我难为借箸谋。
吟到泪随书洒句，那堪相对共悲秋！

四

劝君善炼气如虹，莫把穷通变化工。
错节盘根知利器，勖哉时势造英雄。⑤

胡近仁此时因家境衰落、兄弟失和，情绪颇为沮丧。在故友阔别重逢之际，竟"吟到泪随书洒句"。这也说明了胡适有共鸣。胡适因父亲自幼见背，年轻的母亲为了抚养自己而留在胡家守寡，常遭年龄与她相仿甚至比她大的儿女子媳们的冷讽热嘲，受不了时只得闭门痛哭，自身亦感遭受家庭成员的白眼。胡适在《四十自述》中正面崇扬母亲年青守寡的坚毅可敬精神，从字里行间实能体味出是记述其母忍气吞声的困境。所以胡近仁说："牢骚遮莫怜同病，是味何须论异苔"。⑥ 在胡近仁自己的诗中，牢骚之词就更多了。胡适在《奈何天居士吟草》的序中说："奈何天居士吟草者，吾友近仁先生课余吟咏之稿本

---

① 胡适赴美留学时，他二哥要他学工，嘱不要学文学、哲学，也不要学做官的政治、法律。
② 《胡适留学日记》第15卷。
③ 《四十自述》。
④ 《胡适的日记》（上），中华书局，1983。
⑤ 《胡适家书手稿》。
⑥ 胡近仁：《送别胡适之往上海》，《胡堇人未刊文稿》。

也。近仁于予为叔辈。其家居处境至艰,尤不得于骨肉之间,故其怨望之情时流露于言外。然近仁特以自抒其牢骚而已,未尝为泰甚之辞。其亦犹诗出北门之自写穷愁,而以天实为之终之之意,所谓怨而不怒者非耶!?"①此所谓"诗出北门之自写穷愁"者,是借《诗经·邶风》的《北门》篇,喻卫之贤者不得志,故因出北门而赋以自比,又叹其贫窭,人莫知之而归之于天也。发乎情,止乎礼,把感情节制在传统道德的范围之内,即所谓"怨而不怒"。胡适在此虽是评述胡近仁的诗草,亦写出了自己的立身处世之道。

胡适自自学作诗到赴美留学期间,共作了二百余首诗。② 其中多半是律诗。值得指出的是,此时胡适不仅注意到创新,还孕育了更雄的壮志。他在《奈何天居士吟草》序中说胡近仁的诗所以能在乡里出名者,客观上是由于家乡地处偏僻山区,诗赋文章之学不发达,致鹤立鸡群;主观上是其能不沮境遇,不囿流俗,自创一格,从而能独树一帜。胡适日后获得成功,同样是:(1)在守旧的环境中倡革新;(2)独辟蹊径。他1916年在《誓诗》中云:"但求似我,何效人为?……从今后,倘傍人门户,不是男儿。"③此种雄志,早年已萌其幼芽。

二、新诗鼻祖

胡适常把倡导文学革新说成由许多"偶然的小事"促成的,还说是"逼上梁山"。唯其在《文学改良刍议》中说:"年来颇于此事再三研思,辅以辩论。"这是实情。

胡适留学美国,其二哥希望他学自然科学,所以他依然遵守戒诗旧约,但积习毕竟难改,他在1911年2月1日的日记中说:"余初意以后不复作诗,而入岁以来,复为冯妇,思之可笑。"迄任叔永、杨铨、梅觐庄等至美后,有了诗伴,就更难戒了。1914年他应任叔永索和而作《山城》、《飞游仙》、《春日》等律诗,并且说:"久不作律诗,以为从

---

① 《胡适家书手稿》。
② 《尝试集·自序》。
③ 《胡适留学日记》第12卷。以下凡引此书者不再注出。

此可以绝笔不作近体诗矣。今为叔永故,遂复作冯妇,叔永之罪不小也。"直至1917年元旦,他在《沁园春·新年》中说:"回头请问新年:那能使今年胜去年?说:'少做些诗,少写些信,少说些话,可以年长。莫乱思谁,但专爱我,定到明年更少年。'多谢你,且暂开诗戒,先贺新年。"此时胡适已誓师攻克诗国壁垒了,遂公然宣称"暂开诗戒"。胡适如此屡次戒诗,又屡作冯妇,是由其实用主义所指导的。"戒诗"只是一"通常之泛论",开戒做诗是解决遇到的问题之"特别真理"。① 至于他提倡"诗国革命",同样是"实验主义"的应用。当初只是个假设,尝试作白话新诗是求证。

兹将胡适在提出此假设之前,所经过的磨炼与探索,大略介绍如下:

(一)发现诗体解放之道

胡适到美国不久,即听"西人说诗多同中土,此中多有足资研究者,不可忽也"。当时他已在学作西文律诗。1911年5月29日因英文有望免考,"夜作一英文小诗(Sonnet),题为'Farewell to English',自视较前作之《归梦》稍胜矣"。这是胡适学作西文律诗的最早记录。1914年底,胡适又用英文律诗作为对世界学生会成立十周年的祝贺,并详细介绍了此种律诗体裁的要求与公式。他说:"此体名'桑纳'体(Sonnet),英文之'律诗'也。'律'也者,为体裁所限制之谓也。"

胡适曾就此律诗向英文教师和文学教长等老师以及知己的同学征求修改意见。1915年元旦,因感欧洲战祸,胡适以古代神话中所谓战斗之神马斯(Mars)为题,作第四首英文律诗,曰《告马斯》。这是一首假物寄托、借以发挥自己思想之作。当他乞正于前农学院院长

---

① 当时胡适所理解的实用主义(Pragmatizm,胡适译为"实效主义")为:"天下无有通常之真理,但有特别之真理,凡思想天地,皆所以解决某某问题而已。人行遇溪水则思堆石作梁,横木作桥;遇火则思出险之法;失道则思问道。思想之道,不外于此。思想所以处境,随境地而易,不能预悬一通常泛论,而求在在适用也。"

裴立先生时,裴即建议他用其他体裁来写,"较容易发挥,'桑纳'体太拘,不适用也"。律诗无论中西,同样限制自由思想的发挥。胡适在改写《告马斯》之后就说:"颇限于体制,不能畅达。"自此之后,就未再见到胡适有作"桑纳"体律诗的记录。在他回国以后,也未提倡过十四行的桑纳体诗。为求在诗中能自由说理,摒弃律诗的格式则势在必行。

胡适首先从中国的古诗中发现律诗"托始于排耦之赋"。在诗中用偶句,古时早已有之,如《陌上桑》、《孔雀东南飞》、《古诗十九首》等。晋人以还,更专向排比;降及梁陈,五言律诗,已成风尚。胡适列举了几个名家,如梁代庾肩吾、何逊、阴铿等,并指出六朝诗人的律诗对唐诗的影响很大,说杜甫"以历史眼光求律诗之源流沿革,于吾国文学史上当裨益不少"。

胡适还引古诗法入律。1915年5月1日的《书怀》,就是他的尝试,他说:"此诗以古诗法入律,不为格律所限,故颇能以律诗说理耳。"

与此同时,胡适致力于诗的自然达意。《自杀篇》即是"全篇作极自然之语"。他说:"自谓能达意……全篇为说理之作,虽不能佳,然途径具在,他日多作之,或有进境耳。"此时,胡适感到自己的诗已"颇能不依人蹊径,亦不专学一家,命意固无从摹仿,即字句亦不为古人成法所拘,盖胸襟魄力,较前阔大,颇能独立矣"。胡适此时对诗的"命意",已摆脱传统"文以载道"的陈规,抒发自己的思想感情,当然无从模仿,"魄力"则为空前。胡适此时所作的诗,已纯属说理的韵文,如1915年9月17日所作《送梅觐庄往哈佛大学诗》即是。嗣后的《秋声》,同样是论说哲理的韵文。因此,他把诗推向了另一极端:"作诗颇同说话",人讥其"不像诗",而他却自以为"进境"。不过他也承认:"吾诗清顺达意而已,文则尤不能工。"

至于诗的形式,"字句亦不为成法所拘"者,即指突破五、七言的格律,从长短句中寻找其出路。"词乃诗之进化",是跃进的关键。胡适举秦少游《八六子》的前半阕:"倚危亭,恨如芳草,萋萋刬尽还生,念柳外青骢别后,水边红袂分时,怆然暗惊。"称之为"神笔",并说"万非诗所能道"。胡适既弄清了律诗所以形成的来龙,今又理顺了其出路的去脉。

律诗还因字数的限制,有时为了凑字数,必须牺牲文法。如任叔永的"既非看花人能媚,亦不因无人不开"诗句就是这样。胡适说若要符合文法,则必须加字,改成"既非看花人所能媚,亦不因无人而不开兮"。一个"所"字和一个"而"字,是文法上决不可少的;最后以"兮"字顿挫之,便不觉其为硬语了。胡适作《睡美人歌》时,第一次运用了他所拟的句读法。胡适强调做诗当讲究文法。为此就必须打破字数的限制。

音律的解放,是诗体解放的又一关键。胡适原先注意到西文诗多换韵,很少是全篇一韵的。1913年秋,偶从卜朗吟诗中,见到两首都用一个韵的诗,则视为绝无仅有之例外。1914年1月,他仿西文诗换韵的方法作《久雪后大风寒甚作歌》,用"三句转韵体"。当时他认为"乃西文诗中常见之格,在吾国诗中,自谓此为创见"。友人许少南指出:"三句转韵体,古诗中亦有之。"以岑参《走马川行》为证。但胡适仍以为此诗"后五韵皆每韵三句一转,惟起数句不然,则亦未为全用此体"。后来张子高又引证元稹的《大唐中兴颂》和东坡《次韵和山谷画马试院中作》,都是三句转韵诗。同时胡适自己亦从山谷《观伯时画马》诗中发现为三句一转韵,则自悔"前此之失言"(指自谓"创见")。此后则常作换韵诗,有两句一转韵的长诗,有"凡三转韵,其实有五转",或"间句用韵"继"则句句用韵"的。胡适此时作诗既颇同说话,用韵亦自由如意了。

韵律解放的关键,同样以词为中介。"吾国诗句之长短韵之变化不出数途,又每句必顿住",限制颇多。词则不然,如稼轩的词"落日楼头,断鸿声里,江南游子,把吴钩看了,阑干拍遍,无人会,登临意",胡适说,"是何等自由,何等顿挫抑扬!'江南游子'乃是韵句,为下文之主格,读之毫不觉勉强之痕,可见吾国文字本可运用自如"。

胡适更通过朗读词以玩味其音节的神奇变化。他"将年来阅历所得",采用逐调分读法,"一调读毕,然后再读他调。每读一调,须以同调各首互校,玩其变化无穷仪态万方之旨,然后不为调所拘,流入死板一路"。

胡适同时在刘过的词中发现有不拘音节者,从黄山谷的词中发现带有江西土音的。在李清照的《声声慢》中,其"寻寻、觅觅、冷冷、清清、凄凄、惨惨、戚戚"七叠字作起,后复用两叠字,"读之如闻泣声"。用双声叠音帮助音节的和谐,是自然音节所起的效应。蒋捷的《声声慢》所得的启迪更多。胡适说:"全篇凡用十声字,以写九种声,皆秋声也,读之乃不觉其为无韵之词,可谓吾国无韵韵文之第一次试验成功矣。"

胡适说,词到宋代苏轼时,已"可以咏古,可以悼亡,可以谈禅,可以说理,可以发议论"。① 迄元曲,则更自由了。《孽海记·思凡》的末段,自由如意,"可谓'问题戏剧'之一"了。

总之,胡适通过对古诗、近体诗、长短诗、韵诗、无韵诗做了种种研究和试验,从而推陈出新。尤其是对旧诗音节的研究,"是新旧过渡时代的一种有趣的研究",有着承前启后的重大意义。胡适在词、曲、剧的基础上推翻了词调曲谱的种种束缚,引出"不拘格律,不拘平仄,不拘长短,有什么题做什么诗,诗该怎样做就怎样做"的"第四次诗体大解放"。②

(二)诗贵有真

胡适主张写实,尤效唐代以杜甫、白居易为泰斗的实际文学。杜甫的写实诗,是不自觉而随所感所遇而为之,而白居易"则有意于'扶起''诗道之崩坏'。其毕生精力所注,与其名世不朽之望,都在此种文字"。胡适和香山一样,"志在兼济,行在独善"。其作讽喻诗是为了兼济,闲适诗则是独善的作品。但无论兼济或独善,均以"事物之真实境状为主",他说:"以为文者,所以写真、纪实、昭信、状物,而不可苟者也。是故其为文也,即物而状之,即事而纪之;不隐恶而扬善,不取善而遗丑;是则是,非则非。举凡是非、美恶、疾苦、欢乐之境,一

---

① 胡适:《词选·序》。
② 胡适:《谈新诗》。

本乎事实之固然,而不以作者心境之去取,渲染影响之。"

要做到上述求真写实,则要求作者有丰富的生活阅历,或实地体验,才能揭示社会或事物的本质。白香山的讽喻诗所以能使"权豪贵近者相目而变色","执政柄者扼腕","握军要者切齿",或使"众口藉藉以为非宜","众面脉脉尽不悦"者,"就是因为他有丰富的政治生活阅历,观察精微,所写的诗能入木三分,击中要害。香山自谓:"自登朝以来,年齿渐长,阅事渐多。每与人言,多询时务,每读书史,多求治道。始知文章合为时而著,歌诗合为事而作。"胡适同样抱此主张,当他读到黄梨洲《南雷诗历》自序有云:"盖多读书,则诗不求工而自工。若学诗以求其工,则必不可得。读经史百家,则虽不见一诗,而诗在其中,若只从大家之诗章参句炼,而不通经史百家,终于僻固而狭陋耳。"胡适在此加按云,"此亦一偏之见也。单读书无用,要如梨洲所谓'多历变故',然后可使'横身苦地,淋漓纸上'耳。""多历变故",即指亲历各种政治风浪。

当然,作为诗,必具美感,如"其专主济用而不足以兴起读者文美之感情者,如官样文章,律令契约之词",就不能算是诗。尤其是抽象的主题,旨在揭露人间之不平者,则当以《诗经》的《伐檀》,杜甫的《石壕吏》,白乐天的《折臂翁》、《卖炭翁》等为范例。

胡适还特地研究了白居易的写景诗,指出其具备"真率"和"详尽"两大特点。"真率",即不事雕琢粉饰,不假作者心境所想象为之渲染;"详尽",为"不道细碎(details)"。胡适认为,作写景长诗最忌失真。杜甫的《石龛诗》正犯此病,退之《南山集》也是失真的例子。若以香山的《游悟真寺诗》与退之的《南山集》"相较看之",其味就完全不同。

香山写实诗的"详尽"特征与写实风格,为胡适所取法。他说"旧诗如此,新诗也如此"。① 其旧诗如《春朝》五律,友人张子高评谓:"足下'叶香消不厌'之句,非置身林壑,而又能体验物趣者,绝不能道出,诗贵有真,而真必由于体验。若埋首牖下,盗袭前人语句以为高,乌

---

① 胡适:《谈新诗》。

有当耶?"其他如《耶稣诞日》,"但写风俗,不着一字之褒贬",也是身历其境的写实作品。

不过,胡适的爱情诗《临江仙》,诗中多绮语。他在诗序中大发议论:"诗中绮语非病也。绮语之病,非亵则露,两者俱失之。吾国近世绮语之诗,皆色诗耳,皆淫诗耳,情云乎哉?今之言诗界革命者,矫枉过正,强为壮语,虚而无当,则妄言而已矣。"他认为若此闲适诗是出于"其情所动,发而为言,或一笔一花之微,一吟一觞之细,苟不涉于粗鄙淫秽之道,皆不可谓非文学。孔子删《诗》,不削绮语,正以此故,其论文盖可谓有识。后世一孔腐儒,不知天下固有无所为之文学,以为孔子大圣,其取郑、卫之诗,必有深意,于是强为穿凿傅会,以《关雎》为后妃之词,以《狡童》为刺郑忽之作,以《著》为刺不亲迎之诗,以《将仲子》为刺郑庄之辞,而诗之佳处尽失矣,而诗道苦矣"。胡适在少年时代受过腐儒的影响而曾偏执一端,而今竟仍有幼稚病者,与腐儒殊途同归:"强为壮语,虚而无当",或"穿凿傅会"。

(三)走自己的新路

胡适所提倡的"不摹仿古人",并非他的创见,自古有成就的作者无不如此。黄梨洲就曾说过:"夫诗之道甚大,一人之性情,天下之治乱,皆所藏纳。古今志士学人之心思愿力,千变万化,各有至处,不必出于一途。"他还对一味模仿杜诗的人说:"有杜诗,不知子之为诗者安在?"①袁枚也说过:"使韩(愈)杜(甫)生于今日,亦必别有一番境界,而断不肯为从前韩杜之诗。"胡适因此也说:"与其作似陶似谢似李似杜的诗,不如作不似陶不似谢不似李杜的白话高腔京调。与其作一个作'真诗'、走'大道',学这个、学那个的陈伯严、郑苏盦,不如作一个'实地试验'、'旁逸斜出'、'舍大道而不由'的胡适。"胡适读黄梨洲的诗序而联想到陈伯严的"钞杜句,终岁秃千笔",因之而作诗云:"学杜真可乱楮叶,便令如此又怎样?可怜'终岁秃千毫',学像他

---

① 黄梨洲:《南雷诗历》。

人忘却我。"更笑王壬秋"诗必法古……己欲有作,必先有蓄"①为返祖现象。

胡适在留学期间,墙壁上曾悬有一则格言:"汝果不敢高声言之,则不如闭口勿言也"(If you can't say it out could keep your mouth shut)。他说:"此与孔子'知之为知之,不知为不知,是知也'意同。不敢高声言之者,以其无真知灼见也。"有人说胡适"立异以为高"。他自己解释"立异"有两种:(1)"不苟于流俗,不随波逐流,不人云亦云。非吾心所谓是,虽斧在颈,不谓之是。行吾心所安,虽举世非之而不顾"。(2)"下焉者,自视不同流俗,或不屑同于流俗,而必强为高奇之行,骇俗之言,以自表异,及其临大节,当大事,则颓乎无以异于乡愿也"。胡适说他是向慕前者的,他对任叔永说过:"吾岂好立异以为高哉?徒以心所谓是,不敢不为。"胡适敢于立异,犹如敢于大声说话,是基于他对新文学的真知灼见。这种见地若以实验主义的"祖孙方法"来阐明其历史的进化,就是"一时代有一时代的文学"论了。

胡适是一位由旧至新的过渡诗人。他曾引用龚自珍的诗:"但开风气不为师。"十分贴切。唯其原为旧诗人,深知律诗对自由思想的桎梏,在倡导新诗的过程中,又有着正反两方面的经验与教训,才能写出像《谈新诗》、《读沈尹默的旧诗词》一类的诗论。它满足了一个时代的需要,一时为作新诗者所共信。守旧的诗人不知何谓新诗而不能写,新诗人则无旧诗的修养而写不出,唯胡适能肩负此历史赋予的使命。至于他所创作的白话新诗,则如他自己所说:"像我们这样做古文作旧诗起家的人,不能完全运用白话,正和小脚女人不能恢复天足一样。"②即便如此,胡适所倡导的白话新诗,仍然是"辛亥大革命以来的一件大事"。③

载耿云志、闻黎明编《现代学术史上的胡适》,生活・读书・新知三联书店,1993。

---

① 《王壬秋论作诗之法》,载《大中华》第2卷第1期。
② 《胡适口述自传》第7章。
③ 胡适:《谈新诗》。

胡适与诗体解放

一、以诗为说理的工具

胡适早年有"少年诗人"的美誉。他自称从小没有学过做诗,纯为偶然的原因而自学成的,事实并非完全如此。①

胡适生于甲午战前的1891年,正是其父胡传仕途上颇为得意、以"干吏"闻名之时。胡适四岁时,胡传即亲自教他认字,并为他制定教案和撰写教科书,满希望老蚌所生之珠能在"科考中成一个及第的士子"。②

胡适1895年入学,"公车上书"就发生在这一年,但改革之风尚未吹进皖南山区,胡适读书仍在科考的轨道上进行。清代的科考规定有试帖诗,学做诗则是读书人的必修课,胡适当然不能例外。其父胡传为他准备的教材就是以韵文写成的,他在私塾里还曾读了《律诗六钞》。胡适八岁就能把"各朝代各帝王各年号编成有韵的歌诀"。③十一岁时已掌握了音韵学的基本知识。他的老友胡近仁有诗《骍年十一喜翻切文学》证明了这点。诗云:④

渊源家学已堪闻,畴至卿身更出群。

---

① 详见拙文《胡适由少年诗人到新诗鼻祖》。
② 胡适:《我的信仰》,《胡适来往书信选》(下),附录二,中华书局,1983。
③ 胡适:《我的信仰》。
④ 《胡菫人(近仁)未刊文稿》,引自颜非《胡适与他的总角之交胡菫人》,见李又宁编《胡适与他的朋友》,纽约天外出版社,1990。标题中的"骍"即"洪骍",胡适的学名。

>辨韵分声裁正轨,凤凰池上日新曛。
>秦碑汉碣奥谁详,羡子髫龄一腹藏。
>寄语凤凰池上客,兰牙须令作桢梁。

"翻切"即"反切",是汉字注音的方法。喜反切,善"辨音分声",就是爱好声韵之学。声韵学正是律诗所必需。不过,就在胡适入学的数年间,社会风气起了巨大变化。在戊戌年百日维新中,光绪采纳康有为的建议,提出废八股、改试策论。此举虽为政变所中止,但在辛丑之役后清廷又议新政,明令下诏改革科举。这股改革的新风,终于吹进了皖南山区,其二哥则主张幼弟胡适不可再走科考之途。胡适大概由此而停止练习律诗所要求的基本功。

胡适到上海求新学时,偶然从《古文读本》中读到古诗,使他发生了浓厚的兴趣。古诗是胡适在九年家乡教育时所没有读过的,偶然得读,感到比以前读过的律诗要有趣味。其不仅自由,不受对仗格律所限,并且能反映时代的爱憎,如《木兰辞》、《饮马长城窟行》等,都是"感于哀乐,缘事而发"的现实主义篇章。胡适进而旁及陶潜、杜甫、白居易等人的作品,以至上瘾入迷。

胡适1907年冬在致胡近仁的信中有一段话,表达了他所以要做诗人的原因:

>骍前曾言此后必守戒诗之约,今乃自食其言,可愧也。然以别后景况日趋衰飒,故聊借此用自排遣。友人任君赠骍诗有"雕虫宁素志,歌哭感当时"之语,骍感谢之至于极地。先生闻此,当知我心也。①

这一年正是胡适被诗引入迷宫的时期,不仅半夜点灯作诗,以代替原来演习代数习题的旧兴趣;在上课时,老师在黑板上演算高等代数,他却在斯密司《大代数学》底下翻阅《诗韵合璧》,练习簿上写的已

---

① 《胡适家书手稿》,第27页,安徽美术出版社,1989。1915年8月任叔永《送胡适之往哥伦比亚大学》诗中有"我昔赠君言:'雕形岂素志?'今日复赠君,我言将何似"之句。胡适加注云:"丁未,适之以'赪'韵索同学相和,叔永赠诗'雕形宁素志'句。""雕虫"与"雕形"均可解释为只讲究辞章,"苟以哗世取宠而不适于用"。此信的写作时间,注为1907年秋,误。

不是算学公式,而是未完成的纪游诗。这种兴趣的转移,违背了他到上海求学的初衷。胡适来上海进新学堂,旨在攻自然科学,"科学探妙理","诗歌特余技"。① 当时社会上尚流行着这样的信念:"中国学生须学点有用的技艺。文学、哲学是没有甚么实用的。"②其二哥就是抱此观念。③ 因此,胡适于同年暑期回家乡养病时,与胡近仁互勉,订有"戒诗"之约。

但因社会的"景况日趋衰飒",使胡适抑制不住以诗讽喻的感情冲动。11月14日夜,胡适由乡返沪,"离群索居,俯仰身世",写下了一首"述志"诗:

　　生年今十六,所事竟何成!苦虑忧如沸,愁颜酒易赪。
　　伤心增马齿,起舞感鸡声。努力完天职,荣名非所营。④

胡适以此诗遍向师友索和,在所得和诗中,任鸿隽的一首有云:"鼎铸奸如烛,台成绩是诗,雕彤宁素志,歌哭感当时。"⑤任鸿隽在此充分理解胡适所以要以诗讽喻社会的心情,支持他以诗歌"鼎铸"社会的是非,非以"雕虫"为素志。不能守"戒诗"之约者,正是"台成绩是诗",纯属社会的责任感驱使他不能停笔。任鸿隽对胡适想做诗人的愿望,犹如钟子期了解伯牙鼓琴一样,是知音。所以胡适当时对他"感谢之至于极地"。

胡适颇具时代的敏感性。他读梁启超的文章,能从自满守旧的"安乐梦中,震醒出来",从而开了"世界整个的新眼界";从严复的译著中,则能懂得"国家与个人"均有在生存竞争中被淘汰的危险;更从林纾的翻译小说中,认识了大批英国和欧洲的作家及其社会。⑥ 于是

---

① 胡近仁:《题适之诗稿》,引自颜非《胡适与他的总角之交胡堇人》,见李又宁编《胡适与他的朋友》,纽约天外出版社,1990。
② 胡适:《我的信仰》。
③ 胡适:《中学生的修养与择业》,《胡适言论集》甲编,(台北)华国出版社,1953。
④ 《胡适家书手稿》。
⑤ 任鸿隽:《前尘琐记》,(台北)《传记文学》1975年第26卷第2期。
⑥ 胡适:《我的信仰》。

使他如祖逖那样,闻到了"鸡声",从而奋身起舞。"天职",胡适的解释是"吾对于社会之责任"。①

20世纪初,中国社会已不以船坚炮利的西学为满足,少数的先进分子已要求社会制度与观念等上层建筑以及意识形态领域的更新。此时胡适利用古诗中的歌颂、反抗和追求理想等功能,以开创新风气。胡适此时所写的诗,正是说理的,或寓说理于叙事之中。胡适最早的作品《弃父行》,就是仿白香山"诗以伐之"。1907年写的《谢皋羽西台(西台行)》,是表达自己以身许国的思想;《霜天晓角·长江》则是宣扬爱国主义。更值得一提的是,胡适此时读了林纾的翻译小说,有感而作的诗,颇具历史的哲理。如读司各德《十字军英雄记》,有诗云:"岂有酖人羊叔子!焉知微服武灵王?炎风大漠荒凉甚,谁更横戈倚夕阳?"在此他把羊叔子和赵武灵王当作国际纷争中的典范。

又如,胡适读了大仲马《侠隐记》后有诗云:"从来桀纣多材武,未必武汤皆圣贤。太白南巢一回首,恨无仲马为称冤。"胡适在此从"仲马记英王查尔第一之死,能令读者痛惜其死而愿其能免"的史事,联系到中国历史上骂名千古的桀、纣与流芳万世的武、汤,怀疑其未必是事实。因此他说:"那得中国生仲马,一笔翻案三千年。"②胡适已是以诗论史了。

胡适还注意搜集律诗中的说理诗,为自己的哲学思想作诠释。当时他以苏子瞻《泗州僧伽塔寺》为其无鬼(神)论作证:"耕田欲雨刈欲晴,去得顺风来者怨。若使人人祷辄遂,造物应须日千变。"

胡适在1907年作《秋柳》,就说:"秋日适野,见万木皆有衰意。而柳以弱质,际兹高秋,独能迎风而舞,意态自如。岂老氏所谓能以弱者存耶?"③赋此以证明柔能克刚的理论。

胡适在赴美留学之前,作诗的旨趣是:"诗须有为而作。"他在小

---

① 《胡适留学日记》(三),《胡适作品集》第36卷,第78页,(台北)远流出版社,1986。
② 以上两诗均见《胡适留学日记》(四),《胡适作品集》第37卷,第124页。
③ 胡适:《四十自述》,《胡适作品集》第1卷第78页。

说《真如岛》中还说:"不作无关世道的文字。"这样的理解是片面的,他在 1915 年 8 月 18 日《论文学》中有检讨,说是"知其一,不知其二之过也"。① 不过,正由于其以诗为倡导新风气的说理武器而求改革传统律诗,其过则在所难免。

二、诗体解放是时代的要求

要求诗体解放是社会的趋向。早在戊戌变法时期就有人提出"诗界革命"的口号。它是与倡导新文体同时提出的。由于时代的急剧变化,尤其是鸦片战争以来,西学东渐,大量西方的新鲜事物纷至沓来,诸如"格致"知识、西洋的历史,以及传教士带来的新旧约等,诗人要以此为诗的材料,传统的诗体就难以适应了。我国近代最先与异国风情接触,或游历于异邦的人,遇到这一问题尤为突出。如 1847 年赴美的林针,其在《西海纪游诗》中,仍以传统的律诗抒情,如云:"足迹半天下,闻观景颇奇。因贫思远客,觅侣往花旗。"在美国所见则诗云:"宫阙嵯峨现,桅樯错杂随。激波掀火舶,载货运牲骑。巧驿传千里,公私刻共知。"②又如清政府第一批派遣的西访特使,"东土西来第一人"斌椿,在瑞典受该国太坤(国王之母)接见而赠诗云:"西池王母住瀛洲,十二珠宫诏许游,怪底红尘飞不到,碧波青嶂护琼楼。"在荷兰时,看到抽水机则咏:"创造火轮兴水利,黍苗绿遍亚零湖。"次日此诗即见于新闻报,又有感而诗云:"今日新诗才脱稿,明朝万口已流传。"见到异国的女学生学习中国语言文字时,赋诗云:"弥思(Miss)小字是安拏,明慧堪称解语花,呖呖莺声夸百啭,方言最爱学中华。"③他们都将目睹的异国风情入诗,跳不出传统应酬体的框框,把美国称为"花旗",把轮船叫做"火舶"或"神驿",以"火轮"称抽水机,更把外国的王太后称为"西王母",把学中文的女学生叫"解语花"等等,显得很不相称。因此这些诗在诗坛上并未产生多大影响。

---

① 《胡适留学日记》(三),第 158 页。
② 林针:《西海纪游诗》,见《走向世界丛书》,岳麓书社,1985。
③ 斌椿:《乘槎笔记·诗二种》,见《走向世界丛书》。

近世诗人能独辟蹊径,熔铸新思想以入旧风格者,当推人境庐主人黄公度。他能大胆攻击俗儒的尊古贱今,并且敢用《六经》所无的文字入诗,宣布"我手写我口,古岂能拘牵?即今流俗语,我若登简编,五千年后人,惊为古斑斓"。① 这种倾向反映在革新的青年身上,则是把革新政治与革新文学相辅而行,倡言"诗界革命"。谭嗣同、夏曾佑等人即是其代表。谭嗣同宣称他在三十岁以前的作品为旧学,三十岁以后的作品为新学。他的《听金陵说法》就属新学诗:

纲伦惨以喀私德,法会盛于巴力门;

大地山河今领取,庵摩巴果掌中论。

诗中的"喀私德",梁启超说为Caset(Caste)的音译,盖指印度分人为四种等级的种姓制度。"巴力门"是Parliment的音译,即英国的议院。由于他们想摆脱诗体的俗套,即直接以译名入诗,犹如宋人以佛语入诗一样。不过其谋求解放与独创的精神,则为宋人所不及。梁启超说:"当时所谓新诗者,颇喜捃扯新名词以自表异。丙申、丁酉间,吾党数子皆好作此体。"但又说:"此类之诗,当时沾沾自喜,然必非诗之佳者。"②传统派诗人认为其既欠"空灵",又不"典雅"。有人说以译名入诗,实是新的典故,取材狭窄,读者难懂。"以新典故代替旧典故,好像以新军阀代替旧军阀的革命一样,自然不彻底。自然要失败"。③ 诗体的解放,必须另觅新途。

在黄公度所获成就的基础上,胡适将"诗体解放"继续向前推进。他留学美国以后,对诗体的解放做了两项准备工作:其一,充分发挥诗的说理作用,把律诗口语化、通俗化;其二,突破音韵与字数等格律方面的束缚。

胡适到美国不久,即听"西人说诗多同中土。此中多有足资研究者"。④ 胡适曾专心研究和学习英文律诗。他说:"此体名'桑纳'体(Sonnet),英文之律诗也。'律'也者,为体裁所限制之谓也。"在其留

---

① 黄遵宪:《杂感》,《人境庐诗草》卷1。
② 梁启超:《饮冰室诗话》,人民文学出版社,1959。
③ 陈子展:《中国近代文学之变迁》,第10页,中华书局,1929。
④ 《胡适留学日记》(一),《胡适作品集》第34卷,第72页。

学日记中,至少可以得知胡适在此期间习作过四首"桑纳"体律诗,还曾对这种诗体如行数、分段的方法、音节的规定以及用韵的格式等方面,均作过细心的研究。① 胡适本想借以发挥自己的思想。1915年元旦,胡适对欧战所造成的祸害有感,即以古代神话中所谓战斗之神马斯(Mars)为题,作第四首"桑纳"体律诗,题为《告马斯》。当他就此诗向师友征求意见时,人家告诉他"'桑纳'体太拘,不适用也",②建议他用自由体这样可以更好地说理。在他根据师友的意见加以修改之后,也终于认识到"桑纳"律诗"颇限于体制,不能畅达"。③ 凡律诗无论中西,同样限制着思想的自由发挥。要以诗充分说理,必须扬弃诗的传统格律。

不过,律诗的形成,非一日之功;要突破它,也不是一蹴而就的事。胡适曾设法"以古诗法入律,不为格律所限"。1915年5月胡适所作的《书怀》,就是这种尝试:

> 甫能非攻师墨翟,已今俗士称郭开。
> 高谈好辩吾何敢? 回天填海心难灰。
> 未为心醉凌烟阁,亦勿梦筑黄金台。
> 时危群贤各有责,且复努力不须哀。④

此外,胡适更致力于诗的自然达意。《自杀篇》就是其代表作。任鸿隽的弟弟因对政治的绝望而发狂,终于投井自杀。任向胡索诗以题其集。这诗必须是说理的,要说得明白透彻,又须是通俗的。胡适将诗分为五章,首二章为楔子,"末章以自解作结"。三、四两章为全篇命意所在。最后的结语是:"春秋诛贤者,吾以此作诗,茹鲠久欲吐,未敢避谴诃。"他称"此诗全篇作极自然之语,自谓颇能达意",并指出"吾国诗每不重言外之意,故说理之作极少。求一朴蒲(Pope)已不可多得,何况华茨活(Wardsworth)与贵推(Goethe)、卜朗吟(Browning)矣。此篇以吾所持乐观主义入诗,以责自杀者。全篇为

---

① 《胡适留学日记》(二),《胡适作品集》第35卷,第239页。
② 《胡适留学日记》(二),第250页。
③ 《胡适留学日记》(三),第27页。
④ 《胡适留学日记》(三),第52~53页。

说理之作,虽不能佳,然途径具在,他日多作之,或有进境耳"。① 胡适确实是循此途径坚持走下去的,以至他的诗越来越口语化,"作诗颇同说话,自谓为进境",而有人"以为'不像诗'"。② 胡适也承认,他这时所作的诗,仅"清顺达意而已,文则尤不能工"。③ 但是,无论从何种角度来评价胡适此时所作的诗,都得承认其"颇能不依人蹊径,亦不专学一家……胸襟魄力,较前阔大,颇能独立矣"。④ 所以有人称之为"胡适之体"。⑤

白话诗的试验在此基础上如欲更进一步,就需要克服诗韵的格律和字句的定制所设的障碍。

胡适在读西文诗和作西文诗的时候,十分注意其换音及换音的方法,并仿其法作中国律诗。胡适原认为换音"乃西文诗中常见之格,在吾国诗中,自谓此为创见",⑥后亦得知在中国旧诗中早已有之,他习作三句一转韵、两句一转韵,或五转韵及间句用韵、句句用韵不等的诗,做到能使句韵交错转换,自由如意。胡适还把律诗的韵律与词的韵律加以比较,发现词的韵律十分自由,律诗的韵律则多限制。进而把辛稼轩的三十五阕《水调歌头》仔细朗读,掌握其音节变化的规律。"此调凡八韵",按韵分调为三类,"一调读毕,然后再读他调。每读一调,须以同调各首互校,玩其变化无穷仪态万方之旨,然后不至为调所拘,流入死板一路"。⑦ 更从李清照的《声声慢》中,发现用双声叠韵能有助于音节的和谐;在蒋捷的《声声慢》中又发现"词乃无韵之韵文"。⑧

---

① 《胡适留学日记》(二),第4页。
② 《胡适留学日记》(二),第247页。
③ 《胡适留学日记》(三),第283～284页。
④ 《胡适留学日记》(二),第4页。
⑤ 《胡适留学日记》(三),第93页。
⑥ 《胡适留学日记》(一),第157页。
⑦ 《胡适留学日记》(三),第134页。
⑧ 《胡适留学日记》(三),第271页。

胡适对诗的"字句形式亦不为古人成法所拘"的认识,①是在对词的研究中得到启示的:长短句能表达丰富的思想感情,"万非诗所能道"。②律诗为了凑韵而必须牺牲其原意,为了凑字而不得不牺牲文法,这些都是律诗的弊端。必须突破此韵与字数的限制,才能挽救。于是,胡适毅然走进"尽是沙碛不毛"的新诗国,进行不懈的试验。

最初,周围的朋友均极力反对,经两个月的创作,并以白话诗代柬,在友人中扩大影响,反对者逐渐少了。甚至竟有人受其感染,亦尝试作白话诗来。朱经农就是一个。胡适说:"日来作诗如写信。不打底稿不查韵。……觐庄若见此种诗,必然归咎胡适之。适之立下坏榜样,他人学之更不像。"③不过,反对以白话作诗的依然有人,且更为坚决。

胡适通过古诗、近体诗、长短句、韵诗、无韵诗,做了种种研究和试验,尤其对旧诗音节的研究,终于完成了"用白话的字,白话的文法,和白话的自然音节……(作)长短不一的白话诗","实现了又一次的诗体大解放"。④

三、植美卉于荆棘——论难者的实质

倡导白话新诗的人,与反对以白话作诗的人,彼此意见的分歧,无论是私人的辩难或公开的论战,其本质都是一致的。

白话文因其在历史上有过《水浒》、《红楼梦》等白话小说名著的先例,比较容易为社会认可。诗则不同,它的难度比"文"要大得多。中国是一个古老的诗国,历经统治者的提倡,诗人辈出,它已成为我国古典文艺领域中一棵根深叶茂的大树。尽管它有偏向追求形式等的弊端,内容日趋贫乏,但仅就其形式而言,经诗人的长期雕琢、锤炼,已如一只经精雕细刻而玲珑剔透的象牙盒,其本身也具有艺术价

---

① 《胡适留学日记》(二),第5页。
② 《胡适留学日记》(三),第84页。
③ 《胡适留学日记》(四),第123页。
④ 胡适《尝试集·自序》,《胡适作品集》第27卷,第31页。

值。胡适说:"《三百篇》变而为《骚》,一大革命也。又变为五言,七言古诗,二大革命也。赋之变为无韵之骈文,三大革命也。"①但其无论怎样地变,那骚、赋、骈以及词、曲、剧都没有能取代诗的地位。自古及今,诗依然屹立于我国文坛,依然占据着显著的地位。诗发展到律诗,盛于唐,精于宋,似乎强化到了"至善"的地步。

耐人寻味的是,反对诗国革命的人,与提倡诗国革命的人,都以宋诗为据。反对的人说:"盛唐之时,遂开示中国历史上未有之光荣"。迄宋代,"厥为用字、造句、立意、遣辞,务以新颖曲折为尚。唐人之美往往为自然的,宋人之美则是人为的。唐人仅知造句,宋人务求用字。唐人之美在貌,宋人之美在骨。唐人尽有疏处,宋人则每字每句皆有职责,为能悬之国门,不易一字也。……中国诗之技术,恐百尺竿头,断难更进一步也"。那么,长此终古乎?也不然,"美术与思想相应者也"。② 或曰"吾国求诗界革命,当于诗中求之"。③ 依然是"新材料与旧格律"的结合。他们还同样认为,利用完美的传统形式,熔铸时代的新思想,则不难为中国诗开创一个新纪元。

胡适则认为:"我认定了中国诗史上的趋势,由唐诗变到宋诗,无甚玄妙,只是作诗更近于文,更近于说话。近世诗人欢喜宋诗,其实他们不曾明白宋诗的长处在哪儿。宋朝的大诗人的绝大贡献,只在打破六朝以来的声律的束缚,努力造成一种近于说话的诗体。我那时的主张颇受了读宋诗的影响。"④

由于立足点不同,对同一事物,竟引出迥然不同的结论。前者认为中国诗的至善形式应该维护,革新只能在传统的体制中进行;后者却认为,完美的形式正是为诗体解放所准备的条件,是革新的起点。

胡适所持"一时代有一时代之文学"的历史进化观,清代的袁枚等人也懂得。袁枚曾为此与沈德潜辩论过。比袁枚更早的顾炎武也说过:"一代之文沿袭已久,不容人人皆蹈此语。今且千数百年矣,而

---

① 《胡适留学日记》(三),第266页。
② 胡先骕:《评〈尝试集〉》,《学衡》1922年,第1~2页。
③ 梅觐庄来信,见胡适《逼上梁山》,《胡适作品集》第1卷,第104页。
④ 胡适:《逼上梁山》,《胡适作品集》第1卷,第103页。

犹取古人陈言———而摹仿之,以是为诗可乎?故不似则失其所以为诗,似则失其所以为我。"①顾炎武在此是说"代降"趋势。其所言"代降"亦即黄遵宪、梁启超等所倡导的"诗界革命",要求在传统体制中求革新,不能摒弃律诗的旧形式,在正轨的阳关大道上发展。任鸿隽因此十分诚恳地向胡适进言:"吾尝默省吾国今日文学界,即以诗论,其老者如郑苏盦、陈三立,其人头脑已死,只可让其与古人同朽腐。其幼者如南社一流人,淫滥委琐,亦去文学千里而遥。旷观国内,如吾侪欲以文学自命者,此种皆薰莸之不可同器,舍自倡一种高美芳洁(非古之谓也)之文学,更无吾侪厕身之地。以足下高才有为,何为舍大道不由,而必旁逸斜出,植美卉于荆棘之中哉?"②规劝胡适切莫越轨,免遭谤议。

有清一代,统治者提倡的是唐诗,乾隆年间,规定的试帖诗是"五言八韵唐律一首"。③但在同、光年间,曾国藩等人倡遵宋诗,郑孝胥、陈三立等是该诗派的代表人物。他们不墨守盛唐陈规,另辟蹊径,史称"同光诗体"。由于这一派的诗人都是统治者中的上层分子,清末出现的南社诗派则以同光诗派的挑战者姿态出现,提倡"唐音",主张"布衣之诗"。他们在政治上反清,与政府极端对立。这政治态度敌对的双方,在诗派上同为律诗派,是大水冲击龙王庙。唐诗与宋诗,都是正统大道,不会受到社会的物议。

胡适却不以常轨为满足,自甘"旁逸斜出"、"舍大道而不由",他是决心要把"美卉"移植到"荆棘"中去。胡适当时是站在时代的前列,看到新阶层在兴起,旧有的特权阶层在进一步没落。时值第一次世界大战爆发之后,中国出现了产业发展的黄金时代,社会的阶级结构由此亦起了很大的变化。新兴的工商阶层的力量日益壮大。他们之中有些本是如梅氏所说的"愚夫"或"村农伧父"、林氏所说的"引车卖浆之徒"与"京津之稗贩"。他们在经济上摆脱旧日的贫贱地位以后,在文化上也有相应的要求。既有特权者对此是十分反感的。梅

---

① 顾炎武:《日知录·诗体代降》。
② 《胡适留学日记》(四),第82页。
③ 《钦定大清会典事例》第331卷《礼部·贡举·命题规则》。

光迪说:"村农伧父,皆足为诗人美术家?"①林纾说:"若尽废古书,行用土语为文学,则都下引车卖浆之徒所操之语,按之皆合文法,不类闽粤为无文法之啁啾。据此则凡京津之稗贩,均可用为教授矣。"②梅光迪甚至怒斥此种现象为"新潮流","'新潮流'者,乃人间之最不祥物耳"。③ 为什么要视此为"不祥"之兆?没有别的较为合理的解释,只能说是传统"士"阶层的没落感的呼声。

陈独秀说:"中国近来产业发达人口集中,白话文完全是应这个需要而发生而存在的。适之若在三十年前提倡白话文,只要章行严一篇文章,便驳得烟消云灭。此时章行严的崇论宏议,有谁肯听?"④它表明时代的车轮是无法阻挡的。胡适提倡白话文和白话诗,正是迎合这时代的需求。他曾主张把文学的题材扩大到"贫民社会,如工厂之男女工人,人力车夫,内地农家,各处大负贩与小店铺"。⑤《尝试集》中就有《人力车夫》的诗篇,描写不满法律规定年龄的幼童出卖劳动力的不人道境况。他写的"老鸦",也是一种"不祥物"。他写的"威权",是喻被压迫的奴隶大众终于推翻了高高在上的旧社会总代表。……这一切都说明了白话文和白话诗的服务对象已不再是传统的垄断文化的少数士大夫,而是人民大众。胡适说:"吾以为文学在今日不当为少数文人之私产,而当以能普及最大多数之国人为一大能事。"⑥胡适把文学革命的程序定为:"先要做到文字体裁的大解放,方才可以用来做新思想新精神的运输品。"⑦这是鉴于过去以文言文传播新思想未能达到预期的效果,不能普及到"最大多数之国人",因而作此调整。对此,廖仲恺说过:"鼓吹白话文章,于文章界兴一革命,

---

① 《胡适留学日记》(四),第78页。
② 林纾:《致蔡元培书》,《畏庐三集》,第22页,商务印书馆,1924。
③ 《胡适留学日记》(四),第80页。
④ 陈独秀:《答适之》,《陈独秀文章选编》(中),第379页,生活·读书·新知三联书店,1984。
⑤ 胡适:《建设的文学革命论》,《胡适文存》一集卷1,亚东图书馆,1921。
⑥ 《胡适留学日记》(四),第56页。
⑦ 胡适:《尝试集·自序》,第33页。

使思想能借文学之媒传于各级社会,以为所造福德,较孔孟大且十倍。"①

有得益者,必有失利者,社会上进一步日趋没落的既得权势者,利用其喉舌恣意攻讦,也是十分自然的。

最后要附带指出的是,出面反对文学革命的人,并不都是顽固的保守分子。他们或是文化界老一辈的著名人士,或是留学欧美的青年洋学生。

首先抛出《论古文之不当废》的是林纾。他早在前清末年就曾在杭州办白话报,他所写的《白话道情》,"颇风行一时",但他说"未闻尽弃古文","古文一道,曲高而和少,宜宗白话者之不能知也"。② 林纾对古文的没落"无可奈何"而伤感不已。另一位是素负盛名的古文大家严复。他始终坚持古文不亡论。他以为"物之存亡系其精气,非人之能为存亡"。"古文不亡于括帖讲章,则后之必有存,固可决也"。③ 林纾为此写公开信骂蔡元培,严复则以为乃多此一举,文言与白话"全属天演……优者自存,劣者自败;虽千陈独秀,万胡适钱玄同,岂能劫持其柄? 则亦为春鸟秋虫,听其自鸣自止可耳"。④ 他并以为白话不能为文学,用白话普及教育也是退化。嗣后《甲寅》中兴,章士钊的反动,在此就不说了。

林纾与严复都曾是我国近代开风气的人。清季海禁骤开,社会上渐有翻译外国的书,在官设的译馆里,以军械、阵营一类的书为大宗,以为中国人"一切皆胜西人,所不如者兵而已"。⑤ 其他亦有翻译"格致"知识的书,唯哲学、文学的书,则尚无人问津。严复和林纾首开其端。严复翻译了一系列西方哲学名著,其中介绍西方的进化论

---

① 廖仲恺致胡适,《胡适来往书信选》(上),第 64 页。
② 林纾:《论古文白话之相消长》,《文艺丛报》第 1 期,1919 年 4 月。
③ 严复:《〈涵芬楼古今文钞〉序》,《严复集》第 2 卷第 275 页,中华书局,1986。
④ 严复:《书札六十四》,载郑振铎编《新文学大系·文学论争集》,良友书店,1935。
⑤ 梁启超:《西学书目表序例》,《饮冰室合集·文集》卷 1,中华书局,1936。

思想到中国来,一举破坏了儒家思想大一统的局面,给社会以极大的震动。不仅如此,严复的《天演论》"译本在古文学史上也应该占一个很高的地位"。① 至于林纾,他在康有为公车上书之前,已在《闽中新乐府》五十首中发表新思想了。他译欧洲的小说,从《茶花女遗事》算起,共一百三十二种。启世界文学风气的事,决非顽固守旧者所能做。林纾所以要译欧洲的小说,自称:"纾年已老,报国无日,故日为叫旦之鸡,冀我同胞惊醒。"②其爱国求进的精神何等感人!林纾"以古文家翻译西洋小说,且以为司各德(Scott)的文学不下于太史公,于是中国才渐渐知道西洋亦有文学,亦有和我国古人所谓'文家之王都'(太史公)一样伟大的作家,这是中国认识西洋文学的起点"。③

林纾和严复可称得上我国近代思想界的"老革命",由于他俩都属桐城古文派,受过桐城古文派殿军吴汝纶的影响,留恋古文,竟不准胡适等人革古文之命。他们落伍了。维新领袖康有为在庚子勤王运动中,被人称为"如梁山泊所谓白衣秀士王伦而已"。④ 现在轮到严复和林纾充当白衣秀士王伦的角色了。胡适在1918年说过:"二十年前的中国,骂康有为太新;二十年后的中国,却骂康有为太旧。如今康有为没有皇帝可保了,很可以做一部《翼教续编》来骂陈独秀了。"⑤这话同样适用于林纾与胡适之间的关系。这种变化"便是中国二十年的进步"。

1921年南京东南大学出版的《学衡》杂志,开宗明义是:"论究学术,阐扬真理。昌明国粹,融化新知,以中正之眼光,行批评之职事。无偏无党,不激不随。"实际上,它是以专事抨击新文化运动为职志的,同时宣传美国白璧德的新人文主义思想。《学衡》的骨干都是留欧美的学生,梅光迪和吴宓是白璧德的及门高足。白璧德(Irving

---

① 胡适:《五十年来之中国文学》,《胡适文存》二集卷2,亚东图书馆,1924。
② 林纾:《〈不如归〉序》,见郑振铎编《晚清文选》第608~609页,上海书店,1987。
③ 陈子展:《中国近代文学之变迁》,第167页,中华书局,1929。
④ 《中国灭亡论》,《国民报》3期,1901年7月。
⑤ 胡适:《归国杂感》,《胡适文存》一集卷4,亚东图书馆,1921。

Babbilt,1865～1933),美国新人文主义大师,哈佛大学教授。白氏对中国传统文化深为向往,尤其钦仰孔子的核心思想"仁",认为孔子主张"克己复礼",与希腊哲人亚里士多德及其后西方人文主义者的精神是一致的。所以"凡能接受人文主义的纪律的,必趋于成为孔子所谓的君子,或亚里斯多德所谓的持身端严的人"。[①] 梅光迪1915年开始与胡适辩论"文学革命"时,已读过白璧德的《现代法国批评大家》,惊为圣人复生,决心赴哈佛从学。以后,梅氏对胡适的批评,基本上是持白氏的观点。《学衡》与林纾、严复在反对新文化运动上,至少在下列两个问题上是极相似的:第一,梅氏不同意把"文学普及到最大多数国人",是出于白氏的"知识阶段即知识贵族"观念。[②]《学衡》抨击胡适等人的"功利主义"实是"急功近利",一方面是承袭白氏文学道德功能的观点,另一方面也契合孔孟思想。第二,共同反对以白话文普及教育。《学衡》也认为中小学生头脑简单,不辨是非,为政客所利用,使国家教育根本断丧。老少两代,实有异曲同工之妙。但年轻人推销出口转内销的"新思想",似乎更能迷惑世人。

载刘青峰编《胡适与现代中国文化转型》,香港中文大学出版社,1994。

[①] 白璧德:《中国与西方的人文教育》(1921年7月),见侯健《从文学革命到革命文学》"附录1",第265页,(台北)《中外文学月刊》,1974。

[②] 白璧德:《中国与西方的人文教育》。

胡适的新佚诗手迹作于1948年
——试释"清江"

　　胡适的婚恋是"有意栽花花不开,无心插柳柳成荫"。与江冬秀结婚属后者,与曹诚英的恋情属前者。我曾撰有《胡适负表妹一笔情债》说明了胡曹之恋。由于近水楼台,在绩溪得阅曹诚英的档案,并有友人颜非提供资料,故还撰有《山腊梅曹诚英》,较为全面地记述了曹诚英的一生。我曾这样指出:"曹诚英只是胡适家的亲戚,不是胡家的成员,但曹诚英一生中的荣辱、欢乐与悲痛,却无一不与胡适息息相关。胡适钟情'娟妹',曹诚英也酷爱'糜哥'。这对情人终未能成为眷属。"①

　　胡、曹通过书信、诗词表达的爱情,广为文史界传诵。但流传于世的,仍是少数。胡适给曹诚英的信,不计其数。1967年曹诚英退休回乡,不愿将此信带回绩溪,又不忍把它烧毁,即交湖畔诗人汪静之保管。曹对汪说:"我活着,你们保存,只准你和老伴看;我死了,你一定要烧掉。"所以我曾说:"这些信,现在大概在汪静之手中,是一批研究胡适思想另一方面的宝贵资料。"这是上世纪80年代的话。嗣后,汪静之的哲嗣飞白说:

　　　　珮声(曹诚英字)1973年去世后,静之陷于两难的境地:要烧吧,心疼,实在烧不下手;不烧吧,又对不起挚友的委托。而"珮声存有一大包资料在汪静之处"的事已有风声流传,不时有

---

① 《胡适负表妹一笔情债》与《山腊梅曹诚英》均见拙著《时代碣鉴——胡适的白话文·政论·婚恋》,重庆出版社,1996。本书也收录了此二文。

人前来要求借阅,静之遵照遗言,拒绝了所有借阅珮声资料的要求。在经过再三思想斗争,并摘抄了少量片断的重要线索后,他终于忍痛执行了挚友的遗嘱,珮声最后的文稿随着"误堕尘寰"的主人归去了。①

由此证实,存放在汪静之处的资料已化为灰烬,作为史料,这样烧毁掉是十分可惜的,如有劫后余存者,则更为珍贵了。1999年和2001年,曹诚英的佚词和胡适的佚诗竟有两次披露和发现,都是曹诚英的档案中所没有的,学界如获至宝。

1999年,飞白披露了曹诚英的四首佚词,诚如他说:"如今幸存的(由我保存着)和流传的珮声词,尽管搜集不全,也仍将是文学的瑰宝。"他在《玉珮琤——记女词人曹珮声》文中,披露了四首佚词:

(1)《虞美人·答汝华》(1943年6月19日,蓝楼)
(2)《女冠子》(1943年12月2日,下坝)
(3)《临江仙》,(1943年12月2日,下坝)
(4)《踏莎行·绮色佳的秋色》(1935年秋)

作词的时间与地点都十分明确。第一首是以词代笺。

2001年1月7日,陈学文在杭州文晖路收藏品市场上,偶然从杂乱的纸堆中发现了胡适手书的情诗,"纸质已发黄,并有水渍,而红格线条尚存。纸样长阔为26.5×22cm,直印十七行红线。纸边隐约可见'裕通口'红字"。从字迹审核,是胡适的墨迹无疑。这是一封托人代转的以诗代信。没有署明时间。诗的内容竟与飞白所披露的曹珮声佚词中的第一、二、三首相呼应。发现者倍感珍贵,也确实是一重大发现。

陈学文在其《胡适情诗手迹新发现》文中,断定此诗是传递给曹诚英的,这判断是正确的。但他对此手迹书信的纸的陈旧程度,未作科学鉴定;更重要的是,对传递此信的使者,未曾弄清其身份。主观

---

① 飞白:《玉珮琤——记女词人曹珮声》,《文汇读书周报》1999年11月6日。

判断其写作时间"估计应为1926～1933年间"。① 因此把曹诚英在1943年的词当作对胡适情诗的反馈。今从传递此信的使者身份考证,执行传递此任务的时间只能是1948年(详后)。陈文把此信与曹诚英1943年词的呼应关系,倒因为果,牵强附会,也未能破译胡适此诗的真谛。当年陈文在台湾《传记文学》上发表时,未能及时予以纠正。今天看来,仍有必要把倒置的关系纠正过来,也只有在还原两者真实的因果关系后,才能破译胡诗的真谛。

下面对新发现的胡适手迹和曹诚英的佚词作历史考释,为了叙事方便,还是按时间顺序,由远及近。

曹诚英对胡适是一生苦恋,真正团聚的"蜜月",有人说仅有两次:一次是1923年6月至8月在杭州烟霞洞;一次是1936年在美国绮色佳。

首先,1923年胡适与曹诚英在杭州西湖畔的烟霞洞,间断地过了三个月的"神仙生活",并彼此相约改变既有的婚姻状况,曹顺利地与胡冠英解除了婚约,而胡适"要和冬秀离婚,再和珮声结婚,冬秀拿出菜刀来,声称先杀了自己生的两个儿子再离婚。胡适怕闹得声名狼藉,毁了自己被誉为'胡圣人'的美名,只好息事宁人,让冬秀仍坐在'太太'的宝座上,而和表妹只能一年一度一相逢地私会"。②

其次,1934～1937年间,是曹诚英在美国康乃尔大学留学之时。康乃尔地处绮色佳,1935年秋,曹作有《踏莎行·绮色佳的秋色》:

飒飒西风,吹将秋老;溪清瀑浅溅声小;绿阴渐解瘦枝头,屏林换上银红袄。一抹斜阳临湖照,远山近涧都含笑,争前问我比西湖,是谁输却三分俏?

康乃尔是胡适早年留学的学校,胡适开始读的是农科,后改习文科。曹诚英今习农科,是完成胡适未完成的学业。词的字里行间,充满着无限喜悦和爱心,正是等待着心上人来临的心情。1936年8月,

---

① 陈学文:《胡适情诗手迹新发现》,(台北)《传记文学》第78卷第5期,2001年5月。

② 汪静之:《我和胡适之先生的师生情谊》,载李又宁编《回忆胡适之先生文集》第一集,第292～293页,(纽约)天外出版社,1994。

胡适到美国出席第六次太平洋国际学会的会议,8月29日当选该学会的副主席,继往哈佛大学作主题为"太平洋的新均势"的演讲,之后又专程至母校康乃尔演讲,即与曹诚英相聚。胡适还到纽约、华盛顿、芝加哥等地演讲,回国已是11月初。这次相聚,可算是第二次"蜜月"。绮色佳依傍凯约佳(Gayuga)湖,风景优美。于是,西子湖与凯约佳湖均成了曹诚英幸福回忆的象征,她在《水调歌头》中有"一醉名湖西子,再醉凯约佳上,星月与周旋"之句。

曹诚英1937年学成回国,据说在武汉曾与胡适见过面。但在"七七"事变后,日本开始大举进攻中国,胡适在9月以非官方身份被蒋介石派往欧美,活动于西方朝野,争取欧美政府与人民同情或支持中国的抗日战争,有人称此为"汲水救火"工作。1939年,胡适由美赴欧,9月被国民政府任命为驻美大使。

值此抗日战争的局势,胡适全力为国事奔波,并远在欧美。曹诚英则感到难以维持牛郎织女的关系。曾想嫁适,以填补心灵的空虚,竟为江冬秀泄私愤报复而破坏了。这是江冬秀做的一件十足的蠢事,对曹诚英又是一次沉重的打击,曹曾一度欲寻短见,并遁入空门。好不容易才在她的二哥曹诚克的劝慰下平静下来。1941年曹诚英大病,1942年养病,1943年1月为重庆北碚的复旦大学园艺系兼任教授,继则为农艺系的专任教授。此时她对世俗已十分超脱,自咏"逃出红尘网",但却逃不出情网,终于玉成了她对胡适的终身苦恋,以胡适为她生存的精神支柱。1943年的三首词,就是在这样的景况下撰写的。

虞美人·答汝华
1943年6月19日

鱼沉雁断经时久,未悉平安否?
万千心事寄无门,此去若能相见说他听。
朱颜青鬓都消改,唯剩痴情在。
二十年孤苦月华知,一似栖霞楼外数星时。

汝华即朱汝华,是曹诚英中央大学农学院的同学。汝华函告曹诚英将赴美国,曹则托她把此词带去美国给胡适看,告诉他:"朱颜青鬓都消改,唯剩痴情在。"1943年6月,正是曹诚英和胡适1923年6~8月在西子湖畔烟霞洞第一次"蜜月"的二十周年。二十年前,山外青山楼外楼,楼外栖居在烟霞。词中"栖霞楼",大概是指岳王庙北的栖霞岭,当年曹与胡离开烟霞洞后,同年秋天也曾暂栖西湖北侧的新新旅馆,该旅馆紧靠栖霞岭前。曹词"数星"句可能是怀念二人曾在此楼外数过星星之事。

女冠子
1943年12月2日
三天两夜,梦里曾经相见。
似当年,风趣毫无损,心情亦旧然。
不知离别久,甘苦不相连。
犹向天边月,唤娟娟。

临江仙
1943年12月2日
阔别重洋天样远,音书断绝三年。
梦魂无赖苦缠绵。
芳踪何处是? 羞探问人前。
身体近来康健否? 起居谁解相怜?
归期何事久迟延。也知人已老、无复昔娟娟。

这两首词作于同一时间、同一地点。前者是说梦,说她一连数天梦见二十年前"风趣毫无损"的"糜哥",并听见他亲切"唤娟娟"。这种对当年风情的留恋,只有在梦中才能得到满足。后者是现实。已有三年不通鱼雁,半年前托汝华传书,尚不明胡适近三年的近况。半年后的今天,已有所知。胡适在1942年8月辞驻美大使职务,获准。三年前她知道胡适因工作劳累过度,于1938底至1939年初,心脏病发作,住了77天医院。今知辞职后因身体虚弱,需要调养,也由于在美国借阅资料比在国内方便,所以滞留在美国从事学术研究。词人想迫切知道的是:"近来康健否?"因胡适只身在外,"起居谁解相怜"? 一往情深,表现出女性的特有温存与体贴入微。虽是"人已老",仍然日夕企盼伊人归来,"归期何事久迟延"?! 这两首词"是托吴健雄带给胡适的"。

胡适于1945年9月被任命为北京大学校长,1946年9月到校视事。曹诚英在抗战胜利后,随复旦大学迁回上海。现在就要说到陈学文2001年所获得的胡适情诗手迹了。它的内容是:

若还与他相见时,
道个真传示,
不是不修书,
不是无才思。
绕清江
买不到
天样纸
　写给
　充和

汉思　　适之(印)

要弄清此诗("真传示")作于何时,应先弄清两位使者——充和、汉思的情况。"真传示"是写给充和、汉思的,要他俩带给"若还与他相见时"的他(当时"他"、"她"通用)。

先说充和。充和,张姓,是合肥淮军名将张树声的孙女。张氏姐妹有四:元和、允和、兆和、充和(另有兄弟七人,兹姑不论),充和居四。三姐张兆和就是沈从文写《独白情书》无数所追求到的爱妻。张充和1913年出生于合肥,后寄籍苏州。1947年张充和准备去北大从事书法与昆曲的教学,则亦到北平,寄居于沈从文家的"甩边一间屋中",当年充和34岁。就在这个时候,她认识了汉思。

汉思何许人也?汉思是美国的一位汉学家,1916年生。原名Hars H. Frankel,中文名傅汉思,是1947年下半年到北京大学西语系担任拉丁语、德文和西洋文学教学的年轻人。1948年3月经西语系年轻朋友金隄的介绍,与沈从文教授相识。沈从文当时已颇具知名度。汉思函告加州斯坦福的父母亲说:"他(指沈从文)是目前北平的一位最知名的作家和教授……有一位文静的太太和两个小男孩。"汉思来中国的主要目的,是学中国话,而学中国话最好的办法是跟孩子们学。因为在北平出生的孩子,讲一口纯粹的北京话。他们不懂英文,汉语比成年人讲得自然。所以汉思常去沈从文家,由此与张充和相识,并一见钟情。沈家小虎注意到汉思与充和相好,一看见就嚷嚷:"四姨傅伯伯。"故意把句子断得让人弄不清是"四姨、傅伯伯"还是"四姨父、伯伯"。张充和终于在1948年11月19日与傅汉思结婚,并决定于年底赴美国定居。①

这时的北京大学校长,正是胡适。沈从文三十年代在中国公学向张兆和"独白情书"时,胡适是中国公学的校长,并是沈、张成婚的促成者。当时,张充和、傅汉思都是北大教师,赴美时顺便充当信使,是最合适的人选。由此可断定,这个未署时间的"传示",是1948年的作品。陈文说的胡适四首佚词写作时间在"1926~1933年间"不能成立,信使张充和1926年13岁,1933年已20岁虽有能力执行此任务,但不可能与汉思同行。1926年曹诚英由浙江女师毕业后考入南京东南大学农科,1933年正是她出国留学的前夕,仍在南京。胡适1926年以前均在北京大学,是年下半年曾赴英国参加庚款咨询委员会会议,又去了美国。1927年5月回国即留在上海。胡曹二人在1926~1933年间尚未有"阔别天样远"的情况,也不需要觅"天样远"的纸来作信笺。二人可以经常在上海亚东图书馆相晤,也就是汪静之所说的"学牛郎织女",在此情景下不会产生这样的"真传示"。

送"传示",是充和与汉思1948年年底赴美定居顺带的任务。其递送的对象当然可能是美国的韦莲司。韦莲司是终身眷恋胡适的外国女子,与曹诚英一样,都把胡适当作自己终身伴侣的第一人选,但又都不是以结婚为唯一目的。胡适与韦莲司一直有通信联系,但均用英文。这个中文"传示",唯一可能的对象只能是上海的曹诚英。

此新发现的手迹情诗写作时间与递送对象既已确定,再审视胡诗曹词之间的呼应关系,就不是陈文所说的"胡规曹随",而是"曹呼胡应"。"真传示"是对1943年曹诚英三首词的回应。从形式到内

---

① 1988年,傅汉思与张充和重访北京,各自撰有回忆沈从文的文章,刊载于《海内外》第28期。

容,都有呼应关系。形式上,胡适"真传示"中的"若还与他相见时",是袭用曹词《虞美人·答汝华》"此去若能相见说他听"的假定式。论亲密程度,曹胜过其他任何对胡适有情意的人,但因久不通音,且是"朱颜青鬓都消改,唯剩痴情在",未免虑及不确定的因素:愿不愿见,会不会聆听?所以用此假定式。胡适这次遣使传书,也因有五六年鱼雁未通,负债更多,能否得到对方的原宥?不确定感就更为复杂。

1946年6月5日,胡适由美国买舟归国,6月13日在归途的轮船上,写了26封信,准备上岸寄发,其第19封是给朱汝华的。由此可知1943年曹词《虞美人·答汝华》胡是倾听了的;此时给朱汝华写信,或可谓曲线传讯。胡适没有直接致书于曹。曹诚英于1946年秋,随复旦农学院由重庆北碚迁回上海江湾,直至1948年,尚未看到曹、胡之间有联系的记录。胡适在此时若付绿衣邮使投书,似已缺乏下楼的台阶。遣专使是表示郑重其事,还依然是忐忑不安,因此袭用曹的假定式。

论内容,"传示"中所说的一切,都可视为对曹1943年词的回应。"天样纸"是借用曹词中"阔别重洋天样远"中的"天样"二字。曹诚英所说的"天样远",是喻二人天各一方,远隔重洋,只得梦绕、等待、相思苦熬。胡适的回答是:我不是不修书,是因买不到"天样纸",所以不能把自己的相思通过"天样纸"传达给你。不修书不等于我"不载思"(才、在、载、哉,古时相通)。

"传示"的情意如到此为止,那么它仍不过是一封普通的礼节性的以诗代函的问候信。必须进一步深究这"天样纸"为什么要到清江去买?而绕过清江又买不到?"清江"在哪里?"清江"为何物?"清江"不是镇、县(郡)等地域名称,也不是黄河、长江等水域名称,而是"使者"名,是"清江使"或"清江使者"。"清江使者"乃神龟,即水龟的别名。《庄子·外物》:"宋元君夜半梦人被发窥阿门,曰:'予自宰路之渊,予为清江使河伯之所,渔者余且得予!'元君醒后,"使人占之,曰:'此神龟也。'"元君又使渔夫余且带龟来见。"乃刳龟,七十二钻而无遗筴,仲尼曰:神龟能见梦于元君,而不能避余且之网,知能七十二钻而无遗筴,不能避刳肠之患。如是,则知有所困,神有所不及"。

"余且"是春秋时宋国的渔夫,善捕鱼龟。明汪道昆的《五湖游》有云:

> 一叶扁舟昨夜开,清江使者绕江来。
> 禁中曾入君王梦,江上难逃网罟灾。

胡适在此用"清江"的典故,是自况为遭网罟之灾的"清江"。他在此传与曹诚英的信息是:他也为情网所缚。这网罟不是余且所张设,而是"知有所困,神有所不及"而作茧自缚。因此,他就无法得到修书的"天样纸"了。1959年6月,胡适在台北南港重抄1923年由杭州第一次蜜月回到北京,12月22日在西山秘魔崖养病时所作的《秘魔崖月夜》:

> 依旧是月圆时,依旧是空山、静夜;我独自山下归来,这凄凉如何能解!翠微山上的一阵松涛,惊破了空山的寂静。山风吹乱了窗纸上的松痕,吹不散我心头的人影。

吹不散的人影就是曹诚英。终胡适一生,曹诚英的"人影"始终占据了他的心。

透视日本侵华

上世纪30年代日本发动的侵华战争,不过是日本军国主义选择了适当的时机,继续执行其未竟之任务罢了,可谓是总其大成的一次,也是空前绝后的一次。胡适在1937年赴欧美为中国抗战作宣传,翌年就任驻美大使,在此期间,为宣传的需要,对日本之所以侵略中国,作了一番研究,以地缘政治学的方法追溯了其历史渊源,颇具学术价值。

1942年3月23日,胡适在华盛顿的一次演讲中指出,"中日冲突的形态乃是和平、自由反抗专制、压迫、帝国主义侵略的战争","必须就中日历史事实"求其本质:中国在两千一百年前就废弃封建,政府官吏由科举考试竞争选拔,即使在鼎盛时也不鼓励武力对外侵略;而日本的幕府制,一直延续到19世纪中叶才被迫开放门户。近八百年来武人政治不容他人问鼎,军国主义的理想是对外扩张。兹将胡适的研究成果略加补充,可揭示日本近代侵华的历史。

一、日本以中国为其"利益线"

"五百年来,日本的国策与理想,不外是向大陆扩张与征服世界"。在14~16世纪的足利时代,日本尚是东方以中华帝国为中心的国际秩序中的一个成员,接受过明王朝的册封。但到丰臣秀吉时期,就发生了文禄、庆长之日(本)明(朝)战争(1592~1593年和1597~1598年),断绝了足利时代所建立的正常邦交。胡适根据历史文献指出,1590年丰臣秀吉曾致书中、韩、菲、印、琉球,宣布他征服世界的计划。其中,致高丽国王的信是这样说的:

日本帝国大将丰臣秀吉,致高丽国王陛下……秀吉虽出身寒门,然家母孕育秀吉之夜,曾梦日入怀中。相士释梦,预言秀吉命中注定,世界各地,阳光照射之处,均收为我统治……天意所示如此,逆我者皆已灭亡。我军所向披靡,攻无不克,战无不胜。今我日本帝国,已臻和平繁荣之境……然我不以于出生之地,安度余年为足,而欲越山跨海,进军中国,使其人民为我所化,国土为我所有,千年万世,永享我帝国护佑之恩……故当我进军中国时,希国王陛下,率军来归,共图大业……

丰臣秀吉"派遣三十万五千大军渡海经高丽侵略中国……后因秀吉死亡,始告结束"。胡适详细介绍了丰臣秀吉生前的计划:"一五九三年底前,征服高丽,同年以前,占领中国首都北京。这样到一五九四年新日本大帝国将在北京建都,日皇在北京登基。而秀吉本人则在宁波设根据地,进而向印度及其他亚洲国家扩张。"[①]秀吉的计划虽未曾实现,但为嗣后的日本统治者所继承,秀吉也就成了日本民族英雄的偶像。18~19世纪本多利明、佐藤信渊、吉田松荫都提出过开拓疆土、雄飞海外的主张。后藤新平的计划更有代表性:"宜先与俄国合作,以收朝鲜为版图,进而(与俄国共同)瓜分南北支那……期以十年,乘机驱逐俄国,是以奉迁我圣天子于北京,使为永世之帝都。"近代日本"志士"亦多以侵华为发展日本的国策。

循胡适指出的日本既定国策继续往后考察:1878年,日本设军部,山县有朋任参谋总长;1879年和1882年,该部管西局桂太郎局长和局员小川又次中佐到中国广泛调查,提出了一份《讨伐清国策》(或译《与清朝斗争方策》)的报告,主张在1892年前完成作战准备,以便伺机突然发动进攻,并设想了派三个师团占领大连湾,并以袭击福州为中心的作战行动,然后"一举攻下北京,迫订城下之盟"。[②] 最值得注意的是,报告的第三部分"善后处理"将盛京盖州以南的辽东半岛、

---

① 以上均引自《中国抗战也是要保卫一种文化方式》,见《胡适之先生年谱长编初稿》(五),第1774页。

② 《桂太郎文书》,日本国会图书馆藏。转引自信夫清三郎编《日本外交史》上册,第169页,商务印书馆,1992。

山东登州府、舟山群岛、台湾、澎湖以及长江两岸十里之地,直接并入日本版图。同时有一个肢解中国的方案:"将山海关以西、长城以南的直隶、山西、山东与黄河以北的河南省,江苏省、黄河故道、镇江府、宝应湖、太湖,浙江省杭州、绍兴、宁波等府归日本;东北内(大)兴安岭以东、长城以北单独为一国,仍由清朝统治;黄河以南、长江以北,扶植明朝后裔立国,并使其割让长江以南的土地归日本;西藏、青海、天山南路,拥立达赖喇嘛;内外蒙古、甘肃省、准噶尔扶立当地各部首领,但他们都必须接受日本的监护……"① 这个报告继承丰臣秀吉的计划,且更具体而充实了。以后的侵华方案,都离不开这个谱。山县有朋认为,日本若欲独步东亚,成为世界强权国家,迟早要与美俄一战,但无论是与谁战,仅倚靠自身的资源与力量是不够的,必须取偿于中国。

鉴于日本是一个岛国,人口稠密而资源贫乏,要想进一步发展,必然要想方设法向外扩张。1890年山县有朋在固有领土疆域的"主权线"之外,又设想一条"利益线",认为在帝国主义时代,"仅仅防守主权线已不足以维护国家独立,必须进而保卫利益线,经常立足于形胜之地位"。② 其利益线即指朝鲜与中国的东北。

甲午一战,日本冒险得逞,还获得了三亿六千四百余万日元的赔款(包括退还辽东半岛的赔金)。③ 前外务卿井上馨直言不讳地说,日本每年的财政收入只有八千万日元,"现在有三亿五千万日元滚滚而来,无论政府或私人都顿觉无比的富裕"。④ 日本初次冒险即尝到了甜头,更刺激其向外扩张的野心。以后每隔十年即发动一次冒险战争:1904年有日俄战,这是为报甲午战争后俄国发动"三国还辽"一箭之仇。俄被打败,使日本能与世界列强平起平坐,朝鲜由此沦为日

---

① 梁华瑛:《甲午战争前日本并吞台湾的酝酿及其动机》,引自林子侯《台湾涉外关系史》第508~509页,(台北)三民书局,1976。

② 见太山梓编《山县有朋意见书》,载《明治百年史丛书》第196~200页,原书房,1966。

③ 见中塚明《日清战の研究》第307页。

④ 《帝国主义侵华史》卷1,第369页,1973。

本的殖民地。1910年日本公然并吞了朝鲜。1913年黑龙会建议促成满蒙（南满和内蒙东部，包括热河地区）独立，实即作为日本的保护国。

日本的侵华方略，本有南进与北进两派，南进又称海洋政策，1902年英日同盟后即暂时中止；北进又称大陆政策，经甲午战争的验证，以后基本上以大陆政策行事。

1914年欧战爆发，当时的日本大隈内阁认为这是推行大陆政策"千载难逢的机会"，与英结成同盟对德宣战。日、英两国同时发兵山东，日军占领了青岛，还进而占领了济南车站，实际控制了胶济路全线，接管了德国在中国的势力范围。日本军国主义又一次从冒险中获得意外成功，胆子就越来越大。继则以解决悬案为借口，提出震惊中外的"二十一条"，向袁世凯政府发出最后通牒，妄图在西方列强忙于欧战无暇东顾之机，把中国变成日本独占的殖民地，袁世凯有保留地接受城下之盟。

欧战结束，"凡尔赛和约"未能阻止日本接收德国的在华权益。日本在军事上的势力已扩大到北满。经济上，日本对华投资达14.39亿日元，比战前增长2倍，对华贸易额为11.4亿日元，比战前增长2倍，政治上曾一度对北京政府具有极大的影响力。总之，从欧战始至20世纪20年代末，日本的在华势力急剧上升。美国的在华势力在总体上虽还保持着优势，但已呈下滑的趋势，日本却后来居上。

英美等西方国家为了重新分配远东和太平洋地区的权益，则创导华盛顿会议。胡适说："华盛顿会议正当欧战之后，只有日本的实力是整个不曾损失的。"[①]华盛顿体制的建立，就是为了对日本加以约束。《九国公约》的第一条载明："各缔约国协定尊重中国之主权与独立及领土之完整。"胡适对此评论说："九国公约的本身是中国现代史上的一件不光荣的事。一个国家不能自己保护其主权之独立及领土与行政之完整，而让别的国家缔结条约来'尊重'他们，这是很可耻的

---

① 胡适：《究竟那（哪）一个条约是废约》，《独立评论》19号，1932年9月25日。

事。"但是他又说：这样可以"使中国从日本一国的掌握之中脱离出来，变成欧美亚三洲强国共同护持的国家。其意义也就在这里"。遗憾的是，中国未能充分利用《九国公约》所造成的局面来发展自己的民族复兴事业，仅仅形成"国际上十年的苟安"。而日本军国主义者对此却痛心疾首。

恰恰就在这十年间，英国连年多故，全世界发生近三年的经济危机，美国经济凋敝，欧美又不能全力东顾了。于是日本军国主义者在30年代就想一举挣脱华盛顿体制的束缚，甚至赤裸裸地向全世界挑战，不顾一切国际条约，肆无忌惮地对他国实行武装侵略。

二、走民族扩张自杀之途

1926年12月26日，日本大正天皇逝世，已经摄政的皇太子裕仁继承皇位，改年号为昭和。1927年4月，日本宪政会的若槻内阁因金融危机垮台，元老西园寺（拥有推荐后继内阁首相的特权）考虑到当时的中国国民革命军已由南方广州打到长江，南军如继续北上，势将与日本在华北、满洲的势力发生碰撞。西园寺认为"如果是田中，就可控制陆军"，所以推荐田中组阁。田中义一出身陆军士官，毕业于陆军大学，曾任陆军大臣，继而为立宪政友会总裁。田中继承了明治时代推进侵华大陆政策的长州军阀山县有朋的衣钵，是日本军阀的巨擘。田中敌视中国革命势力，上台后的第一个反应就是出兵山东，制造济南事件，企图阻挡北伐，继则召开"东方会议"，制订"侵华蓝图"。田中根据此次会议的精神写成《对支（中国）政策纲领》的八条训示，准备向中国提出比"二十一条"更苛刻的条件。《田中奏折》就是这样出笼的。1927年7月25日田中"引率群臣，诚惶诚恐"地向昭和天皇上奏云：

> 惟欲征服支那，必先征服满蒙，如欲征服世界，必先征服支那。倘支那完全可被我国征服，其他为中、小亚细亚及印度、南洋等异服之民族，必畏我敬我而降服于我。使世界知东亚为我之东亚，永不敢向我侵犯，此乃明治大帝之遗策。是亦我日本帝

国之存立上必要之事也。如欲成昭和新政,必须以积极的对满蒙强取权利为主义,以权利而培养贸易,此不但可制支那之发展,亦可避欧势东进。

满蒙土地超过日本三倍,蕴藏与世无匹的天然资源,被视为日本帝国赖以生存的生命线。奏折中还考虑到日本在侵略中国的过程中,必将受到第三势力美国的阻碍。对此,《田中奏折》作了如下分析:

> 我日人为欲自保而保他人,必须以铁与血方能拔除东亚之难局,然欲以铁与血主义而保东三省,则第三国之阿美利加必受支那以夷制夷煽动而制我。斯时也,我之对美角逐,势不容辞。……向之日俄战争,实际即日支之战;将来欲制支那,必以打倒美国为先决问题,与日俄战争之意大同小异。

田中义一的大陆政策,时人称它为"蝎形政策"。蝎子有两只螯和一条尾巴,以此为武装,向对方进攻。日本夺取的中国的辽东半岛(旅顺、大连)和山东半岛成为他的两只螯;占领台湾岛,又成了他的一条尾巴。田中把握住了形势,加以活用。

美国对田中的侵华政策,迅起强烈反应。1928年日本出兵山东时,美国大使就说:"日本是不是现在又发动战争了呢?"[①]美国国务卿曾宣称:"满洲是中国领土的一部分。"并曾向记者散发了《九国公约》的抄本。[②] 田中后因关东军在东北自由行动而下台,第二年突然死去,但他所发扬光大了的大陆政策,则成了昭和天皇时代的国策,朝中纵有鹰派与鸽派之别,外交政策也有"协和"与"焦土"之分,其实质均是"东亚门罗主义的最新纲领"。

日本军人仿佛向全世界的人们宣告:"半个世界是我们独霸独占了!"胡适说:

> 日本掷下了这只铁手套,世界人接受不接受,世界人何时接受,如何接受,都和日本的命运有关;也都和全人类的文明的前

---

① 伊藤隆、广瀬以皓编《牧野伸显日记》,第 274 页,东京,1990。
② 美国国务院编《美国对外关系文件》(FAUS)第 2 卷,第 227~231 页,1928。

途有关。日本还是真变成一个二十世纪的成吉思汗帝国呢？还是做欧战后的德意志呢？还是做殖民大帝国失败后的西班牙呢？这个世界还是回到前世纪的弱肉强食的丛莽世界呢？还是继承威尔逊的理想主义变成一个叫人类可以安全过日子的人世界呢？①

胡适提出的这一系列问题，需要日本朝野人士作回答，也需要全世界人作回答。

当时，英国的国际关系史专家汤因比，在他的研究中预测在下次的世界大战中，日本和美国发生战争是可能的。他说，人们总认为日本不至疯狂到向美国挑战，中国和西伯里亚都是日本的囊中之物，随时可取，何必向英语国家挑战？但他十分有见地以史鉴今，指出：这种疯狂是有先例的，1914年至1917年的德国就是最近的先例，暴力和常识是不并立的，即使人人都认识到这是疯狂的行为，"也不能担保日本军人不走这条疯狂的路"，"今日的日本军人也许会照抄这篇老文章。……总有一天戳到了那巨怪的嫩肉上，她会怒跳起来的"。②这里所说的"巨怪"是指美国。至于"嫩肉"，胡适作了诠释，认为是指两个方面："一是海上霸权，一是契约的信守。"他说，这两件事可以说它是英美人的"伪善"，"但是揭破人的'伪善'，真是戳到人的'嫩肉'"。胡适认为，"英语国家决不肯抛弃海上霸权"，也不会坐视日本单独废止维系英美海上霸权的条约。③

果然不出所料，日本走上这条疯狂的路，实是一条自杀之途。汤因比阐释日本所以走上这条自杀之途，认为："在某种情况下（切腹）自杀本是日本民族的遗风。"1931年的"九一八"事件，背景是日本的经济破产。"日本军人对农民说，只要征服了满洲，他们就有救了。殊不知道是绝不可能的迷梦。"所以是自杀。他继续指出：

---

① 胡适：《"协和外交"原来还是"焦土外交"》，《独立评论》98号，1934年4月29日。

② 胡适：《一个民族的自杀——述一个英国学者的预言》，《大公报·星期论文》，1934年4月29日。

③ 胡适：《国际危机的逼近》，《独立评论》132号，1934年12月23日。

> 满洲的征服不是一本戏剧的终场,后面也许还有许多幕呢!也许后来的几幕要用更多的脚色,在一个更大的舞台上演出来。

汤因比预测的"更多脚色"和"更大的舞台",即是指日美之间可能发生的太平洋战争。日本侵犯美国,这个"巨怪"也必然反扑。他把这场日美战争视作历史剧的重演,他说:

> 这一战是一场"辟尼克战争"(Punic War,即公元前3世纪至2世纪罗马与迦太基的战争),扮罗马的是美国,扮迦太基的是日本,结局当然是迦太基的毁灭。①

汤因比爱用史事作比喻,把现代的太平洋比作古代的地中海。四年前(1930年),汤因比与胡适讨论中国中古史的时候,即劝胡适用东罗马帝国的历史作比较。他说:"如果古今历史可以等例齐看,那么,日本的毁灭还不算终局。只可算是一篇新历史的开端。迦太基的败灭,引起了罗马的大发展。……所以这场日美战争的终局也许可以看到美国变成太平洋列国的霸主。"胡适同意这个比喻,并进一步预测说:

> 在这一只铁手套掷下之后,第一个牺牲者当然是我们自己。但我们在准备受最大最惨的摧毁的时刻,终不能不相信我们的强邻果然大踏步的走上了"全民族切腹"的路。我们最惭愧的是,我们不配做这切腹武士的"介错人"(日本武士切腹,每托其至友于腹破肠出后砍其头,名为介错人),只配做一个同归于尽的殉葬者而已。②

俗话说,旁观者清。日本军人执迷不悟,他们自觉自愿走向危险的绝路。1934年底,日本不等"华盛顿海军条约"期满,就决定单方面废止。胡适说"日本决心打破一切海军军备的拘束,使世界至少退回去十二年","第二次世界大战的黑云真是逼人而来"。③

---

① 汤因比:《下一次的大战,在欧洲呢?在亚洲呢?》,《太平洋事务》季刊1930年3月号;《国闻周报》11卷18期。

② 《一个民族的自杀——述一个英国学者的预言》,《大公报》1934年4月29日。

③ 胡适:《国际危机的逼近》,《独立评论》132号,1934年12月23日。

胡适曾一度对日本国内的自由主义者寄予希望,当他看到东京《同人》杂志上有人说,"中日问题的最终解决,只要日本人停止侵略中国就行",则以为是"日本心理转变的一起点"。① 这其实仍是胡适和平幻想的反映。当时日本的军阀与政府,把世界经济危机侵袭日本所受到的影响,妄图巧妙地转向对外侵略,对国人宣传说,满蒙"是花费'十万英灵,二十亿国帑'而获得的'圣地'",是帝国的生命线。"作为东洋盟主的日本惩罚中国之不当,乃是'为了东洋悠久之和平'"。日本军阀把满蒙事件与其国民的利益观念结合起来,并通过报纸、杂志、唱片、广播……一切传媒"煽起了国民的侵略狂热",②使整个国家处于群众性的歇斯底里状态。而当时的"反体制势力"及共产党等,曾有过一些反战斗争,除被镇压外,还因自身犯了自我瓦解群众基础等战术性的错误,斗争的有效性很小。③ 相反,在工人中影响较大的社会民众党,却赞同统治者提出的"生命线论"。一些自由主义者对"生命线论"固然有所批判,但他们的声音均被淹没在占压倒优势的"生命线论"的大合唱中,简直无人理会。

三、现代化中的"保留"

日本在当时来说,应该已是一个现代化的国家了。但居然在军人等疯狂时,还能使国内的舆论一律,封杀自由,异于一般的现代化国家,其原因何在? 深究之,这极权因素保存于明治维新的胎胞中,是日本现代化过程中保留的一块自留地。

据一位日本史专家乔治·森荪爵士(Sir George Sansom)的描述:"约一六一五年起,日本即在寡头政治统治之下。统治的方法,多与现在极权国家所用者相同。它的特征是:统治者自选干部;压制某些阶级,使其无所作为;限制个人自由;厉行节约;多方垄断;各种检

---

① 胡适:《日本人应该醒醒了》,《独立评论》42号,1933年3月12日。
② (日)《现代史资料》,《国家主义运动》2,第699页,三铃书房,1964。
③ (日)冈本宏:《满洲事变和无产政党》,日本国际政治学会编《国际政治》第1号,第110~111页,有斐阁,1970。

查；秘密警察；及'个人为国家而存在'的教条。至一八六八年，这一政权虽被推翻，但继起而代的，并不是一个受大众欢迎的政府，而是一个强大的官僚集团……因而奠定了日本极权主义特质永恒不变的基础。"①对此，胡适经探索后的结论是："日本的现代化是在一个中央集权的控制下实施的，特别是由一个统治日本封建的军国主义阶级所促成的。从这个阶级产生了几个维新领袖，他们不但决定要改变什么，决定不改变什么，而且还拥有实现该等决定的政治权力……日本式现代化运动之优点是有秩序的，经济的，继续的，安定和有效的。"但它的不利的方面，即"为保护其传统的精神和对人民控制的严密，所以采用军事外壳来防止新文化侵入到日本传统的中古文化里面去"。② 也就是说，新文化浸沁不进其内核，这就成了它的后患的根源。

胡适指出，"迅速的明治维新……就是渴望采用西方战术和军械的军国主义阶级"领导的。这个阶级只知道一个现代国家必先工业化，然后才能具有军备，所以它先形成的是"军国主义的工业制度"。但这个阶级"并非是一个开明的知识阶级，其领袖勇敢、实际、爱国，有时还表现出一点政治家的风度，但是他们对远景和新文化的了解很有限。他们正如小泉八云所说的，是认为西方军械力量可构成一道防线，保护日本德川时代的传统价值免于受到损害和改变"。③ 这个阶级在短短数十年间使日本现代化，并培养了一支最强大的军事力量。这个"统治阶级——大名和武士——是在军国主义传统的教育、训练中熏陶出来的"，他们的所作所为，"又是全国上下积极效法

---

① 《中国抗战也是要保卫一种文化方式》，载《胡适之先生年谱长编初稿》（五），第1767~1768页。

② 《中国与日本现代化运动——文化冲突的比较研究》，见《胡适之先生年谱长编初稿》（五），第1696~1702页。

③ 《中国与日本现代化运动——文化冲突的比较研究》，见《胡适之先生年谱长编初稿》（五），第1699页。

的榜样"。① 军国主义制度,就在这样的历史背景下确立起来的,德川时代的"传统价值"就是在其中保存下来了。

日本前驻罗马大使白岛(Shiratori)说得更坦率,"过去三十年中,日本民族成长的基本原则,就是极权主义"。② 日本甘心加入轴心国,实是物以类聚,白岛正是轴心国联盟条约的起草人和签署者。

据战后的日本学者的说法,日本现代的过程是"脱亚入欧",即"日本并不想依靠亚洲的联合来对抗西洋国家体系的冲击,而是立即决心加入西洋国家体系,企图作为西洋国家体系的一员,反过来统治亚洲"。③ 日本加入西洋国家体系,即是其"军国主义的工业化";挑动中日甲午战争,就是对其"军国主义工业化"的实践,是统治亚洲的第一步。

日本军国主义采用"西方军械力量",对外的作用,不言而喻:侵略邻国,统治亚洲;对内,则保护一个传统的核心——天皇制统帅权,以法律为保证构筑一道防线,成了日本政治现代化道路上的绊脚石。1889年(明治二十二年)2月,日本颁布的"大日本帝国宪法"(明治宪法)中规定:帝国议会的权限以及国民的基本权利,受天皇大权的严格限制;天皇拥有宣战、讲和和缔结条约的大权(第十三条),无需经过议会承认;天皇统帅陆海军(第十一条),决定军队的编制和常备兵额(第十二条),议会不得干预军事。

日本的宪法不承认人民的基本权利,对代表人民的国会未赋予实际权力。天皇有独裁外交权,对外缔结条约的审议机构不是国会,而是枢密院。枢密院是只对天皇负责的特权机构,与国会和国民都不发生关系。贵族院压制众议院,天皇的命令能与国会制定的法律相对抗而束缚议会的权力,所以日本宪法规定的国家机构,本质上仍是以专制为基本特征的天皇制。其军政分开,政府是双重的,外交也是双重的。1886年6月18日伊藤议长在枢密院说:"既然在二十年

---

① 《中国抗战也是要保卫一种文化方式》,见《胡适之先生年谱长编初稿》(五),第1774页。

② 转引自《中国抗战也要保卫一种文化方式》。

③ (日)信夫清三郎《日本外交史·序》,商务印书馆,1992。

前已经废除封建政治,同各国开始了交往,其结果在为谋求国家的进步上,舍此奈无其他处理之良途何。"这话,如果反过来说,则是:不是因为国民的需要和要求而制定出宪法,乃是因为对外交际的必要和建立统一国家的不得已的结果而采用的。他还说:"在欧洲,立宪政治的萌芽已经有千余年。不仅人民熟悉这一制度,而且还有宗教为其基础,已经深入人心,人心统归于此。然而我国……无一可以为国家基础者……在我国可以作基础者唯有皇室。……在此草案中,以君权为基础……而不采取欧洲的主权分立的精神。"①

在天皇制统治下的日本,"大义名分论"掺杂国粹主义和排外主义等成分,形成了一种独特的意识形态:大和民族是由神选定的民族,都是天照大神的子孙;万世一系的天皇是现实人间的神,是国家一切的中心;"八纮一宇"为最高理想,以天皇的名义统一世界,是走向人类永恒和平的大道。近世日本的对外战争,实为完成历史的使命而进行的"圣战",史称"皇国史观"。其内核尽管是如此固守传统未变,但无论如何已有了现代的根本大法——宪法这样的东西,"而日本人民不失为有宪法之国的人民,日本不失为世界列国中一个立宪国的成员"。

上述名实矛盾的问题在宪法制定时就已开始争论,"九一八"事变后,争论的焦点则在于宪法第十二条的编制大权是否也包括在第十一条的统帅权事项之内。东京帝国大学教授美浓部达吉早就主张天皇机关说,并作过解释:国家是个法人,统治权属于国家,天皇是作为国家最高机关而行使统治的。这一宪法理论在大正时代的学术界,几乎被认为是定论。迄1935年2月18日,军人菊池武夫中将在贵族院向美浓部达吉博士的天皇机关说挑战,说这理论违反国体,2月25日美浓部达吉在贵族院全体会议上为自己的理论辩护,阐明其理论的正确性。政府仍认为是学术问题的争论。于是右派军人中迅速展开挥动"国体"的帽子胡乱抨击的运动。在野党政友会甚至也利

---

① (日)清水伸:《帝国宪法制定会议》,第88页,转引自远山茂树《日本近现代史》第1卷第96页注④,中译本,商务印书馆,1992。

用这个问题攻击政府,众议院更迫使政府阐明国体。于是"国体明证"运动如燎原之火蔓延全国。3月23日众议院通过国体明证决议案。4月,陆军向全军散发了"机关说"违反国体的教育总监训辞。6月,组织起以贵族院众议院议员为中心的国体明证促进联盟,形成包括军部、右翼、政友会和右派官僚等在内的大规模反政府运动。政府于是不得不采取措施,禁止出售美浓部达吉博士的著作,并迫使他辞去贵族院议员的职务。对此,知识分子和媒体未见反抗。由此证明,只要挥起天皇和国体的旗号,无论多么不合理的事,都能通得过。日本的现代学者说这件事"否定了学术、思想的自由,可以说用议会本身葬送了它自己的生命"。①

　　胡适还注意到:自1932年日本少壮派军人枪杀首相犬养毅的"五一五"事件起,接连发生了一系列青年军官枪杀政府要员的事件。1936年又有1400多名兵士袭击首相官邸等东京市要地的"二二六"事件,都是这种"传统价值"对现代政治的反扑,他们是为了"保护国策"或"清君侧"。"保护国策"是要"使日本人成为世界上最强的民族";"清君侧"是"要推翻议会政治和政党内阁,而建立军人的'法西斯'政府"。② 农村出身的少壮军人"抱着对资本主义社会的仇视",沉醉在那征服世界的军国迷梦里,其实质是极权政治与民主政治的对抗,胡适称之为文治与武治的斗争。胡适说,日本三十多年来的宪政发展,"只是一种发展文治来制裁武人的努力",不愿接受文治制裁的军人屡次以暴力来改变政治发展的途径。③

四、对中日关系的瞻望

　　尽管胡适认识到日本的现代化中保留了"德川时代的传统价值",导致其成为对外侵略的"恐怖的国家",却仍然对日本过去的六十年的伟大成绩表示认同,认为是日本民族的光荣,"也是人类史上

---

① (日)藤原彰:《日本近现代史》第3卷,第46~47页。
② 胡适:《东京的兵变》,《独立评论》191号,1936年3月1日。
③ 胡适:《东京的兵变》,《独立评论》191号,1936年3月1日。

的一桩灵绩"。他对日本前途曾作过美好的瞻望:"她的万世一系的天皇,她的勤俭爱国的人民,她的武士道遗风,她的爱美的风气的普遍,她的好学不倦的精神,可以说是兼有英吉利与德意志两个民族的优点,应该可以和平发展成一个东亚的最可令人爱羡的国家。"①1935年,他还叮嘱一位留学日本的青年不要有轻视日本文化的心理,并称日本具有世界各民族所没有的"特别长处"。②

胡适认识到,中国现在是一个弱国,不能与人平等相处,不配与谁为"友",也不配与谁为"敌",所以他不妄想有一个"以平等待我之民族",只求能与最少侵略野心的,或"凡不妨害我们国家生存与发展的"③国家做朋友。同时,"我们自己还不配怜悯我们的邻人的前途。我们至今还是在危幕上安巢的燕子的生活!'邻之厚'固然是'君子薄';然而'邻之薄'就真可以成为'我之厚'了吗?幸运满天飞,决不会飞到不能自助的人们头上,也决不是仅仅能幸灾乐祸的人们所能平安享受的"。④

胡适还提出了一个意义深远的理论:"日本决不能用暴力征服中国。日本只有一个法子可以征服中国,即是悬崖勒马,彻底的停止侵犯中国。反过来征服中国民族的心。"⑤如何才是征服人心?其理论根据是国际史上的两场战争:其一,1866年的普奥战争。普鲁士在一星期中打败了奥地利,立即停战议和,不要求割地赔款,留下了奥国作普鲁士的友邦与将来的联盟,因此它征服了奥地利民族的心。胡适在此强调,"强者战胜弱者,这是常事,未必就种下深仇恨"。胜得光明,弱者认输则甘拜下风,以便在失败的刺激中吸取教训,激励奋发。其二,1870年普法战争。普胜法败,普鲁士直逼巴黎订屈辱的城下之盟,赔款又割地,种下了十八年不解的冤仇。日本侵华战争属于后者,"乘人之弱,攻人之危,使人欲战不能,欲守不得,这是武士

---

① 胡适:《敬告日本国民》,《独立评论》178号,1935年10月3日。
② 《胡适来往书信选》(中),第272~273页。
③ 胡适:《答室伏高信先生》,《独立评论》180号,1935年11月30日。
④ 胡适:《国际危机的逼近》,《独立评论》132号,1934年12月23日。
⑤ 胡适:《日本人应该醒醒了》,《独立评论》42号,1933年3月12日。

道所不屑为,也是最足使人仇恨的"。① 第一个历史事例能征服人的心,第二个历史事例不仅不能征服人的心,"却种下了仇恨,还要继续播种第二仇恨,第三第四而至永久的仇恨",犹如心头留下的黑影,是永远抹不掉的。②

有人不解"征服中国民族的心"一语的真谛,而作上纲上线的政治批判,未免有失浅薄;日本的当政者同样不懂得此中道理,今日的"经济动物",依然因袭"乘人之弱"的故技。胡适很早就同意《大公报》提出的谈判主张:"应该远瞩将来,确立远东两大民族可以实行共存共荣的基础。"③此后亦殷殷期望其"回到文治和宪政的轨道上去",但日本的军阀执迷不悟。第二次世界大战后,日本现代化中所"保留"的体制已有革新,但东京的靖国神社仍把战犯供奉着,它标志着民族自杀的幽魂至今未散,也是"皇国史观"在新的历史条件下继续存在的证明。

---

① 胡适:《敬告日本国民》,《独立评论》178号,1935年10月3日。
② 胡适:《答室伏高信先生》,《独立评论》180号,1935年11月30日。
③ 胡适:《论对日外交方针》,《独立评论》5号,1932年6月13日。

七七前"苦撑待变"抗日思想

1931年"九一八"事变以后,胡适的抗战政论常受社会的非议,而他自己则认为他的言论对社会、对国家都是负责任的,决非赶时髦的漂亮空话,是忠言逆耳。学术界对此也一向有争议。今虽已有不少论述,有的也较为全面,①但似均未尽其意,仍有许多方面,尤其是其内涵,有待发掘。胡适在此期间的抗战言论,实是他以实验主义哲学思考问题的结果,值得进一步探究。

一、由不争到"苦撑待变"

(一)主张直接交涉

"九一八"事变后,国民党政府采取了不抵抗政策,期待"国际公论之公断",忍辱含愤,既不抵抗,又不与日本直接交涉。"国联"公共卫生处长拉锡曼正持此主张,②寄希望于"国联"出面作出公正调停。

日本在1931年10月26日向国联提出"币原五原则",作为处理中日关系与东三省的善后问题之准则,其主要内容为:(1)彼此放弃侵略政策及行动;(2)尊重中国领土完整;(3)凡有碍贸易自由足以惹起国际仇视之一切组织之举动,一概予以取缔;(4)对日人在满洲全境内经营之所有和平事业,予以有效保护;(5)尊重日本在《满洲条约》上的权益。这五项原则由中国驻国联代表传回后,政府要员在讨

---

① 如张忠栋的《胡适五论》(台北允晨丛刊〔12〕)中有两论,即"从主张和平到主张抗战"、"出使美国的再评价"对此问题进行了探讨。
② 《顾维钧回忆录》第一册,第417~418页,中华书局,1983。

论时,基于不愿与日本直接交涉而拒绝了。

此时,国民党政府的对日态度,固然受国联拉锡曼的影响,还受虚骄情绪的支配。有人说:"坚持一二年,不怕小鬼不来请我们交涉。"①胡适比较务实,他曾在1931年11月给宋子文写有长信,"建议当局应该接受日本向国联提出的五原则开始交涉"。但没有引起政府大员的重视。

不久,关东军占领了整个东三省,又在1932年初于上海挑起"一·二八"事件,在东北制造"满洲国"。此时的国民党政府,忽然说要以实力收复东三省;外交部竟说要与日本"和平"绝交,所谓"和平",即拟把抗日军队调去江西打共产党。既不备战,又空言收复失地。

1932年5月,中日双方签订淞沪停战协定,胡适说这是"失败之中的成功",抗战"增高了我民族的自信心",谈判也"稍稍引起政府的责任心",对这次直接交涉持赞许态度。②

胡适之所以强调直接交涉,是因为他认为直接交涉"所得之条件,必较任何国际处理所得之条件为更优"。③ 交涉的目标,是企望达到取消"满洲国"、恢复东三省的主权与领土的完整。他对政府一味迷信国联而自己又束手无策以致一误再误不以为然,更批评政府把"整个东三省丢了,政府还在高唱绝交而不抵抗的怪论"。④

1932年国联成立了一个由英、美、法、德、意五国组成的调查团来我东北调查。由英国人李顿为团长。10月2日公布《国联调查团报告书》。胡适认为调查团的报告书有利于我,故表示欢迎。日本则对《国联调查团报告书》表示不满,不仅不接受其中所提建议,且公然退出国联。日本退出国联后,立即发兵进攻长城,以示警告。胡适此时建议政府当局必须拿出一个基本方针来:先估计一下自己"是否有充分的自信心,决定和日本拼死活",如果有,"那自然不妨牺牲一时而谋最后的总算账";如果无多大把握,"那么,我们不能不早早打算

---

① 罗文干致胡适,《胡适来往书信选》(中),第135页。
② 胡适:《上海战争的结束》,《独立评论》1号,1932年5月8日。
③ 胡适致罗文干,《胡适来往书信选》(中),第134页。
④ 胡适:《上海战争的结束》,《独立评论》1号,1932年5月8日。

一个挽救目前僵局的计划"。① 当时的政府自然尚"无此自信心",所以在日军挥师南下,危及平津地区时,不得不同意挽救僵局,图谋停战,乃至1933年主动争取《塘沽协定》。

(二)对和、战、守的探索

《塘沽协定》签订后,华北停战。在中国方面来说,感到以战争方式一时难以解决问题,必须作长期打算,争取时间,保存平津,以作充分准备。在日本一方,也图伪满初建,立足未稳,在淞沪与长城战役中,又遭到不小损失,同样需要稍作喘息。《塘沽协定》虽为双方互作妥协的结果,但日方仍持胜利者的姿态。

胡适在日本退出国联之后,则主张既不放弃国联与国际各国,也不与日本冲突决裂,谋局部之妥协。这次华北停战协定,"虽不能将东三省退出一尺一寸,至少也应该使他们不得在东三省以外多占一尺一寸的土地",并认为现在谋局部的妥协与苟全,正是保留"对东三省说话的余地"。②

日本在《塘沽协定》以后,暂时收敛了"九一八"以来的"老虎政策"。推行"焦土外交"的内田康哉外相1933年9月去职,继任者广田弘毅把"焦土外交"改为"协和外交",标榜协调与和平,提倡"日、满、支提携",紧张气氛大为缓和。1935年,广田复强调不采取侵略与威胁的政策,大谈中日亲善。对此,蒋介石也说"具有诚意",授意陈布雷作《敌乎?友乎?》的文章,检讨"九一八"以来的中日关系,被称为反日情绪中的"最大胆的主张两国亲善共存者"。当然这"亲善"是虚伪的,双方均暗藏心机。但双方对这出戏演得都很认真,的确也维持了两年短暂的和平。

好景不长,日方很快揭去了"亲善"的面具,凶相毕露。早在1934

---

① 胡适致罗文干,《胡适来往书信选》(中),第134页,中华书局,1979。
② 胡适:《保全华北的重要》,《独立评论》52、53合号,1933年5月29日。

年4月17日,日本外务省情报部长天羽英二的声明①就已暴露出了广田外交的这种本质。② 广田说天羽的声明"正式的只算不存在"。而胡适则指出,天羽声明是威胁中国,警告国联和美国,提醒人们"协和外交原来还是焦土外交",窥破它是"日本的东亚门罗主义的最新纲领"。③ 1935年,日军制造"河北事件",继则向中国提出种种无理要求,南京政府被迫口头接受,史称《何梅协定》。同年10月,日本又提出广田三原则作为对华关系的方针。事实证明,"中日提携"只是迷梦。胡适说:"提携这个名词只配用在平等国家的相互关系上"。④这种平等是实力的平等,是不能以使节升格(当时,中日使馆由原来的公使馆升格为大使馆)来代替的。

胡适此时认识到当年寄希望于华北停战协定可以阻止日本魔爪南进是完全错了,于是向政府提出一个正反相辅的方案:其正,丢"卒"保"车",赢得时间;其反,苦战四年。⑤ 所谓丢"卒"保"车",仍是与日本公开交涉,解决一切悬案,作有代价的让步,如可以承认"满洲国",但必须以归还热河省、取消《塘沽协定》、放弃华北驻军等一切特权为条件,以此换取十多年的和平。如"正"方案不得实现,则准备作绝大的牺牲,下决心作三四年的苦战,效"破釜沉舟"的故智。前者从正面着想,后者为其后盾。

但这样考虑问题,胡适发现只着眼于"战"与"和"两点上,而忽略了早就有人提出的"新路":"未失的土地应该保守勿失"。⑥ 这才是先决条件。欲保存自己,必须首先保住尚未丢失的土地,能守才能战,

---

① 天羽声明的内容:东亚和平秩序的维持由日本单独负担,中国若想利用他国来排斥日本,日本全力反对;各国若共同动作帮助中国,日本不能不反对;若单独行动,日本可以不干涉。

② 信夫清三郎:《日本外交史》(下),第587页,商务印书馆,1980。

③ 胡适:《"协和外交"原来还是"焦土外交"》,《独立评论》98号,1934年4月23日。

④ 《沉默的忍受》,《独立评论》第155号,1935年6月11日。

⑤ 《与雪艇书》(三)、《与罗努生书》,见胡颂平《胡适之先生年谱长编初稿》(四),第1386~1389页、第1399~1400页。

⑥ 翁咏霓:《我们还有别的路么?》,《独立评论》第47号。

能守然后能和。"没有自守自卫的能力,妄想打倒什么,抵抗什么,都是纸上空谈,甚至连屈服求和都不配"。① 于是,胡适指出,在《塘沽协定》成立以来的两年半时间里,我国完全忽略了守御工作,所以不能阻止别人得寸进尺的野心。不过,胡适在此时承认,在前此的几年中,还不具备守土的必要条件,这条件有如下两个:

第一,国内尚不统一,致使国力分散,无法一致对外,这"一半是因为剿匪的工作需要很大的注意,和很大的兵力;一半也是因为国内不统一"。② 前一半是指共产党,1927年国共分裂,共产党被宣布为非法的"乱匪";后一半是指冯、阎反蒋和两年前的福建事变,以及迄今尚未解决的"两广与中央决裂",③ 是谓割据。1935年国民党第五次代表大会在南京召开,冯、阎以及西南的将领都与会了,胡适高兴地说这是"国家统一的象征"。胡适此时反对内乱,但不反对"中央政府用全力戡定叛乱"。④ 西安事变发生,胡适痛斥张学良为"毁坏民族力量的罪人",猛烈抨击中国共产党的联合阵线,声称国际主义的共产党是绝对不能一变就成爱国主义的。⑤

胡适主张统一力量以守卫国家是对的,但当时有人对内战的兴趣大于抗日,他们这样说:"中国过去的口号是安内攘外,现在则正实行安外攘内"。⑥ 西安事变的和平解决,是时势使然,真正国力的统一,始于国共合作抗日。胡适在此问题上,不能说没有政治上的成见,其直至晚年才说:"如果没有西安事变,全面抗战不会那么早发生。"⑦

---

① 胡适:《用统一的力量守卫国家》,《大公报·星期论文》,1935年11月17日。
② 胡适:《用统一的力量守卫国家》,《大公报·星期论文》,1935年11月7日。
③ 雪艇来书,《胡适之先生年谱长编初稿》(四),第1389~1392页。
④ 胡适:《亲者所痛,仇者所快》,《独立评论》第206号。
⑤ 胡适:《张学良的叛国》,《国闻周刊》14卷1期。
⑥ 美使馆驻南京副参赞艾奇逊1935年4月30日向美使詹森的报告,参见谢国兴《亲日卫国——黄郛》,第243页,(台北)久大文化股份有限公司,1989。
⑦ 《胡适之先生年谱长编初稿》(五),第1613页。

第二,最高领导无决心,无论和与战都没有决心。"不甘屈服必须有不甘屈服的决心与筹划",胡适说:"我们的领袖人物有此决心否? 有此准备否? 有此计划否?"据胡适分析,蒋介石缺乏"不顾一切破釜沉舟的决心"。在热河失守之后,蒋说,"我们现在不能打",以后又总是说,"等我们预备好了再打"。① 蒋介石在此所言"预备",除物质条件外,也包括"安内"在内。胡适说,若要作战,就必须放弃准备好了再打的根本错误的心理。胡适还认为蒋介石似乎没有对日本作苦战的计划。不战不和的局面,最有利于敌人。胡适指出:"日本不久必有进一步而不许他(指蒋)从容整军强武的要求,因为敌人不是傻子,他们必不许我们准备好打他们。老实说,无论从陆、海、空的任何方面着想,我们似决无准备到了可以打胜仗的日子。"② 因此,胡适建议王世杰等在朝人士,"如不甘作误国清流党",就应该作一全盘计划,向当局进言,政府若有一统一守卫的国策,"可以消除近时外间一切浮言与谣传,可以安定全国的人心。……可以领导整个民族向着救亡图存的新路上走"。③ 在这个问题上,蒋介石是当局者,胡适是旁观者。

(三)"苦撑待变"

在"七七"全面抗战的序幕揭开以后,胡适终于放弃了和平的幻想,关键原因是国内的力量统一了。

卢沟桥事变的前夕,驻苏大使蒋廷黻在致胡适的信中说:"苏联物产之富,西欧化历史之久,又加上两个五年计划,尚以避战为其外交的最后目的,我们更不用说了。"他认为中国此时只有"忍耐","等到关内能给东北强有力的援助的时候,再与日本算账不迟"。④ 胡适同意避战,但他指出,"时势虽如此,其中有一点重要区别,苏俄可以

---

① 与雪艇书(三)。
② 与雪艇书(三)。
③ 胡适:《用统一的力量守卫国家》。
④ 《胡适来往书信选》(中),第244~245页。该书将这封信误置于1934年。

有避战的资格,而我们没有避战的资格。苏俄能够避战,第一,因为对外有抵抗力,第二,因为对内有控制的力量。我们这两件都没有"。这两个条件中,胡适尤其重视对国内的"控制力"。胡适作此复信,已是7月31日,全面抗战已经开始。胡适说:"今日政府比廿四年(1935年)更强了,但恐还没有强到(按:着重号是原有的)一个可以忍辱避战的程度。……又无政治家能负担大责任……故至今飘泊(drifting),终陷入不能避免的大战争"。①今日政府所以能比1935年更强,主要是指国共已合作抗日,但还没有强到"可以避战的程度",因此还是陷入了抗战的"大战争"。

八月中旬胡适还"做过一次和平的努力",不过他说他的思想"开始能变"了。② 这次和平的努力,即是1937年8月6日对蒋介石条陈和平方案:建议与近卫内阁谈判,以保存中央军的实力,趁此实力可以一战之时,用外交途径收复失地(恢复"七七"以前的疆土状况),以谋50年的和平。③ 由于此时政府内部的抗战气氛已浓,有些要员对此很不谅解而大加反对,无果。两个月以后,抗战进展情况良好,胡适则说:"在大战前作一度最大的和平努力工作,是不错的,但我们要承认这一个多月的打仗,证明了我们当日未免过虑,这一个月的作战至少对外表示我们能打,对内表示我们肯打,这就是大收获"。④ 由此,胡适"走上了和比战难百倍的见解"。⑤

胡适"苦撑待变"的方案,实是"破釜沉舟"苦战方案在新形势下的发展与完善。

胡适正式提出此"苦撑待变",是在出使欧美之后。1938年8月,胡适在英国的一次讲演中,形象而透彻地阐述了这一方针。他说:"我们这次是为世界作战,至少是为民主国家作战,但我们自己要咬

---

① 《胡适来往书信选》(中),第364页。
② 《胡适来往书信选》(中),第364页。
③ 具体内容见《胡适的日记》,引自《胡适之先生年谱长编初稿》(五),第1612页。
④ 《胡适来往书信选》(下),第581页。
⑤ 《胡适来往书信选》(中),第364页。

牙苦撑,不要先打算盘,苦撑一年二年三年,甚至如板垣说的十年。几年内忽来了个帮助,就好像穷人一旦得到爱尔兰的大香滨马票,岂不痛快!但先求之于己,咬牙苦撑。"①苦撑就是等待变化,"所谓变者,包括国际形势的一切动态……尤在于太平洋海战,与日本海军之毁灭"。②

"苦撑"也继承了苦战方案的基本内容,1935年《何梅协定》后,胡适在致王世杰的信中指出:"欲使日本的发难变成国际大劫,非有中国下绝大牺牲决心不可。"经三四年苦战,希望达到:日本军队的征发,已使多数人感到战争的存在,费用增加几致财政危机;满洲日军西调或南调,使苏俄有机可乘;世界人民对中国表同情;英美感到威胁……太平洋海战时机更迫近。"我们打得稀烂,而敌人也打得疲于奔命的时候,才可以有国际的参加与帮助"。③胡适早就说过:"一个不能自拔的民族,是不会得人的同情与援助的"。④苦战已寓有"变在其中"之意。

胡适的苦战方案,是借鉴了列宁对德讲和的案例:"苏俄共产革命推翻政府之后,即脱离协约国,而与德国单独讲和,订立Bret-Litovsk和约",⑤割了地,赔了款,"终于免不了三年多的苦战,这是眼前的史实,不可不说,况且我们必须有作长期苦战的决心,方能希望得着有代价的交涉"。⑥

"苦战"与"苦撑"的区别在于,前者作为有代价的交涉的后盾,尚存在着和平的幻想,是消极的求存;后者已丢掉"和平"的迷梦,认识到了"和比战难",已是积极而主动的抗战了。

"苦撑待变"是建立在以下基础上的:

---

① 《论美国的态度究竟怎样》,《血路》,1938年9月24日。
② 《给重庆外交部的电报》,《卢沟桥事变前后的中日外交关系》,第343~344页,1940年12月20日。
③ 《与雪艇书》(三),1935年6月27日。
④ 《内田对世界的挑战》,《独立评论》16号,1932年8月29日。
⑤ 《与雪艇书》(三),1935年6月27日。
⑥ 《与罗努生书》,《胡适之先生年谱长编初稿》(四),第1389~1400页。

中国是个大国,纵然损失了大片重要地区,仍有足以周旋的余地,同时有着庞大数目的人口,以供作战之需。这些长处,正是敌人的短处,用大片的空间和众多的人力来换取充裕的时间,正是遏制侵略者速战速决方案的有效对策。

中国是个弱国,对付一个现代化的强国,必须有韧性。胡适把中国的抗战比作美国独立战争中困在福奇谷的美军,其制胜的因素是:美军遭到几乎无法克服的困难时,仍继续作战;国际形势变化对合众国有利。他说中国抗战要胜利,"第一,中国必须继续作战;第二,在这漫长的时间中,国际形势骤变,对中国人有利、对其敌人不利的时候一定会来到的"。① 历史发展正是这样:抗战一年半后,获得美国第一次贷款;两年两个月后,欧洲大战爆发;抗战三年八个月,获得包括能享受 1941 年 3 月租借法案的国家在内的国际支持;四年之后,英美政府开始冻结日本资产,对日全面禁运;四年五个月,找到了并肩作战的新盟国……"苦撑待变"终于应验了。如果在时机未成熟时就硬拼"玉碎",有利于我的形势纵然来到,也已无济于事了。

抗战中另有以"持久战"立论者,所见略同,对抗战的长期性认识是一致的,但求证的方法不同。两者是同工异曲,对国际国内的形势都有所分析,但谋成功之道则各有侧重,"持久战"着眼于"战"字上,以战争解决问题。"苦撑待变"的中心思想在避战,应战只是苦熬苟延,以待时来运转,重点在"变"字上。

二、负责任的低调

"九一八"事变发生,胡适说"大火烧起来了,国难已临头了,我们平时梦想的学术救国,科学救国,文艺复兴等等工作,眼见都被毁灭了"。他自问:我们这些"乱世之饭桶,在这烘烘热焰里能干什么呢"?② 他为自己找到的位置是"能够公开的为国家想想,替人民说

---

① 《胡适之先生年谱长编初稿》(五),第 1765~1766 页。
② 《丁文江的传记》,第 136 页,远流出版社,1988。

话"。① 他不入政府任公职,也不参加由政府控制的机构。他声明不参加华北政务委员会,又谢辞汪精卫一再邀他出任教育部长、驻德公使或外交部长等职。1938年他接受驻美大使的任命,是由于国家处于战争的非常时期,视为政府对他的征调,不敢推辞,实也是一种使命感所驱使,他对记者说,"吾从未担任官职,吾珍视吾之独立思想,因吾人过去素知公开批评政府,但时代已变,已无反对政府之余地,一切中国人应该联合起来"。② 不过他对江冬秀保证:"至迟到战事完结时,我一定回到我的学术生活去"。③ 胡适确实履行了此诺言。

胡适在抗战前期是用不争哲学盱衡世界大势和中日关系,这思想在他留学美国时就已形成,当中日战争于1937年爆发时,仍未失时效。在1931～1937年间,胡适有代表性的主张有下列几点:

(一)"代表世界的公论"

这是胡适对李顿调查团报告书的评价,称其对东三省问题"判断最公道"、"确切明白"。

胡适在国联组织调查团前,本不寄希望,也早就明确不承认伪满,主张必须恢复东三省的主权。看到报告书后,又表示赞许肯定,是否前后自相矛盾?其态度的转变是否有充分的理由?

首先,是胡适对报告书的总体评价有新发现。他说,"我所以那样称许李顿报告,因为我们知道那个调查团里有显然袒护日本的人,居然能全体一致于一个明白指斥日本理屈的报告里,使此次争端的是非大白于世界,不能不说是世界正义的最大胜利"。报告书"确切的判定东三省是中国主权之下的一块领土;凡俄国和日本在满洲所得的权利都是根据于中国的主权的,这就是说,如果中国在这里没有主权,日、俄所得的权利都没有法律的根据了"。④ 所以,胡适在其《代

---

① 胡适致李石曾,《胡适来往书信选》(中),第95页。
② (香港)《申报》,1938年9月28日。
③ 胡适致江冬秀,1938年7月20日。
④ 胡适:《国联报告书与建议书的评述》,《独立评论》39号,1933年2月21日。

表世界公论的报告》中说:"如果承认满洲的自治权,可以取消满洲国,可以使中国的主权与行政权重新行使于东三省,我以为这种条件是我们可以考虑的。"

其次,国联的这次调查,试作外交上的解决,"总比现在这样不战不和不死不活的局势强一点",如果调停不成,"国际联约"自身的程序自然会使之走上"制裁之路",这也"比现在的僵局进了一步"。① 这当然是胡适的一厢情愿。

再次,国联受理这件事,使中日两国的冲突成了世界的大问题,侵略者不能不有所瞻望顾忌。假如没有国联的受理,按旧日国际公法的原则,只是中、日两国的事,"别的国家尽可以趁火打劫,或者宣告中立,都没有参与评判或调解的义务"。② 此时的胡适,已相信"今日的国联已不是几个大国所能完全操纵的了。……至少应该可以使我们相信它宁愿得罪一个跋扈的强国而不肯失去世界的公论的同情者"。③

上述主要论点,未免充满着书生的天真,却言之成理,并且是前后一致的。

(二)对战争本质的认识

胡适提倡直接交涉,旨在避免战争,以外交谈判解决问题,保全国家元气,尽量减轻损失。他批判"短见的人以为中日冲突越扩大越好"的论调。这些都与胡适对战争本质的认识有关。

胡适援引马舍夫斯基对战争的描述:"吾人所可想见之将来之战争,为大量之军队,在物质方面有丰厚之供给,交战之各方必竭其一切之能力,一切之方法,直至一方完全疲尽为止。"④我国的兵家鼻祖孙子有云:"兵者,国之大事,死生之地,存亡之道,不可不察。"当时的

---

① 胡适:《国联新决议草案的重大意义》,《独立评论》32号,1933年12月10日。
② 胡适:《我们可以等候五十年》,《独立评论》44号,1933年3月27日。
③ 胡适:《跋蒋廷黻先生的论文》,《独立评论》45号,1933年4月3日。
④ 马舍夫斯基:《未来战争的研究》,《东北月刊》1卷1期。

《大公报》有社论说:"可战而不战,不可战而战,可和而不和,不可和而和,因为对国家不忠,对国民不信,对军队不仁。"值此生死存亡之秋,战乎！和乎！守乎！当局应有一统筹并顾、深思熟虑的应对方案。

热河失守,长城争夺战正在全力拼搏之际,有人要求《独立评论》表明态度,由其同人们联合起来宣言"主张坚决的战争",质问胡适"近来的意见若何",胡适回答说:"我不能昧着我们良心出来主张作战"。当时有一位叫董时进的,则主张"利用无组织和非现代化来与日本一拼"。他说:

> 我们的老百姓到了草根树皮都没有,他们不吃也成,到饿死也不会骚动,更不会同士兵争粮饷。……到必要时,我们正不妨利用百姓的弱点,一使军阀惯用的手段,去榨他们的钱,拉他们的夫,反正我们的老百姓好对付,能吃苦,肯服从,就拉他们上前线去死,尽其所有拿去供军需,他们也不会出一句怨言。

胡适说,"这样到饿死也不会骚动的百姓决不会产生董先生所希望的拼命为国家作战的武士",并反问董时进:"如果这才是救国,亡国又是什么？"驱使"好对付,能吃苦,肯服从"的人民"上前线去死",如果这叫作战,"我们情愿亡国,决不愿学着这种壮语主张作战"！[①]

战争是政治的另一种形式的继续,日本发动这次侵略战争,是企图以暴力征服中国；而我国的抗战,实是一种不彻底的战争,但依然有个如何判断时机、以何种方式作战的问题,左右战争的主要因素仍是政治,所以在战争中同样不能不择手段。卫国的抗战,首先考虑的应该是避免牺牲而求达到目的,其次才是以最小的牺牲求取最大的成功。

战争的要素除了暴力与政治之外,还有一个要素是如同"赌博"的碰运气,因为战争总是在朦胧的月色下进行的,根据概然性下注是必要的。胡适说:"我是哲学家,所以我会算命,马票也许终有中彩的

---

① 均见《我的意见也不过如此》。

一天。"①运气在战争中所起的作用决不能小看,胡适的"苦撑待变"即符合这一战争要素。克劳塞维茨说,这"仍是达到重要目的的一种手段"。②

(三)自知不如人,卧薪尝胆

胡适自知中国不能战。日军占领热河,是在10天之内,128个敌人,4辆铁甲车,横跨60万平方公里的土地,直入承德,如入无人之境,敌人做梦也没有想到,中国军队已退入长城了。事后,政府组织的长城攻夺战,投入了33个师及部分营、团的力量,有中央军、东北军、西北军、晋军,以劣势的装备和军民的血肉之躯,顽抗日军的科学利器,持续了两个多月,使日军遇到了"九一八"以来的第一次苦战。中国方面无故放弃热河是战略上的失误,但长城抗战却又扫除了不抵抗的耻辱。

胡适总结其教训说:敌人的胜利真是疾风扫落叶;中国是朽木之遇利斧,无有不崩溃之理;我们为什么这样不中用,做人刀俎上的鱼肉?他指出,中国的军队完全是太古式的军队,"养兵数百万,而机械窳陋,衣食不周,几等乌合",加上军官的贪污堕落,无法抵抗抱有吞并东亚野心的日本军人。根本的问题在于"这个国家上上下下整个的没有现代化,整个的没有走上科学工业的路"。鸦片白面依然泛滥,人民愚昧到以为诵咒念经就可以救国却敌的地步,这样的国家"是不能自存于这个现代世界的"。③

中国为什至今不得现代化?胡适说其根本的原因是这个民族生存在现代世界里,却由于其虚骄自大,不肯接受现代化。甲午战役后,曾一度自责过,但在第一次欧战之后,旧疾又复发了。"不先整顿自己的国家,而妄想用空言打倒一切强敌;不先学一点自立的本领而狂妄的藐视一切先进国家文化与武备;不肯拼命去谋自身的现代化,

---

① 《论美国的态度究竟怎样》,《血路》,1938年9月24日。
② 转引自列宁《克劳塞维茨〈战争论〉一书摘录和批注》,第28页,人民出版社,1969。
③ 《全国震惊以后》,《独立评论》41号,1933年3月6日。

而妄想在这个冷酷的现代世界里争一个自由平等的地位"。① 其"根本的原因只在一个'陋'字,只在不能认清这个新鲜世界所能提供给我们的神奇法术"。②

但是,胡适并没有因此悲观,他说"多难可以兴邦"。他指出,我们的唯一出路:"要学到能弱",承认我们今天不中用,"不耻不若,何若人有"? 要自耻不如人,自耻既不如人,还要知耻,然后认清方向,拼命去追求。"既不能强,又不能弱,所以毙也"。③ 胡适由此告诫人们,救国不是一件轻易的事,口号标语无用处,鲜血热泪亦无济于事,唯有齐心协力,把每个人的聪明气力充分发展出来为国家服务,"把国家的耻辱化为我们的骨血志气",认定"人一能之,己十之,人百能之,己千之","则一个新的民族国家在沉默忍受的苦痛中渐渐形成"!④

(四)理性思考"新宋儒"的高调

胡适的论调在当时的朝野属少数派,常遭误解、非议和攻击。在他倡导直接交涉时,即有人在报端上警告他:"媚外的都是有知识的人,愚民反倒能爱国,如果有知识的人想证明他们并不媚外……是否应当有点表示!"⑤当他发表《一个代表世界公论的报告》后,有人写信批评其为"因一人而概全体,因一时而概千古之谬见";⑥或曰"是学究的官话"。⑦ 还有人说:"美人发此言,则为正义,日本人信此言,则为明见……大贤持此论,动为今之从政者张目"。⑧ 发表《我的意见也不过如此》后,有人说他是"废话阶级",有人怪他"谨慎太过","今日已

---

① 《全国震惊以后》,《独立评论》41 号,1933 年 3 月 6 日。
② 《编辑后记》,《独立评论》98 号。
③ 《整整三年了》,《独立评论》119 号,1934 年 9 月 17 日。
④ 《沉默的忍受》,《独立评论》155 号。
⑤ 《胡适来往书信选》(中),第 101 页。
⑥ 《胡适来往书信选》(中),第 136 页。
⑦ 《胡适来往书信选》(中),第 139 页。
⑧ 《胡适来往书信选》(中),第 144 页。

举世无生人之气,何待以不抵抗之耶"?① 1935年北平"一二·九"运动大游行,胡适在一次会议上讲话,有些学生竟给他当场难堪,跺脚嘶叫,"几乎跳起来的迎面大声喊道:'汉奸',他(胡适)也大声,正直而不失其苦口婆心的答道,这屋子里没有汉奸"。② 直至1937年,胡适出使欧美宣传抗日,还有人写信责问他:为何曾在国防参议会上提出承认满洲国的主张?卢沟桥事变后还曾提出和平方案,现在却"预备以三千万人之自由来换和平"?写信者对此"不大相信(也不大放心)",要胡适作出解释与交代。③

朋友的误解,经说明就释然了,或改用"贤者用心,不可测也的《汉书》了"。④ 凡抱有成见者,则不是经解释就能改观的。对胡适误解最深的,要算青年学生了。胡适对他们则表示理解,"丝毫不怪他们"。他说:"我只觉得我教学二十年,实在不曾尽力,实在对不起青年人,他们的错误都应该我们负责",他们在此舆论气氛中,也是"不自由"所致。⑤

当时周作人曾对他说,"我们平常以为青年是在我们这一边"。胡适对这个提法表示"抗议",他说:"我从来不作此想,我在这十年中,明白承认青年人多数不站在我这一边,因为我不肯学时髦,不能说假话,又不能供给他们低级趣味,当然不能抓住他们。"胡适又说:"朋旧凋丧,只使我更感觉任重道远;青年无理解,只使我感觉我不应该抛弃他们。"⑥

胡适作正面反击的,是那些不负责的"高调"——真正的废话。他认为无论主战主和,都要期望"我的主张十足兑现",负其责任,"个人的挨骂、被刑罚、被暗杀,只是应负的责任的最小部分,更重要的责任是国家政府采纳我的主张得着的种种结果,我们都得负道德上的

---

① 《编辑后记》,《独立评论》51号。
② 朱海涛:《北大与北大人——胡适先生》,《东方杂志》39卷13期。
③ 陶行知致胡适,《胡适来往书信选》(中),第369页。
④ 《胡适来往书信选》(中),第40页。
⑤ 《胡适来往书信选》(中),第296~297页。
⑥ 《胡适来往书信选》(中),第296~297页。

责任"。① 他称那些握着空心拳头、慷慨激昂、气吞山岳的主战言论,是时髦话,其"调"可谓"高"矣,实"只是献媚于无知群众的'低调'"。② 而那种负责任的话,竟成了"逆耳之言","群众不爱听",说这话就需要有点道德上的勇气。③ 他说,其实这是很高的调子,是"用我们公心和理智思考的结果"。④

胡适把这些"高调",比作历史上不负任何割地赔款责任的清流派的"清议"。他援引郭嵩焘在四五十年以前所说的话,以针砭当时的"高调"废话:

圣人之立教曰慎言,曰其言也讱,曰古者言之不出,曰巧言乱德,曰言无实不祥……唐宋之言官虽嚣,尚无敢及兵政。南渡以后,张复仇之议,推陈兵事,自诸大儒倡之,有明至今承其风。⑤

郭嵩焘说"南渡以后",指南宋偏安之后,"张复仇之议",更为"大儒"推崇到名节的高度,即是在政治上"上纲上线";今日的主战"高调",即"承其风"。胡适认为,把与日本直接交涉视为有辱民族气节,是一脉相承的理学遗风。胡适在1939年5月于《独立评论》上发表谭嗣同的《北游访学记》,其中《报元征书》是1894年7月对当时清议派的抨击:

今日又有一种议论,谓圣贤不当计利害。此为自己一身言之,或万无可如何,为一往自靖计,则可云耳。若关四百兆生灵之身家性命,壮于趾而直情径遂,不屑少计利害,是视天下如华山桃林之牛马,听其自生自灭,漠然不回其志,开辟以来无此忍心之圣贤。

这一段话与此时的主战派也是针锋相对的。钱玄同对胡适说:"火线上的兵士以血肉之躯当(挡)坦克之炮弹,浑噩的民众又惨遭飞机炸弹之厄",惨伤难忍;愤"今之东林党君子犹大倡应该牺牲糜烂之高

---

① 《关于调整中日关系的先决条件》,《独立评论》200号,1936年5月4日。
② 《"独立评论"的四周年》,《独立评论》201号,1936年5月10日。
③ 《"独立评论"的四周年》,《独立评论》201号,1936年5月10日。
④ 《胡适来往书信选》(中),第279~280页。
⑤ 《致曾沅甫》,《养知书屋文集》卷10。

调,大有民众遭惨死事极小,国家失体面事极大之主张……自己安坐而唱高调,而以为民众应该死"。钱玄同称他们为"新宋儒",或"不仁的梁惠王",抱着满腔孤愤,慨叹甲午以来,"清流高调曾不少变,或更变本加厉焉"。①

胡适在 1941 年曾总结说:"'苦撑'是画其在我;'待变'是等候世界局势变到我有利之时。"②由"撑"到"变",是一个有目的的时机选择。本文所探讨的只是胡适"苦撑"的策略,至于其对时机的选择依据,则建立在胡适对侵略者日本和世界局势所作的周详考察之上,容另文探究。

原载安徽大学胡适研究中心《胡适研究》第一辑,东方出版社 1996,原题为《理智思考抗日问题》。

① 《胡适来往书信选》(中),第 215~216 页。
② 《胡适的日记》(手稿本),第 15 册,1941 年 7 月 9 日。

胡适访苏及其感受

一、验证苏俄的"狄克推多"

1926年7月17日,胡适由北京出发,假道莫斯科,去英国参加中英庚款咨询委员会会议。胡适这次所以绕道莫斯科,是为了求证他政治理念的假设。此前不久,他撰《我们对于西洋近代文明的态度》,指出:"十九世纪以来,个人主义的趋势的流弊渐渐暴白于此了,资本主义之下的苦痛也渐渐明了了。远识的人知道自由竞争的经济制度,不能达到真正的自由、平等、博爱的目的。"西方社会向来承认"财产"是神圣的人权之一,但在19世纪以后,这观念根本动摇了,有人竟说"财产是掠夺",所以国家征收极重的遗产税,财产已不许完全私有了。近几十年间,劳动阶级已成为社会上有势力的集团,同盟罢工可以使政府屈服,"俄国的劳农阶级竟做了全国的专政阶级,这个社会主义的大运动现在还正在进行"。① 胡适认为,社会生产的发展导致社会兴起新的势力,这种发展是一种必然的趋势。在当时的中国,社会主义已是能与资本主义相匹敌的思潮。但是,俄国所实行的无产阶级专政一般不为自由主义的知识分子接受。1925年,在其周围的朋友中,还曾有过一场"反赤化"的讨论,朋友们要他加入这个讨论,他迟疑很久,终没有表态。他说:"我的实验主义不容我否认这种政治试验的正当,更不容我以耳代目,附和传统的见解与狭窄的

---

① 《胡适文存》三集卷1,第18页。

成见。"①

7月29日,胡适到达苏联的首都,当火车驰进市区,从窗外看到的景物就给他一个好印象,"早间所过城镇村落,远远可望见者皆金顶之礼拜堂也,其数量之多,建筑之佳,均是惊人。及到莫斯科,所在皆见绝伟大宏伟之礼拜堂。此间人有一句俗话,四十个四十,谓moscow 有 1600 所礼拜堂。'南朝四百八十寺',此意可想"。② 看到的是文化的象征。

胡适在此逗留了三天,参观了革命博物馆,仔细地看了俄国1890~1917年的革命史料展览;详尽地考察了第一监狱;访问了"国际文化关系会",会晤了于右任、蔡和森、刘伯坚、王达人、马文彦等人。在这三天时间里,他看到的是热火朝天的生产建设。苏俄的政治家"在这几年的经验里,已知道生产(production & produtivity,生产与生产力)的问题是一个组织问题。资本主义组织发展到了很高的程度,所以有伟大的生产力。社会主义的组织没有完备,所以赶不上资本主义的国家的生产力"。③ 胡适相信社会主义的生产组织将来亦能赶上资本主义的生产组织。中国"衣食足而知荣辱,仓廪实而知礼节"的古训,证明物质和生产的进步,就是文明的进步。他虽然是走马看花,但所见却使他心悦诚服。他在致友人的信中说:

> 此间的人正是我日前信中所说有理想与理想主义的政治家;他们的理想也许有我们爱自由的人,不能完全赞同的,但他们的意志的专笃(Seriousness of Purpose)却是我们不能不十分顶礼佩服的。他们在此做一个空前的伟大政治新试验;他们有理想、有计划、有绝对的信心,只此三项已是使我们愧死。我们这个醉生梦死的民族怎么配批评苏俄!④

苏俄所做的"空前的伟大政治新试验"是什么? 正是指的"无产

---

① 《欧游道中寄书》三,《胡适文存》三集卷1。
② 《胡适的日记》,1926年7月29日,《胡适研究丛刊》第二辑,第341页,中国青年出版社,1996。
③ 《欧游道中寄书》五。
④ 《欧游道中寄书》三。

阶级专政"。在这个问题上,胡适说,"近世的历史指出两个不同的方法:一是苏俄今日的方法,由无产阶级专政,不容有产阶级的存在。一是避免'阶级斗争'的方法,采用三百年来的'社会化'(Socializing)的倾向逐渐扩充享受自由享受幸福的社会"。① 胡适自然是主张"避免阶级斗争的方法",并说这是"新自由主义",或"自由的社会主义"。胡适就是带着这个问题,专程来此寻求答案的。在这三天时间里,他一方面与外国在俄工作的学者共同探讨,一方面则与共产党人纵谈乃至争辩。

7月30日他访问"国际文化关系会"时,遇到了美国芝加哥大学的两位教授。一位是 C. E. Morrium 教授,他著有 *American Political Theories*(《美国的政治理论》),是研究政治学说史的学者;一位是 Harpers 教授,他是芝加哥大学校长的儿子,曾在莫斯科留学,专治俄国史,先后来俄国达13次之多。

第二天,胡适再访 C. E. Morrium 教授,问他:

> 以政治学说史家的眼光看苏俄,感想为何? 以一党专政,而不容反对党的存在,于自由的关系如何? 所谓 Dictatorship(专政)的时期究竟何时可终了? 既不许反对党的存在,则此训政时期岂不是无期的延长吗?

C. E. Morrium 教授说:

> 此间作此绝大的、空前的政治试验,自不容没有保障,故摧残一切所谓'反革命行为'是可以原谅的。向来作 Dictator(独裁者)的,总想愚民以自固其权力。此间一切设施,尤其是教育的设施,都注意在实地造成一辈新国民,——所谓"Socialistic generation"(社会主义者的一代),此一辈新国民造成之日即是 Dictatorship 可以终止之时。②

旁观者的分析,胡适认为"此论甚公正"。

次则为共产党人的意见。8月2日胡适在离开莫斯科西行的火

---

① 《欧游道中寄书》五。
② 《胡适的日记》,1926年7月31日。

车上,遇见一位苏俄外交委员会的成员 Theodore Rathstein,在交谈中,使胡适感兴趣的是他对苏俄实行专政的自我辩护。胡适记下了他辩护的主要内容:

> 你不必对于我们的 Dictatorship 怀疑,英美等国名为尊重自由,实是戴假面具,到了微嗅得一点危险时,即将面具撕去了。如此次对付罢工的 Eveilyway Powers Act 即是一证。他们也是一种 Dictatorship,只是不肯老实承认。苏俄却是言行一致,自认为无产阶级专政。①

胡适看到苏俄的《刑事律》及《苏俄指南》"皆十分老实,毫无伪装的面孔",所以认为"此言却甚有理",②故相信地接受了。

7月31日偕 C. E. Morrium 与 Harpers 两位教授同参观第一监狱,给胡适的印象极佳,在日记中留下了颇为详细的记载,值得一提。它对胡适判断问题有颇大影响。他说,此监狱在郊外,有392名重犯,本均须隔离,今改为二人一室。每天劳动八小时,所得工资除去必需的费用和做工的原料费外,都可寄回家去。劳动之余各按其性情与教育程度组织各种活动,如讨论教育,甚至讨论政治,音乐会,文学讨论会等,一般一室放一桌二凳,但有一犯人是音乐家,平日须作谱,所以特地给他一张桌子。"别处监狱皆有自治制,此因系重犯,故除文化的与教室的活动之外,管理仍由专人司之"。犯人的伙食,狱方请胡适等人试吃一点,其"面包比 Savoy Hotel 的还好",也是犯人自作的。医务室有常驻医生,还有花柳病专家不时来出诊,"又有心理病专家专研究犯人的心理状态"。"据导者说,向日此项重犯以隔离之故,多生精神病态,今改革之后,人有工作,病态大减了"。③笔下所描写的是一个理想的监狱,姑不论其是否为专供人参观的窗口,但它给胡适的印象,至少是人道主义的。

胡适与蔡和森等人的争辩,也均为苏俄现行的无产阶级专政问题,胡适因此激动不已。8月3日,胡适在日记里留下如此记述:

---

① 《胡适的日记》,1926年8月2日。
② 《胡适的日记》,1926年8月2日。
③ 《胡适的日记》,1926年7月31日。

回想日前与和森的谈话,及自己的观察,颇有作政党组织的意思。我想,应该出来作政治活动,以改革内政为主旨,可组织一政党,名曰"自由党"。充分的承认社会主义的主张,但不以阶级斗争的手段。共产党谓自由主义为资本主义之政治哲学,这是错误的。历史上自由主义的倾向是渐渐扩充的,先有贵族的争自由,资产阶级的争自由,今则为无产阶级的争自由。略如下图:

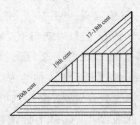

不以历史"必然论"为哲学,而以"进化论"为哲学,资本主义之流弊,可以为人力的制裁管理之。

党纲应包括下列各事:
(1)有计划的政治。
(2)文官考试法的实行。
(3)用有限的外国投资来充分发展中国的交通与实业。
(4)社会主义的社会政策。①

二、对新俄持理解态度

上述是胡适在莫斯科求证时所作的实验主义记录。他说:"在世界政治史,从不曾有过这样大规模的'乌托邦'计划居然有实地试验的机会。求之中国史上,只有王莽与王安石做过两次的社会主义的国家试验,王莽那一次尤可佩服。他们的失败应该更使我们了解苏俄的试验的价值。"他还说这种"大政治试验","与我们试作白话诗,

---

① 《胡适的日记》,1926年8月3日。

或美国试验委员会制与经理制的城市政府有同样的正当"。① 当然有些问题还需继续深入取证,时间又不允许久留,则从长计议,"这回如不能再回到俄国,将来回国之后,很想组织一个俄国考察团,邀一班政治经济学者及教育家同来作一较长的考察"。②

胡适需要求证的问题,初步的结论是满意的。他为国内的朋友所提供的也即是 C. E. Morrium 教授的意见:

> 狄克推多向来是不肯放弃已得的权力的,故其下的政体总是趋向愚民政策。苏俄虽是狄克推多,但他却真是用力办新教育,努力想造成一个社会主义的新时代,依此趋势认真做去,将来可以由狄克推多过渡到社会主义的民治制度。

胡适认同 Morrium 教授的论断,他也从苏俄教育部所出版的《公家教育》上看到,八年的教育,成绩惊人,"可惜此时各学校都放假了,不能看到什么实际的成绩"。这是十分遗憾的事,以后有人问及苏俄教育,他"不愿答辩",只是说"苏俄并不是轻视纯粹科学与文学……一切科学上的设施,考古学家的大规模的探险与发掘,政府总是竭力赞助的",并说:苏俄的教育制度"遍地是公民教育,遍地是职业教育……养成人人的公民程序与生活能力,而同时充分给与有特别天才的人分途专习高等学问的机会"。③

胡适对新俄心悦诚服的结论,和衷心赞扬的书信,在朋友中传阅,或有媒体如《晨报》编选摘载,"胡适已被赤化"的传言,则不胫而走。在胡适的朋友中,如钱端升持赞同的态度。他说:"你走后的行止,你走后的感触,我常在《晨报》及其他诸位友人处听见一二。有人说你很表同情于共产,此真士三日不见,当刮目以待了,真令吾侪欲行不得的人,望洋兴羡。"④

徐新六的态度客观、冷静。为探讨这一时代的走向,他希望胡适在这方面下一番工夫。他说:

---

① 《欧游道中寄书》三。
② 《欧游道中寄书》三。
③ 《欧游道中寄书》五。
④ 《胡适来往书信选》(上),第 406 页。

俄国革命对于旧式之社会虽有震撼摧拉之力,我辈亦不能见其力大而以为是。犹之乎西欧社会之组织经此震撼,未经摧拉,我辈亦不能认为即应存在之证也。俄国之特色,一为政治上党治之试验,一为经济上共产之试验。共产未能成功,而行其所谓新经济政策,然不能谓其说即可废,故我辈当平心静气研究此一点之是否,以及对于我国此时是否为对症之良药。如其不然,当研究出一方案来,徒为消极 anti(反对)确是无聊的。弟所希望于兄者,对于政治如未用过上述几层工夫以前,不必急提方案,而却不可不苦用一番工夫,或可终于提出一个方案。①

徐志摩不以为然,认真地与胡适辩论,提出苏俄乌托邦理想在学理上有无根据、方法是否对头(包括能否走比较平和而牺牲小些的路径)、有无普遍性等问题。胡适态度认真,凭自己的思考逐一回答。他说,"平心说来,这个世界上有几个制度是'在学理上有充分的根据'的"? 政治的历史"不是东风压了西风,便是西风压了东风",事情成功了,学理亦随之产生了。如说"私有财产废止之后,人类努力进步的动机就没有了",胡适指出,这是"感情与成见"在作祟。他反证说,科学家的创造发明,对人类有绝大的贡献,"他们自己何尝因此发大财"? 并举例:英国有个医生发现了一种治肺病的药方,有85%的成效,但不肯把药方告人,英国医学会则指责这医生玷辱科学家的资格,把他的会员资格取消了,正是证明医生的尊严就是不许他谋私利。胡适说,"无论在共产制或私产制之下,有天才的人总是要努力向上走的。几百年前,做白话小说的人,不但不能发财做官,并且不敢用真实名字"。

至于用什么方法,则要视所遇到的对手和碰到的问题而定。胡适说:

> 认真说来,我是主张"那比较平和牺牲小些"的方法的……共产党的朋友对我说"自由主义是资本主义的政治哲学"。这是历史上不能成立的话。自由主义是渐次扩充的。……为什么一

---

① 《胡适来往书信选》(上),第419~420页。

定要把自由主义硬送给资本主义？①

渐进是胡适一贯的主张。他说狄克推多如 Mussolini（墨索里尼）之流"势不能不靠流氓与暴民做事，亦正非吾辈所不能堪。德国可学，美国可学，他们的基础皆靠知识与学问，此途虽过迂缓，然实唯一之大路也"。② 胡适说的自由主义渐次扩充的原则，与列宁所说民主的范围逐步扩大的理论似相类，但付诸实践则迥异。不过，胡适在此已认同西方的自由民主有假面具的成分。

苏俄虽否定自由主义，但胡适在莫斯科感受到的"Seriousness of Purpose，真有一种'认真'、'发愤有为'的气象"。他说："我去看那'革命博物馆'，看那 1890～1917 年的革命运动，真使我们愧死。我想我们应该发愤振作一番，鼓起一点精神来担当大事，要严肃地做个人，认真地做点事，方才可能对得住我们现在的地位。"③他说这几年在北平"太舒服了，太懒惰了，太不认真了"，与莫斯科政治新试验的"意志的专笃"相比，胡适感到惭愧。

因此他认为，苏俄的"一党专政"与中国现在所说的"赤化"不同，中国现在的所谓"赤化"，不是什么"赞成"中国实行共产制，而是妄想天上掉一个狄克推多，以拯救这个国家。把"中国的一切罪状归咎于外国人"，是不反求诸己的懒惰哲学。他认为中国有人喜欢"狄克推多"，如"五代时的唐明宗每夜焚香告天，愿天早生圣人以安中国"。他说这是妄想。"列宁一班人都是很有学问经验的人，不是从天上掉下来的。况且'狄克推多'制下，只有顺逆，没有是非——今日之猪仔（不限于议员）正是将来'狄克推多'制下的得意人物，这种制度之下，没有独立思想的人的生活余地"。胡适认为中国之所以糟到今天如此田地，完全是自己不争气的结果，不该把责任推到外国洋鬼子身上："为什么外国人不敢去欺侮日本呢？"④

苏俄的制度有无普遍性？胡适的答案是，"什么制度都有普遍性

---

① 以上均见《欧游道中寄书》五。
② 《胡适的日记》（手稿本），1926 年 9 月 18 日。
③ 《欧游道中寄书》四。
④ 《欧游道中寄书》五。

都没有普遍性。……我们如果肯'干',什么制度都可以行。如其换汤不换药,如其不肯认真做去,议会制度只足以养猪仔,总统制度只足以拥戴冯国璋、曹锟,学校只可以造饭桶,政党只可以卖身"。① 凡事靠自力更生,这个态度与蒋介石当年访苏的心得就类似了。

胡适与蒋介石的访苏,两人的视角不同,代表的利益也各异。蒋介石是从政治出发,是直觉的,一切以国民党的利益为转移。胡适的访问莫斯科,是从文化层面考察世界上出现的新型政权,超越了党派的利益,是理性的。他说"十八世纪的新宗教信条是自由平等博爱,十九世纪以后的新宗教信仰是社会主义"。

Morrium教授对苏俄无产阶级专政的阐释,与胡适"将来可以由狄克推多过渡到社会主义民治制度"的命题,均不是根据列宁的学说,而是出于各自的理解。就哲学而言,列宁是必然论,Morrium教授与胡适是进化论。西欧社会,自文艺复兴以来,即由封建而专制,再走向民主共和。资本主义发展到正常的共和民主国阶段,已是政党政治,可以相互竞争;而新俄的无产阶级专政,则不允许反对党的存在,"训政时期"是否会无限期延长?只有寄望其重视教育"造成一辈新国民"。"此一辈新国民造成之日"大概即是马克思、恩格斯在《共产党宣言》中所说的:执政的无产阶级"以统治阶级资格运用强力去消灭旧的生产关系,那么它在消灭这种生产关系时也就会一并消灭掉阶级对立状态存在的条件以及一般阶级存在的条件,因而也就会一并消灭掉它自己这个阶级的统治"。

三、苏俄走的也是美国的路

胡适在莫斯科深受苏俄人民专心致志的生产建设"干"劲所刺激,所说19世纪以后的"新宗教信条是社会主义",这是从生产力进化的角度看的,不是出于意识形态。胡适当时把人力车文明称为东方文明,摩托车文明称为西方文明:"人力车代表的文明就是用人作

---

① 《欧游道中寄书》五。

牛马的文明。摩托车代表的文明就用人的心思才智制作出机械代替人力的文明。"以此驳斥有人说东方文明是精神文明的观点。胡适认为用人的智能制作机械"却含有不少理想主义,含有不少精神文明的可能性"。① 他把哈尔滨当作东西文明的交界处,就是说他承认俄国的文明还优于中国。

胡适在英国会议后即到美国。当时的美国,他认为是世界上生产力水平最高的国家。苏俄也是向美国看齐的。他还说"美国是不会社会革命的,因为美国天天在社会革命之中。这种革命是渐进的,天天有进步,故天天是革命。如所得税的实行……已成了国家税收的一大宗。巨富家私有纳税百分之五十以上的。这种社会化的现象随时都可以看见"。② 胡适已阔别美国十年,今日重游,"略观十年中的进步,更坚信物质文明尚有无穷的进步"。③ 胡适认为马克思的预言已不再适用于美国了:"从前马克思派的经济学者说资本愈集中则财产所有权也愈集中,必做到资本全归极少数人之手的地步。但美国近年的变化都是资本集中而所有权分散在民众。"胡适在纽约参加的一次"两周讨论会"上,听到一位劳工代表在会上歌颂当今盛世。这位劳工代表说:

> 我们这个时代,可以说是人类有史以来最伟大的时代,最可惊叹的时代。

这是由衷之言,这声音发于美国,不是莫斯科。胡适十分感动,他说,"社会革命的目的,就是要做到被压迫的社会分子能站在大庭广众之中歌颂他的时代为人类有史以来最好的时代"。④ 胡适当时心目中的"自由的社会主义",实际上就是美国,那里已有世界上最发达的生产力,整个社会正向着"社会化"、"协作化"的方向前进。他说:"用铁路汽车路来做到统一,用教育与机械来提高生产,用防弊制度

---

① 《漫游的感想》(一),《胡适文存》三集卷1,第52页。
② 《漫游的感想》(三),《胡适文存》三集卷1,第58页。
③ 胡适致吴稚晖(手稿),《胡适来往书信选》(上),第468页。
④ 《漫游的感想》(三),《胡适文存》三集卷1,第61页。

来打倒贪污,这才是革命,这才是建设。"①他把美国当作一面镜子,要中国人随时随地把美国的生产、教育、制度等方面与自己加以对照,找出差距,明确努力的方向。这种理念对胡适来说可谓终身一以贯之。

胡适没有在莫斯科止步,继续西行,考察就有了比较。因此,他盼望崇拜苏俄的人"向西去看看,即使不能看美国,至少应该看看德国"。② 在当时的东方,至少是在中国和日本,人们只有两种选择,除了马克思的社会主义(实际上是列宁主义)就是资本主义(美国亦归此类),没有第三条路。而胡适则把美国列为第三条路,并鼓励人们走这条路,这是因为他不为意识形态所囿。在莫斯科参观时,胡适曾有组织"自由党","充分承认社会主义的主张"之冲动,此后就再也不提了。

有人把胡适对苏俄的看法分为四个阶段:"少年时代的痛恨,青年时代的歌颂,中年以后的期望和怀疑,直到晚年的失望与抨击。"③胡适在少年时代痛恨的是沙俄,青年时代歌颂的是1917年的"二月革命",欢呼"去独夫'沙',张自由帜……拍手高歌,新俄万岁",欢呼俄罗斯加入自由世界。步入"中年",在1921年6月14日的日记中,胡适说,苏俄革命是"平地推翻一切",美国"但向上努力,而下面自然提高……俄国今日列宁与杜洛司基的生活,远不如福特厂内的一个工人的安适"。在这次访问莫斯科以后的欧游途中,因尚有苏俄人民生产建设刺激的余绪,胡适曾计划写一部书,书名就叫《西洋文明》,自拟十章,其第八章的题目为"社会主义",第九章为"苏维埃俄国的大试验",与第六章"自由主义"和第十章"社会化的世界"等内容熔于一炉,统称"西洋文明"。1930年,他仍称俄国的革命是"真革命","俄国最大的成绩是在短时期中居然改变了一国的趋向,的确成了一个新民族",胡适在此强调,"恐怕将来的人会明白这两种理想原来是

---

① 《请大家来照照镜子》,《胡适文存》三集卷1,第47页。
② 《漫游的感想》(三),《胡适文存》三集卷1,第67页。
③ 李敖:《胡适评传》,第239~247页,远景出版社,1979。

一条路,苏俄走的正是美国的路"。① 1935年胡适在《个人自由与社会进步》一文中,同样肯定苏俄的革命是为个人争自由的行为,他说:"我们试看苏俄现在怎样用种种方法来提倡个人的努力,就可以明白这种人生观不是资本主义社会所独有的了。"更有意思的是他把马克思、恩格斯也归入"自由思想"、"独立精神"的代表人物。他赞美资本主义的黄金时代"维多利亚时代"的"光华灿烂","马克思、恩格斯都生死在这个时代里,都是这个时代自由思想独立精神的产儿,他们都是终身自由奋斗的人"。② 胡适的这种信念,一直保留到二战结束,在雅尔塔密约的内容暴露于世后,他才开始对苏俄早年的宣言发生怀疑。这是后话。

原载(台湾)《近代中国》第150期,2002年8月。

---

① 《胡适的日记》(手稿本),1930年3月5日。
② 《独立评论》150号,1935年5月6日。

"人权运动"与国民党内反对派的呼应

国民党对胡适等人所发动的"人权运动",予以舆论的讨伐与行政手段的高压,在社会上出现了势不两立、壁垒分明的对峙局面。但奇怪的是,发动讨伐的一方尽管添薪助燃,却总是升不了温,这是为什么?如果细察"人权运动"与国民党的关系,不难发现在势不两立的表象背后,存在着微妙的相互感应。

感应之一是,国民党内部的"自由主义分子"即一部分西化的"民主派",他们有条件地接纳胡适等人所提出的人权主张。兹姑不论,只论另一感应,即国民党内部受压制的反对派,亦与胡适等人的"人权运动"相呼应,终于促使国民党的重新组合。

国民党内的反对派,联合起来反对以蒋介石为首的南京中央的训政实施,有军事的,有理论的,"中原大战"就是军事上的联合反对行动,结果失败了。与此同时,在北平召开的"扩大会议",却因提出了与"人权运动"相呼应的主张,终于被蒋介石接纳。

一、胡汉民设计党治体制

蒋介石北伐、清党,以及在南京成立国民政府而致宁汉分裂,都得到广州方面的支持,促使武汉失势,终得以统一全国,这是与胡汉民合作的结果。当时国民党的格局,仍然是蒋、汪、胡三角关系。不过,在这时,汪、胡二人都必须依附于蒋,才能有所作为。汪、胡之间已成水火。1927年,汪精卫引退出走,胡汉民即于1928年从欧洲回国。有人劝胡汉民不要为了反对汪而去南京为蒋介石所用,胡汉民则说:"自古武人只能马上得天下,没有文人就不能马上治天下。汉高祖有个叔孙通帮他定朝仪。现在只要做到不打仗,就可用法治的力量来约束枪杆子。即使我不去南京,也自会有人去受他利用。"胡汉民雄心勃勃,去南京施展他以法治约束枪杆子的才能。

依照孙中山生前制定的《国民政府建国大纲》(以下简称《建国大纲》)的规定,军政时期结束,即进入训政时期,以为到达宪政时期的过渡。北伐的胜利与全国的统一,亦即军政时期的结束。胡汉民尚在欧洲考察时,即已在设计下一步的训政党治体制:(1)以党统一,以党训政,培植宪政基础;(2)发动训政由党负责,实行训政由政府负责;(3)建立五权制度。在胡汉民回国之前,蒋介石身边的谋士也曾提出孙中山说过的"以党治国"的原则,但未能就统治体制作出系统的规定。胡汉民回国后,首先说服当时正在倡导"分治合作"的李石曾,正名为"分工合作"。1928年9月15日,胡汉民正式发表其《训政大纲提案说明书》(以下简称《说明书》),系统提出国民党统治体制的设想。在《说明书》中,胡特别突出"政治会议"在训政时期的地位和职权,置其于国民党中常会之下、国民政府之上,作为"党国连锁"、"训政之发动机关"。在《训政纲领》、《中华民国国民政府组织法》中规定:在训政时期,国民党的全国代表大会代替国民大会,闭会期间,政权付托中国国民党中央执行委员会执行之,治权付托国民政府施行之,以保证"一切权力皆由党集中,由党发施,政府由党负责保姆之责,故由党指导,由党拥护。在人民未经政治训练,及未完全了解实行三民主义以前,唯有党能代表全国人民负建国之大任"。① 这就是"以党治政"(后来称之为"一党专政")制度的系统化、法制化。

胡汉民所设计的"以党治国"、"军队党化",是要把权力"集中在全体同志所付托的中央",而不是集于个人,②提倡"政府和党应该打

---

① 胡汉民:《训政大纲提案说明书》,载王养冲编《革命理论与革命工作》第2辑,第11~12页,民智书店,1932。

② 胡汉民:《何谓民主主义的集权制度》,载《胡汉民先生演讲集》第1集,第1~4页,民智书店,1929。

成一片,不可分离","党外无党,党内无派","党外无党,政外无党"。①他认为这样对党外可确立国民党独占统治的地位,党内可防止个人独裁。胡汉民在国民党《第三次全国代表大会的使命》(开幕词)中说,"总理(孙中山)在世,汉民以总理为党,总理去世,汉民便以党为总理",以孙中山的嫡传、国民党的化身自居。他所制定的党治体制,是辅佐蒋介石,也是为了限制蒋介石。

孙中山的《建国大纲》,是胡汉民设计训政时期党治体制的王牌依据。但平心而论,两者有着根本差异。《建国大纲》的第八条规定:"在训政时期,政府当派曾经训练考试合格之员,到各县协助人民筹备自治。"第十四条规定:"每县地方自治政府成立之后,得选国民代表一员,以组织代表会,参预中央政事。"《建国大纲》规定,训政时期的工作是由下而上、由县而省而中央的,以民治为基础。第十六条规定:"凡一省全数之县皆达完全自治者,则为宪政开始时期。"第十九条规定:"在宪政开始时期,中央政府当完成设立五院,以试行五权之治。"而胡汉民所实施的训政,是由上而下的,而且只在中央,不到省、县,在训政开始时期即实施五权之治,而不是在"宪政开始时期"才设立五院,并且还是"试行"。两者同样设想以党治为基础,但两者的精神颇不相同。有人说:"这并非规划者的疏失,而是由于当时形势所迫。因为在军权决定一切的情况下,民权既不可期,惟有希图以党权来平衡军权,以党治来取代军治,未尝不是较为切合实际的选择。"②但国民党内的反对派则抬出"国民会议"和"训政时的约法"与之抗衡,因为它同样是总理的"遗教"。

二、胡汉民不与胡适"共中国"

胡适发动的"人权运动",是对国民党实施训政党治的最早挑战。

---

① 胡汉民:《怎样做到以党治国与何以要完成地方自治》、《党外无党,政外无党》,《胡汉民先生演讲集》第6集,第11、25页,民智书店,1929。

② 蒋永敬:《国民党实施训政的背景及挫折》,《百年老店——国民党沧桑史》,第197页,(台北)传记文学出版社,1993。

胡适提出，人民的基本权利应受到法律的保障。在《我们什么时候才可以有宪法》中，他抨击孙中山在1924年以后改变了在训政时期设置约法的主张，认为是一种根本大错误，使宪法与训政不能同时并存，是错误总结民国十几年来的政治历史所形成的一种成见。胡适说："民国十几年的政治失败，不是骤行宪政之过，乃是始终不曾实行宪政之过，不是不经军政训政两期而遽行宪政，乃是始终不曾脱离扰乱时期之过也。"他指出，"无宪法的训政是专制"。胡适当时不知训政党治的设计师是胡汉民，文章的锋芒却不无针对其《训政纲领》，竟击中了要害。

胡汉民为了宣传与捍卫自己的主张，以立法院院长的身份出面批判"人权运动"。1929年9月23日，他在《中央党部纪念周》上发表的讲话，就是针对胡适的。胡汉民声言在"训政时期，一方面要扫除反动障碍，一方面来建设……我们要用积极的方法，必须使民众见反动言论就轻视之，抛弃之，才算做到宣传极点"，①以期一举扼杀胡适等人的挑战言论。中央及各级地方党部，气势汹汹围剿"人权运动"，胡汉民就是总后台。

胡汉民在五四时期也受到新文化运动的影响，他和戴传贤、廖仲恺、朱执信等在上海创办的《星期评论》和《建设》杂志，与胡适在北京主持的《每周评论》被视为兄弟刊物。当时胡适曾同廖仲恺、胡汉民等人在《建设》杂志上以通信的方式讨论过井田制度的有无问题，彼此"以文会友"地交往。1927年6月，胡适刚从美国归来，已选择倾向国民党，他致函胡汉民说："一别八年，当日文字讨论的乐趣，至今无缘赓续。"②胡汉民时从事宣传工作，复函胡适说："最近宣传部发刊《中央半月刊》，似乎近于治标之本，很望先生们帮助做些治本的文字，更期讨论到治本的方法。"虽然这时的国民党已非昔比了，但因仍是北伐未胜利之时，彼此追念旧日友情，尚能平等相待。

两年之后，国民党北伐成功，胡汉民已身居高位，胡适未能"帮

---

① 《中央党部纪念周》，1929年9月23日。
② 《胡适来往书信选》(上)，第436~438页。

助"他做"治本的文字",却公然对他设计的训政党治体制提出挑战,胡汉民则以党魁的姿态对"异端"严加讨伐。胡汉民1929年9月的讲话,尚只是泛指;1930年11月21日他在立法院纪念周所作的《谈所谓"言论自由"》的讲话,不仅迎击胡适的"自由言论",也针对国民党内受胡适"人权运动"影响而起感应的人。他说,"自由"必须在"国家民族的利益范围以内"。他援引孙中山的论述,认为中国革命的目的与欧洲不同,为能抵抗外国的侵略,"就要打破各人的自由,结成巩固的团体","危害国家民族利益的放任的自由,中国过去实在已经太充分了"。接着,他把话题急转到胡适身上:

> 最近见到中国有一位切求自由的所谓哲学博士在伦敦《泰晤士报》上发表一篇长长的论文,认为废除不平等条约不是中国急切的要求……当我们正在苦心孤诣向帝国主义者交涉废约的时候,而我们中国的所谓著名学者,都会来此一着,加多一切帝国主义的借口,以稽迟我们自由平等的求取!在他个人无论是想借此取得帝国主义者的赞助和荣宠,或发挥他"遇见溥仪称皇上"的自由,然而影响所及,究竟又如何呢? 此其居心之险恶,行为之卑劣,真可以"不与其共中国"了。①

胡汉民还说:"必须纯粹拿'中国'学者的态度来研究,才不致上帝国主义的大当,做帝国主义的工具。"

胡适此时正举家迁居北平,见到上海《民国日报》刊载此文后,于11月25日匆匆给胡汉民写了一信。胡适在信中说:

> 这一段文字很像是指着我说的。我知道先生自己不会看《泰晤士报》,必定有人向先生这样说。我盼望先生请这个人找出我在哪一天的伦敦《泰晤士报》上发表何种长长的文章或短短的文章,其中有这样一句"居心险恶,行为卑劣"的话。倘蒙这个人把原来的报纸剪下寄给我看看,我格外感谢。②

胡适似乎有恃无恐,而胡汉民却已若强弩之末。于是胡适密切注视

---

① 胡汉民:《谈所谓的"言论自由"》,《民国日报》,1930年11月22日。
② 《胡适来往书信选》(中),第32～33页。

着胡汉民与蒋介石关系的变化,并乐观胡汉民被囚于汤山,致力促成汪、蒋携手合作。

三、汪精卫聘胡适为约法起草委员

1929年3月在南京召开的国民党第三次全国代表大会,是蒋、胡合作的黄金时期,也是排斥异己最烈的一次,其排斥的对象主要是汪精卫一系的改组派。而此时汪精卫不在国内。1929年3月11日,改组派由汪精卫领衔,发表《最近党务政治宣言》(以下简称《宣言》)。《宣言》说:"中央历次所决定之全国代表大会选举办法及各地代表产生法,益促成本党之官僚化而使民众失望。依照该代表选举法与代表产生法,将近百分之八十之代表,为中央所圈定与指派,将本党民主制度之精神,蹂躏殆尽。"

胡适注意到,这个"宣言"国民党的党报不予登载,他在其日记簿所贴剪报旁批云:"这宣言,上海各报不敢登,只有《江南晚报》与《东方晚报》登出。"流露出同情与不平的心情。这时胡适正在酝酿"人权运动",有同是天涯沦落人之感。

汪精卫此时在国民党内,以民主派的姿态出现。1929年6月15日,他在法国接受天津《大公报》记者的采访,声称"欲永绝军阀的根株,惟有培植民主势力",指出"党的专政,本来是用以培植民主势力的,如今用以摧残民主势力"。同年10月,汪精卫回到香港后,接连发表《怎样树立民主势力》、《怎样实现民主政治》等文章。12月1日,汪又对《中央晚报》记者谈"什么是党治",表示"深信非厉行党治,无以扶植民权"。他针对胡汉民提出的"党外无党"和"党内无派"口号,指出:"所谓'党外无党',其实党外人民之言论集会出版之自由悉被剥夺,不如谓之'党外无民';所谓'党内无派',其实党员之言论集会出版之自由若稍不利于其个人独裁者,则摧残之唯恐不力,然则不如谓之'党内无人'。"这些言论都是胡适密切关注的。反对派在北平的"中国国民党中央党部扩大会议"于1930年7月13日开预备会时,即以大会名义电催汪北上主持,奉之为正统领袖。汪在8月7日发表的《扩大会议宣言》中提出的七大主张,都是针对南京训政的缺失。①

8月26日,北平"扩大会议"通过起草约法案,规定"约法起草,由约法起草委员会行之"。9月17日,陈公博、郭泰祺于北平电邀胡适为"约法起草委员"。因第二天就见张学良通电将出兵入关,胡适估计北平的政局将有大变,没有答复。9月21日,胡适接北平协和医院定于10月4日开会的通知,即于9月29日动身北上。10月11日,胡适由北平至天津,以履行"扩大会议"聘任的"约法起草委员"之责。时罗钧任(文干)由东北来天津。罗于9月11日在沈阳发表声明:"反对一党专政,主召集国民会议制定宪法,与国民更始,政权还之国人。本人加入北平新政府与否,视参加后能否裨益上述政纲之实施为准,并须与张学良商洽。"所以罗亦被聘为约法起草委员。就在当日下午,胡、罗二人讨论了约法问题。鉴于10月3日蒋介石自开封致电南京中央党部,主张提早召开国民党第四次全国代表大会,制定训政时期适用之约法,所以他俩主张拟一约法草案,公布于报章,而不参加南北约法起草之事。在《胡适的日记》中记载了二人商讨的事项,大意如下:

  1. 约法为宪法之预备,决不是训政的约法,只是一种有限制的宪政时代的根本大法。

  2. 约法第一部分应规定人权,根本原则为"有法律,有制裁;无法律,无制裁"。(钧任的大意)

---

① 原文载1930年8月8日《大公报》第3版,七大主张是:(1)国民会议为孙中山救国之唯一方案,党治不特不因国民会议而生扞格,且因此日臻发扬。(2)训政时代必有约法,犹之宪政时代必有宪法,人民权利始有保障。(3)地方自治而不使民众参加,则自治没有意义,亦无民主可言。(4)军权高于一切,而党政日益混淆,中央党部、国民政府皆形同虚设。(5)训政以来,以中央党部代替国民会议,以各级地方党部代替地方会议,一切措施,皆以一党专政之名,行一人专制之实。此为民主政治之大敌。(6)曲解党治,一切官吏非党人不用,此不但使人视党为干禄之工具,而导致党员官僚化,且党外人才,屏之党外。(7)建国大纲,采均权制度,今日中央用集权之名,行个人独裁之实。

3. 第二部分为中央与地方的关系,应规定联邦式的统一国家。(我们同意)

4. 第三部分为政府组织。我主张有一个议会,原则有四:(1)一院;(2)人数少;(3)各省以人口比例选举(最少者每省一人,多者不过五人);(4)限制的选举权。

钧任主张"元首制":议会举元首(一人或数人均可);元首任内阁;内阁对元首负责,不对议会负责。我初意主张内阁制,后来我也赞成此意,以图政府安定。

胡适与罗钧任在天津期间,还为汪精卫在一些原则问题上作过参谋。在"扩大会议"推定的国民政府委员名单中,亦有张学良,虽未征得其本人的同意,但仍寄予希望。当时汪精卫拟了三条办法,专为应付东北的,大意是:(1)若东北以"党的立场"讨蒋,则改组派以党的地位参加,党务、政治、军事由东北主持;(2)若东北以非党的立场讨蒋,则他们(指汪派)以个人地位赞助;(3)若不讨蒋而主张和平会议,而他们能以对等地位参加,则他们也赞助。郭泰祺持此稿与胡适及罗钧任商议。胡适认为:"'党务军事政治由东北主持',是去一蒋又来一蒋,有何补于国家?不如说约法宪法与国民会议,既已由南京承认,是他们(指改组派或'扩大会议')的主张已胜利,此时惟望党人监视代表大会,使他成功,国人监视国民会议,使他成功。如此下台,岂不冠冕多了?"胡适劝"汪精卫此时应站的高一点,不可令人轻视"。

晚上,胡适和罗钧任由郭泰祺邀去晤汪精卫夫人陈璧君。陈璧君说:"无论如何,精卫必不能放弃'党的立场'。"汪精卫正是以国民党的"正统"领袖的身份被请来主持"扩大会议"的,但胡适却对她说:"老实说,党到今日,还有救吗?是否靠北平会馆住着等候差使,月领四五块的生活费的二千多人,来中兴国民党吗?精卫还是愿得这二千人的同情呢?还是站在'国的立场'来博我们多数人的同情呢?"罗钧任也说:"你们争粤二中与沪二中,争三全会与四全会,与我们何干?我们都是'疍户'而已。"胡适当时以为"话虽激烈质直,未必有人肯听"。但在第二天看到报载"汪阎冯"的通电,内称:

自去春以来,内战复起,国家陷于分崩离析,人民罹于涂炭,究其原因,实由□□□(蒋介石)以个人私意,动摇党国根本所激成。锡山等盱衡世变,以为挽救之道,惟放弃独裁,培植民治。国民会议为总理遗嘱所定,于最短期间促其实现者,不可不开。约法为训政时期保障人民权利,制定中央与地方政治制度之根本大法,不可不制定颁布。全国代表大会为党治时代一切权力之源泉,不可不依法产生,欲求以整个的党,造成统一的国,非此莫由……

同时刊载汪精卫10月9日在石家庄对报界发表的谈话:"今观于蒋中正江电所云,可为吾人主张非武力所能遏抑之一明证云云。"胡适看了后说,"主张已与我们昨夜所谈相近了"。这就是胡适所说的"如此下台""冠冕多了"!

"扩大会议"和国民政府相继在北平成立刚刚一星期,张学良忽统兵入关,"扩大会议"等就由北平迁至石家庄,而中央军队正由平汉路北攻,"扩大会议"等复由石家庄迁至太原。10月27日,约法草案在太原完成并通过。全文有八章二百一十一条,史称《太原约法草案》,公开发表以三月为期,"征求全国人民真实意见及正当批评"。前方军事失败,"扩大会议"无形解散,但约法全文在天津《大公报》公之于世,由此载入史册。《大公报》同时发表社论,指出其优点有五,可疑之点有六。邹鲁则写了一篇《解释约法》,刊载在翌日《大公报》上,后又写了《约法说明》,以先声夺人。邹鲁在《约法说明》中说:

> 有谓"训政时期,不须约法"者,并引建国大纲宣言中所云"辛亥之役,汲汲于制定临时约法,以为可以奠民国之基础,而不知乃适得其反"之言以为证,不知建国大纲宣言所言,乃言约法之制定,不经训政之未善,非言训政时期不须约法也。观于建国大纲宣言中所云"非由临时约法之未善,乃由于未经军政训政两时期,而即入于宪政"之言,即可说明此义矣。①

同时列举孙中山论述训政时期必有约法的言论。这些都是针对南京政府的《训政纲领》而言的,使南京方面难以自解。南京政府在军事

---

① 邹鲁:《回顾录》卷3,第363页,独立出版社,1944。

方面胜利了,而人权的"理"输了。

四、蒋介石采纳反对者的意见

南京中央在军事上取得胜利后,在人权、约法的思想理论方面感到的压力,其分量不在武力威胁之下。它又不是以武力能解决的。在"人权运动"引发以后,国府主席蒋介石始终没有表过态。1930年10月3日,他终于在河南开封前线致电中央,提议提前召开"四全大会",确定召集国民会议及制定训政时期之约法问题。蒋介石说:

> 谨以管见所及,为钧会述之:本党遵奉总理遗教,实施建国程序,暂定一党专政之制,期成天下为公之忠。而速开国民会议,尤为总理遗嘱所明示,早应切实奉行。惟以统一甫告成功,军阀割据之恶习,尚未完全打破,深虑国民会议召集之际,不免有恃兵力劫持选举,收买政客伪造民意者,转将引起纠纷、妨碍建设。故先从事于编遣会议,以谋军阀之实际消灭。不意引起假革命真军阀之叛乱。中央亦不得已而兴师讨逆……此战之后,决不至再有军阀复敢破坏统一与叛乱党国。故本党于此乃可征询全国国民之公意,准备以国家政权奉还于全国国民,使国民共同负责,以建设我三民主义之国家……兹特提议本党第四次全国代表大会于三个月后提早开会。如钧会不以为谬,并请于最短期间召集本届中央执行委员会第四次全体会议,以便决定此重要之问题,俾慰全国人民之望。

蒋介石通电全国人民说,他是遵奉孙中山的建国程序的;训政时期所实施的一党专政,是"暂定"的;国民会议由党代会代替,是因军阀势力尚未肃清,现在不再有军阀敢破坏统一与叛乱党国了,所以准备还政于民。

蒋介石在同一天同在开封前线发了两个电报:其一是大赦政治犯和军事犯,"请于军事大定后或明年元旦实行"(次日即由南京传媒发表了);其二便为还政于民的"江电",于五日"始由开封用通电发出"。这两个"江电","表现蒋对解决时局之全部主张"。《大公报》对此发表了一篇"社评"——《蒋请开国民会议之江电》,分析此电发表的背景与原由。社评开宗即指出:"中央军前夜已入郑州,中原军事于此告一段落。然政治方面之转变,更有较此重要者,则转请召集国民会议之江电是也。"社评注意到,这一通电所以引起全国广泛瞩目,"盖为制度上之重要改革,且与汪精卫等之主张略相一致故也"。社评核查年来汪氏的言行,与蒋的"江电"相比较:

> 七月二十五日,汪、谢(持)、邹(鲁)等在北平曾发表过七项基础条件,其中第一项筹备召集国民会议;第二项,按照建国大纲制定一种基本大法,其名称用约法抑用宪法再定。其后于八月七日发表一宣言,仍本此立论。旋设立国民会议筹备处,及约法起草委员会。迨上月张学良巧电发表,汪于十九日致张一电,表示四项意见:第一,开国民会议;第二,开合法之全国代表大会;第三,制定约法;第四,防剿共党。是以就政治的立脚点言,汪等始终抱定者,为国民会议与基本大法。今蒋之提议,自系其本身主张,毫不含承认前北平扩大会议地位如何之意,然最可注目者,即由此证明现在主持中央者与反对者,对于党治之解释,及今后之方针,大体一致。而其一致之点,在共同承认应开国民会议,应先制定约法,应促成宪政。即就常规论之,以党言,已得恢复合作之机会;以政言,渐开民主制度之端倪。和平统一之一线曙光,应在于此。

社评最后指出:"为拨乱反治之计,必须先将军事的变为政治的。蒋氏此电,足开政治的解决之端乎?吾人拭目以观之。"称江电与汪氏的主张"大体一致",是战争转为和平的关键。

奇怪的是胡汉民对蒋介石的提议大加反对,说这不仅接受了反叛者的主张,也推翻了"三全大会"的决议。在 11 月 12～18 日召集的三届四中全会的开幕式上,胡汉民在《开幕词》中说:

> 在欧战时候,法国有一个飞行师,驾驶飞机的技术非常高明,一天回巴黎……当时有一辆迎接他的汽车,请他上车,他认为开马达总是他的拿手戏,便要求自己开车。于是他以飞行家的资格乘着在天空中纵横自如开机法,开他所坐的汽车,横冲直

撞,撞死了五六十个欢迎者。不好如何责备他,只好劝他停止了。"

胡汉民讲述这个故事,分明是说蒋介石不懂政治,仍以马上得天下的老办法治天下,乱了套,言下之意是说不懂政治的人也只好"劝他停止了"。张群针对胡汉民,在会上提出了一个长达万言的议案,要求速开国民会议制定约法。议案列有五项理由,摘要如下:

(1)速开国民会议制定约法,为孙中山的遗教,徒为倡乱者所阻,转以归罪中央;今纵接纳反对者之意见,各国政治家或政府不无先例。

(2)为使党与人民之关系渐臻密切,舍国民会议外,别无他途。

(3)国民会议的目的,在将本党建国的主义、政纲提出公认,期得国民之赞助,实为增进与国民团结之方法。

(4)训政时期应行约法,在同盟会之政纲宣言、孙文学说及中国革命史均有说明。

(5)三全大会决议确认总理各种遗著为训政时期之根本大法,但其中亦有不少不含法律性质。①

此提案是秉承蒋介石意图,李石曾、吴敬恒等支持,胡汉民则坚持反对。与会者引起激烈争议,双方势均力敌,最后决议先召集国民会议,制定约法的问题缓议。由此导出胡汉民被囚的事件。

1931年2月,戴季陶向蒋介石供献了一条软禁胡汉民的计策。26日,蒋给胡汉民发一请柬,约胡于28日晚至蒋宅赴宴。当天晚上,出席宴会的中委和立法委员有二十余人。胡汉民被引入另室。蒋先从口袋掏出一封致胡汉民的信,当众朗读以征求大家的意见,然后说:"诸君既无异议,予即将此函示展堂矣!"于是蒋入另室,给胡汉民看这封信。信的内容略谓:

订立约法为总理之遗志,国民之希望,而公乃迭加反对,以

---

① 参见蒋永敬《民国胡展堂先生汉民年谱》,第493~494页,(台北)商务印书馆,1981。

公所处地位,诚不免有操纵之嫌,国民会议应予国民以尽量言论之机会,公所发表意见,殊足为国民会议之障碍。如此,名为爱护本党,实则妨碍本党,颇为公不取也。

胡汉民看完信,一一答辩,征引多条孙中山的话,证明自己是正确的。蒋等其话说完后,即毅然说:"我二人之主张互异,简而言之,即系彼此政见相歧。主持国政之人,政见两歧,自然办不通,故在两个政见之中,必须牺牲一个。总理生前曾云:平常事百分之九十九可以迁就展堂,惟有关党的存亡关系时,即不能迁就。余认为此事有关党的存亡,故需请君迁就一点,此外已别无奉告。"胡汉民说:"余久拟辞职休息,今既有此机会,亦大佳妙。"于是蒋介石叫胡汉民"休息"。翌日(3月1日)晨,胡汉民因吴稚晖等之请,赴汤山休憩。送胡去汤山的汽车达三十余辆。①

蒋介石在3月2日的国府纪念周演说云:"国民会议开时,决制定约法,使人民生命财产得有保障,为永久统一关键。奈胡汉民同志独持异议,曲解遗教。制定约法为本党及全国人民公意,决不能以个人私见打消,更不能以立法院长地位,造法违法。此一语之出,可以起有约法无约法之争,为祸乱之源。胡现已引咎辞职,中央对此决不姑息,希望渠个人勿牺牲革命历史……"纪念周之后,即召集中常委第130次会议,决议三案:(1)胡汉民辞去本兼各职案,照准。(2)推原立法院副院长林森为立法院院长,推邵元冲为国民政府委员,兼立法院副院长。在林森未回京前,由邵元冲代理。(3)关于起草约法提案,蒋介石、戴季陶、于右任、丁惟汾、吴稚晖、王宠惠等十二人表示以"坚定不移之决心,并应排除一切困难与谬见",决议组织起草委员会,由吴稚晖、王宠惠为召集人。

胡适从报端看到此消息后说:"今日报上登出蒋介石与胡汉民的决裂,这是我早已预料到的。但去一胡汉民,来一邵元冲,真是每下愈坏。"4月,起草委员会通过了训政时期约法草案,经国民党中常委

---

① 软禁胡汉民的经过,据1931年3月6日《世界日报》。《胡汉民自传续篇》所记与此不同,请参阅《近代史资料》总52号,1983年2月。

137次会议通过,交国民会议核定。5月5~17日国民会议召开,通过了约法草案。

原载安徽大学胡适研究中心编《胡适研究》第三辑,安徽教育出版社,2001。

胡适与北京大学的学生运动

一、北京大学的学生运动

(一)美兵强奸北大女生沈崇案

北京大学一向为学生运动中心,胡适出任北大校长,则身当其冲,首先碰到的是美兵强奸沈崇案。1946年12月24日,驻北平的美兵强奸北大先修班女生沈崇,激起北平万余名学生罢课、游行示威,抗议美兵的暴行,要求美军撤出中国。时胡适正在南京参加制宪国大,闻讯后,即于12月30日乘飞机赶回北平,对记者表示:"此次美军强奸女生事,学生、教授及我都非常愤慨。同学们开会、游行都无不可。但罢课要耽误求学的光阴,却不妥当。"并说:"此次不幸事件为一法律问题,而美军退出中国,则为一政治问题,不可并为一谈。"①第二天,教育部来电称:"平市美军污辱女生事,系违警刑事案件,自应听由法律解决。现闻有人假此鼓动风潮,未免太无意识,贻笑中外,应速设法劝阻,并整饬风纪为要。"②

事态扩大后,教育部再次强调"此系美兵个人行为",并希望胡适等表明态度。③ 1947年1月6日下午,胡适招待记者,首先说明受害

---

① 《申报》,1946年12月31日。
② 《国民党政府教育部致胡适、梅贻琦等(电)》,《胡适来往书信选》(下),第156页;又见《申报》1946年12月31日。
③ 《胡适来往书信选》(下),第158页。

者由校方派专人监护,①并表示愿意出庭为之作证。南京对胡适要出庭作证深感不安,致电劝说,称"美方刻正羞愤同深,兄之地位或未便如此"。②胡适17日履行诺言,在美军人法庭开庭审理其海军陆战伍长皮尔逊案时,列席作证。法庭终于认定被告皮尔逊应犯强奸罪。③

胡适一开始就把沈崇事件当作法律案件,并亲自出庭作证,"把因沈崇案而引起的学潮镇定下去",遭到民主人士刊物的谴责,"听说郭沫若要办七个副刊来打胡适"。一位辅仁大学的学生王迈在1947年元旦直接致书胡适说:"您说东单事件(即沈崇事件)是法律事件,可是这个法律事件,是由政治问题发生的……这事恐于您社会贤达的令誉少有影响。"他说:"嫂溺援之以'手',为'救人',无暇思及亲授不亲授的礼教戒条,若以此解释罢课游行事件甚为恰当。"④

当时,内战已起,经济更遭受破坏,物价飞涨,民生凋敝,青年学生也无不受到威胁。1947年5月以后,全国学潮在"反内战、反饥饿"的口号下,蓬勃蔓延,其具体动因各不相同,如有些是要求政府改革学制、改善生活、增加教师待遇而罢课罢教,"一星期以前,才被导向反内战,也有人声明退出者"。⑤

面对此形势,北大当局贴出布告,云:

> 这几天来,本校同学们酝酿着罢课,我们体认自身教学的职责,不能不向诸同学说几句话。我们对同学的生活,时刻关怀,近来物价骤然激涨,影响到大家的伙食,学校正在设法筹借款项,预先垫发,现在副食品费业已调整,粮价计算亦正谋改善,总期能在整个困难局面之下,得到一个合理的解决。我们切望同学们不可为这个问题,轻易牵动到功课学业上的牺牲。至于教

---

① 《申报》,1947年1月7日。
② 《胡适来往书信选》(下),第159页。
③ 后来被告皮尔逊又上诉至美海军部军法处,半年后宣布皮尔逊为无罪。胡适表示失望,1947年10月27日胡适对记者说:"这案子很复杂,还牵涉法律观点问题,在该案没有新证据发现前,不能再控制皮尔逊。"
④ 《王迈致胡适》(未刊),《胡适档案》。
⑤ 《申报》,1947年5月20日。

职员生活虽苦,但一定不忍见青年学生为他们的生活而牺牲学业。至于同学对现实政治自由发表意见,我们当然不反对,但政治问题都是很复杂的,都不是短时期能解决的,更不是学生罢课所能立刻收效的。所以我们很诚恳的希望同学们郑重考虑,切不可以牺牲学业的方式,作政治的要求。①

北京大学临时行政会议于5月16日四时半在胡适寓所召开,追认所发的布告。

(二)第二条战线

南京政府于5月18日颁布《维持社会秩序临时办法》,严禁人民十人以上的请愿和一切罢工、罢课、游行示威,并授权各地方政府采取"必要措施""紧急处置"。蒋介石亲自发表文告:"近来各地学生,时有越轨骚扰之行为,及违理逾分之要求,时废课业,相习成风,假游行请愿之名,为扰乱治安之举……如此干法乱纪,必非我纯洁爱国青年学子之所为,而显受反动之共党直接间接之策动。"②记者问胡适的意见,胡适说:"政府颁布此项法令,是在北平学生发生事件之前。该项处措是对京沪学生所取之态度,但其中不免有些感情成分。"对蒋介石在文告中说受共产党"直接间接之策动"等语则认为:"是不很公道。""这不如说这些行动是青年学生对当前困难感到烦闷而发生的,比较公道些……"③5月30日,毛泽东通过新华社发表《蒋介石政府已处在全国的包围中》,指出学生运动是向国民党政府进攻的"第二条战线"。全国的学生运动由此不可收拾。6月1～2日,国民党在北平、上海、天津、重庆、成都、开封、贵阳、福州、青岛等地逮捕学生、教授、记者、公务人员达三千余人。6月19日,中国学生联合会在上海成立。10月1日,北平燕大、清华学生罢课抗议国民党非法逮人。10月29日,浙江大学自治会主席于子三被捕后自杀,再次引发国统区学生运动的高潮。第二条战线与第一条战线相互呼应,且节节胜利。

---

① (重庆)《大公报》,1947年5月18日。
② 《经世日报》,1947年5月19日;《益世报》,1947年5月20日。
③ 《益世报》,1947年5月20日;《经世日报》,1947年5月20日。

1948年2月3日,教育部密电胡适称,"(北大)近日潜赴'匪区'受训学生甚多",要求"详加调查,严于处分"。① 北大的学生不断在校外被捕,当天即有法学院政治系二年级学生邓特自三院宿舍走向红楼的北河沿银闸胡同时被捕。2月7日,由华北学联发动、领导在北大民主广场举行"华北学生声援同济血案抗议非法逮捕控诉示威大会",参加者有北大、清华、燕大、师院、中法等校的大中学生三千余人。北平市警备司令部对此立即作出反应,宣布邓特在208师入伍,是复员军人,受华北学联领导,为"共匪"作宣传。

2月14日,学生自治会常驻理事会及人权保障委员会等方面代表向校长胡适提出:邓特的"罪嫌"不能成立,要求无条件保释,并要求胡适对于政府的非法逮捕、蹂躏人权等行径"出来主持正义,表示态度"。胡适当即提出,他对学生被捕之事有四个原则交训导处去办。四个原则是:

(1)如有同学被捕,学校代为打听逮捕的机关。
(2)通知该机关对被捕同学加以优待。
(3)被捕同学罪嫌若轻,由校方保释出来。
(4)被捕同学罪嫌若重,请求移交法院办理。

这四个原则,是建立在如下基本观点上的,即:

(1)学生不是有特殊身份的;
(2)学校不是有治外法权的地方;
(3)从事于革命工作的同学应自行负责。

胡适并对学生表示:

我不过是只纸老虎,纸老虎随时会被戳破的,你们同学不要以为我这里能得到什么保障,其实一点屁的保障也没有,将来人家扯破了脸抓人,我是没有办法的。②

2月16日,邓特由北大秘书长郑天挺、训育长贺麟从警备司令部

---

① 《国民党政府教育部致胡适(代电)》,《胡适来往书信选》(下),第322页。

② 《国立北京大学学生自治会理事会、人权保障委员会"邓特事件报告书"》,《胡适来往书信选》(下),第333~341页。

保出,于市医院就诊,属保外就医。

胡适于3月下旬,离开北平南下,先在上海参加协和医院董事会,继至南京中研院开会,月底出席南京国民大会。在此期间,"政府骤然说北平学联是'共匪机构',下令禁止学联活动"。3月29日,数千宪警把北大沙滩包括三院西斋包围一整天,全校师生不能自由行动,"晚上校区的竞选火炬游行,亦被阻搁"。学生为了抗议宪警包围学校和查禁华北学联等事,酝酿罢课三天。北大、清华研究生会和北大全体教职工均为生活问题于此时罢教罢课。警方对北大总算是尊重的,"允将学生移送法院,听其传讯"。① 但在师院,军警已进校逮捕学生了。

4月12日上午,北大召开临时行政会议,决定:如罢课,须有期限(师院无期限);不催胡适回平,仍以胡适名义维持工作。下午在教授会议上,决定罢教一星期。此时,政府为加强"剿匪"职权,国民大会已通过:"凡中央部会所属之学校均应配合剿总法令执行职务",北平行辕将撤,平、津划入华北"剿总"。

(三)军警逮捕学生要依法

在此形势下,胡适自感难以适应,则写信给教育部长朱家骅,表示自己的辞意。朱立即电复:"北大不可无兄,北方尤赖兄坐镇,即弟可放兄,而总统与翁兄亦必不能听兄高蹈;北大同仁闻之,将更惶恐。故此实不可能之事。"②

但因南京政府仍命令军警入校捕人,胡适则与清华大学校长梅贻琦于13日联名致电朱家骅,要他转呈蒋介石。其电云:政府"若用军警入校……行之必致学校陷入长期混乱,无法收拾,政府威信扫地,国内则平日支持政府者必转而反对政府,国外舆论亦必一致攻击政府",同时强调指出:"论者或以为美国亦有清共法案,必能谅解。

---

① 郑天挺1948年4月8日致胡适电。
② 朱家骅致胡适,1948年7月20日。

殊不知美国清共全用法律手续,决不能谅解军警入校捕人等等现状。"①此时北平统归华北"剿总"管辖后,国民党政府于8月17日发布《后方戡乱应行注意事项》,规定"罢课游行,聚众请愿者"都应"捕送特种刑事法庭"。8月20日,华北"剿匪"总司令傅作义宣称:"在戡乱工作中,还应打败第二条战线'匪党'一切潜伏分子",他们比"第一条战线有形战斗更为阴险"。

8月22日,胡适在北大深夜发布告,谓:"我们现在很诚恳的希望,尚未到案的同学务必认清当前的环境,顾念自己的前途,于八月二十三下午三时以前到训导处报到,由本校派员陪往特种刑事法庭。经过询问后,当即由本校设法具保。其过期不报到者,学校一律停止其学籍。"②第二天,胡适写信给北平警备司令部,告知:由特种刑事法庭传讯的五十名北大学生,除两人"查无此人"外,其余四十八人的下落:或已赴法庭、将赴法庭报到者,或已离校南下,或已就业者为二十三人,其余二十五人均不在宿舍。"我们现在正在查明凡确在北平而避不到案之本校学生,均一律停止学籍,决不许其注册,并决不许其潜居学校内活动"。③胡适这样做,依然是坚持不让军警入校捕人,以维护学校的尊严。

二、论中国学生干政

(一)学生干政的原因

胡适在1947年5月前后,在公众场合,论述学生运动的讲话有多次,总的精神是,正常的学生运动,不是谁能够煽动得起的,必有其所以引发的客观条件,如国家各方面不上轨道、政治不满人意、没有合法代表民意的机关等,干预政治的责任当然落在青年学生身上。

---

① 《胡适、梅贻琦致朱家骅(电稿)》,1948年8月13日,《胡适来往书信选》(下),第417~418页;又见《申报》1948年8月24日。
② 《申报》,1948年8月24日。
③ 致陈继承,《胡适书信集》(中),北京大学出版社,1996。

"现在共产党也有很多学生参加,这可以证明学生们不满社会政治现状的现象"。但是学生牺牲学业来干涉政治,胡适认为是一种错误。学生干政与工人罢工不同,"工人罢工,非常具体,要求减少工作时间,或增加几元几角的工资,只要数字吻合,马上就可以解决"。① 5月31日在北平行辕新闻处的星期六定例记者招待会上,胡适的演说词是:

> 看最近两星期的表现,北平青年还是有理智的。从五月十八日街头演说,到二十日的游行,和本周的复课,虽然其中标语说话有刺激感情的,但大部分还是理智的帮助制止了感情,很少有轨外行动。本人借此对地方当局表示歉意。……这两星期以来,一方面与学校当局合作,一方面保护青年安全,做成'疏导政治'。例如二十日游行,地方当局并未说不许可,让他们的烦闷感情有所表现,公诸社会和全世界,虽然有几个小问题使罢课延长了几天,但可证明疏导政治之有效。
>
> 青年的感情发泄以后,自然回复到学习上。现在图书馆、试验室里,都在埋头苦干,学校当局很得到安慰。我对学生代表讲话,鼓励往理智上走,这次的表示,表现(Demonstration)有很大成功,不但全国知道,全世界亦知道了。希望继续保持理智的态度。
>
> 过去曾说过,我认为青年对政治的表示,不可完全抹杀。对学潮有一个历史的看法:古今中外,任何国家,政治不能满人意时,同时没有合法有力的机关,可以使这不满得到有效的改革,这个事情总落在受教育的青年身上,亦就是学生身上。汉宋的太学生谈政治,与瀛台最有关系的戊戌变法,也与学生有关,当日各地举人上书引起革新运动。在外国,自有巴黎大学。千余年来,凡有革新运动,总是有青年。一八四八年全欧(包括英国)的政治运动,亚洲方面印度、朝鲜的独立运动,仍然有学生。有一个例外,现在有几个国家,学生好多喜好棒球、游泳、足球等正

---

① 以上均见《益世报》,1948年5月20日。

当运动或娱乐,对政治不大感兴趣。这个例外适是说明上述的原则,因为这些国家政治比较满意,同时有合法的改革机关。现在学生对政治不满意,感觉生活压迫,推敲理论,见仁见智,至少承认有烦闷的理由,有不满的理由。没有客观环境,不能说几个几十个人能号召几千人的学校罢课游行,因为牵牛到水边容易,叫牛喝水就困难了。党政军团可与学校合作,水来了,不要挡,疏导他,没有害的让他们发泄,发泄完了以后,大家仍以学业为重,我们对于这一点很同情。

北平没有大的不幸事件,据我知道,上星期六(五月二十六日)学联开会的结果,决定六月二日不出来游行,不出去煽动罢工罢市,只在学校内举行纪念仪式。有负责代表二人对我说。①

青年所以对政治感兴趣而干政,在中国还有其特殊国情。胡适在1922年办《努力》周报时就曾说过:"中年的知识阶级不肯出头,所以少年的学生来替他们出头了。中年的知识阶级不敢开口,所以少年学生替他们开口了。殊不知道少年学生所以干政,正因为中年知识阶级缩首袖手,不肯干政。"②

(二)要理智守法

1947年6月2日,北大的部分同学于沙滩红楼广场举行"内战死难军民追悼会",到会者有四五百人。学联负责人邀请胡适参加。胡适在追悼仪式完毕以后说:

几次承"学联"邀,均经辞谢,昨晨再被坚请,因此来说几句话。我认为"学联"决定今日不游行,不煽动罢工罢市,很理智,也很聪明。我要说的话:第一句,青年学生对现状不满,对政治经济不安的情形,表示关切,我很了解,很同情,这是我三十年来一向立场。……第二句话是,半个月来北平学生能守秩序,很能以理智指挥感情,应表敬意。……在北平,你们的表示,是一个

---

① 《华北日报》,1947年6月1日。
② 城北:《胡适先生五四谈》,《学风》第3期,1947年5月。

很大的成功;第三句话,我与梅贻琦校长,在前天下午曾参加"学联"的五个钟头的会,就是因为会里的决定,是关系着全北平和全华北。我们中年人老年人不放弃这最后进言的机会。"学联"的决定是了不起的事,以十三四位学校代表的决议,来把握了平津一万学生的行动,实在是理智疏导感情的结果。这十三四位代表敢作此"不很时髦"的决定,确具有政治家的作风。①

胡适说:"改革政治,有两种方式:一种是革命,一种是经过合法民意机关去改革。学生要干预政治,宣传也好,实地工作也好,也离不开这两种方式。"②胡适所主张的方式是后者,即承认既成的现存政治,通过合法途径进行改革。在学潮中出现的一些不健康现象,胡适提出了批评和引导的意见。

胡适尤其要求青年学生能独立思考。他说:

> 你们在大门上贴着标语,要求自由思想,自由研究,为什么我要你们"独立",而不说是自由呢?要知道,自由是对外束缚而言,不受外面强力的限制与压迫,这一向正是北大的精神。独立是你们的事,不能独立,依然是作奴隶。我是说,要能不盲从不受欺骗,不用别人的耳朵当耳朵,不用别人的眼睛当眼睛,不用别人的头脑当头脑。我提倡你们应当走独立的路,这就是说学校当然要给你以自由,但学校不能给你以独立,这是你们自己的事。③

在学生运动中,胡适始终强调"依法",他不同意学生所说的"非法逮捕"的字样,其根据是宪法第二十三条的规定。胡适始终强调法律与政治不能混淆。胡适在1948年10月5日,仍说对被捕学生:(1)迅速审判;(2)依法律手续办理。④ 所依的法,当然是《中华民国宪法》。他主张"在现行法律之下,政治犯也应该受到正当的法律保

---

① 《华北日报》,1947年6月3日。
② 《益世报》,1947年5月20日。
③ 城北:《胡适先生五四谈》,《学风》第3期,1947年5月。
④ 《益世报》,1948年10月5日。

障"。① 但要当政者能做到这点,实属不易。此时,南京政府颁发了《戡乱时期危害国家紧急治罪条例》,又制定《特种刑事法庭组织条例》与《特种刑事法庭审判条例》。有人在向立法院的请愿书中说:在宪法颁布后不久,贵院通过并制定了上述三个法规,"继之在大中城市设立特种刑事法庭,一步紧接一步,把普通罪行特殊化,把审判机关军事化,把诉讼程序原始化,致使人民仅有的法律上的基本权利以及普通司法机关权力都被摧残净尽"。与新宪法对照,这三个法规有诸多违宪之处。因此说,"今政府宣示行宪……绝对不能任其存在"。②

胡适坚持不让军警入校捕人,是遵新宪法行事,也是为了维护北大自由的传统。胡适作为北大自由主义的象征——纸老虎,确实起了不小的效应,确实保护了许多共产分子,称戎马倥偬时的北大为"共匪老巢",并不过分。诚如《纽约时报》所说:

> 既要维护校内的言论自由权利,又须承认在目前内战局面下国民政府逮捕共产党的权力,北大校长胡适博士的主张是:学生应受到公平的普通审讯,校方有权对被捕学生所犯的罪名进行了解,并为他们要求合理的监犯待遇;如果他们的罪状并不严重,应要求将他们释放。他曾向学生声明,如果他们卷入政治活动,他们就必须对他们自己的行为的后果负责。③

胡适对学潮的疏导,也是对他固有的学运理念的贯彻。1947年"五四"前后,青年人对现实有所不满而罢课、游行,属于正常的学运范畴;胡适对正常学运的疏导,发挥了应有的作用,可以说是成功的。自于子三事件之后,学运被引入"第二条战线",则成了国共内战的一个方面。胡适仍坚持"依法"应对,则已是失效了。

原载《学术界》1993年第2期,收入本集有调整。

---

① 胡适:《民权的保障》,《独立评论》38号,1933年2月7日。
② 《平津中院校学生自治会为反对设立特种刑事法庭致立法院请愿书》,《胡适来往书信选》(下),第343页。
③ 《关于邓特被捕事件的报道》,译文见《胡适来往书信选》(下),第343页。

出任驻美大使

一、应征出使

1937年7月29日蒋介石把胡适召到南京。8月19日,要求他"即日去美国",以非官方身份,活动于欧美朝野,争取欧美政府和人民同情或支持中国的抗日战争。有人称此为"汲水"救火工作。胡适于10月1日抵达美国,及至翌年7月,胡适在美国各地和加拿大及欧洲作有关中国抗战的宣传演讲。胡适的这些活动,被日本军国主义者视为他们的"大对头"。杨鸿烈致信胡适转达他在日本观察到的现象是:

> 他们(日本军国主义者)甚至说,蒋总司令现在的政权也是建设于您的"《独立评论》的哲学"之上。先生(胡适)在美的一言一动,日本的报纸都详为揭载。日本人或以为先生故意诬蔑他们的皇军在我国施行武力的假"王道政治"(此"王道政治"并非如儒教的理想,实乃其神话传说的神武天皇的建国宣言,纯粹为野蛮夸大,兼弱攻昧,取威定霸的原始政治理想);或以为先生们善于为有组织的宣传……故使美国排日的空气甚为浓厚。①

1938年7月19日,胡适正由瑞士到法国,蒋介石发电报劝他出任驻美大使。胡适与江冬秀本有"不入政界"之约,7月30日他致书江冬秀说:

> 我在这十几天遇上了一件逼上梁山的事,我知道你听了很

---

① 《胡适来往书信选》(中),第375页。

不高兴,我心里也觉得很对不起你。……在二十年前的七月十二日,我从外国回来后,在上海的新旅社里发下一愿,决定二十年不入政界,二十年不谈政治。那二十年中"不谈政治"一句话是早就抛弃了的。"不入政界"一句话,总算不曾放弃。那一天(指这次来美的7月12日),我在飞机里想起这二十年的事,心里当然有不少的感慨。我心里想,今日以后的二十年,在这大战怕不可避免的形势里,我还能再逃避二十年吗?①

这是胡适在未正式接受任命时给江冬秀先打的招呼。同一天,胡适给傅斯年的信说:"我自己被逼上梁山,你们当有所知,何以都不电告你们的意见?万不得已,我只得牺牲一两年的学术生涯,勉力为之。至战事一了,仍回到学校去。"②经七八天慎重考虑,又征求了一些人的意见,9月24日才对江冬秀说:"我也明白这是征兵一样,不能逃的,到(8月)廿七日我才发电允任。"

9月17日,国民政府正式宣布任命胡适为驻美大使,国内舆论界对此多持欢迎态度。不过在国民党内颇有人持不同意见,蒋介石对旁人的闲话置若罔闻,只说"适之先生我决借重","催孔(祥熙)快征同意发表",还说"王大使(指王正廷)不能再留"。③孔祥熙当时是行政院院长,胡适莅任之初,孔致电说:

  启程莅任,至深欣慰,此次使美,国家前途利赖实深。列强惟美马首是瞻,举足轻重动关全局,与我关系尤切。吾兄长才自能应付裕如。④

胡适出任驻美大使,改变了他的生活方式。他说:"我二十年做自由的人,不做政府的官,何等自由!"⑤胡适由欧洲返美的前一天,对记者说:"吾从未担任官职,吾珍视吾之独立思想,因吾人过去素知公开批评政府。但时代已改变,已无反对政府之余地,一切中国人都应

---

① 杜春和编:《胡适家书》,第326页,河北人民出版社,1996。
② 胡颂平:《胡适之先生年谱长编初稿》(五),第1637页。
③ 《胡适来往书信选》(中),第381页。
④ 孔祥熙致胡适电,1938年9月22日。
⑤ 胡适致江冬秀,1938年9月24日。

联合起来。"①

江冬秀不希望胡适进入官场,她收到胡适打招呼的信后,即复信说:"但愿你给我信上的一句话,'我一定回到学术生活上去'。我恨自己不能助你一点力,害你走上这条路上去的。"②胡适对此十分感动,复信说:"我将来要做到这一句话。我现在出来做事,心里常常感觉惭愧对不住你。"胡适深情地说:

> 你总劝我不要走上政治路上去,这是你帮助我。若是不明大体的女人,一定望男人做大官,你跟我二十年以来,不作这样想,所以我们一同过苦日子。③

胡适值此非常时期,视出任大使为应召出征,以身许国。直至1942年9月11日由魏道明接替为止。

二、勉力执行政府所交任务

大使的主要任务是根据国民政府外交政策的要求,影响美国的政策,使之能有利于我,争取美国的财政援助和物资援助,此外则注意美国政情和国际形势的发展,以及美国朝野舆论倾向,随时向重庆政府报告。但由于客观条件的限制,胡适在这方面的任务完成得不甚理想。

中国在战时需得到美国军火等方面的援助,首先碰到的是美国当时执行的"中立法"。美国的中立法原规定:国外发生战争时,对交战双方(包括侵略和被侵略者)一律实施武器禁运,并不得贷款给交战国。这是不分青红皂白的中立,其结果是对侵略者有利。后经修改,则规定交战国向美国购运军火的条件为"现购自运",这规定对日本有利,因日本有能力"现购自运",中国则缺乏现款支付的能力,又无船只供自运,且自运的航路还有可能被日本封锁,则将失去从美国购运武器的任何机会。所以,重庆政府要求,能促使美国在日本没有

---

① (香港)《申报》1938年9月28日。
② 胡适致江冬秀,1938年9月24日。
③ 胡适致江冬秀,1938年11月24日。

封锁中国之前,避免使用中立法;在日本切断中国对外的海上交通时,则实施中立法。重庆政府并希望胡适能使美国对中立法进行修订,明白区分侵略国与被侵略国,使中立法起到制裁侵略者、协助被侵略国的作用。① 胡适欲使美国的法令有利于中国的抗战,决非易事。

胡适在1937年10月以特使身份初到美国,罗斯福当时没有引用中立法,颇有偏袒中国的用意。待胡适正式出任驻美大使后的1939年春夏之交,美国国会正在修订中立法,辩论达到高潮,提出的修改方案多达六项,其中有一方案是:中立法仅适用于正式宣战的战争,中日战争当时未经宣战,可以不受中立法的限制。这个方案并要求罗斯福对违反九国公约的国家实行全面禁运,以防日本用中立法内的"现购自运"条款。1939年1月27日,胡适致陈布雷电文中,谈及这个问题:

> 总统与外部对中日战争坚不施行中立法,国会内外亦无如之何,实在孤立派失势之起点。一年半以来,孤立论更衰,如中立法之创始人 Senator Nyc 今日亦转而主张取消对西(西班牙)禁运军火案。孤立论是美国人的一个传统信仰,非笔舌所能摧破。只有事实的演变与领袖人物的领导,可以使孤立的国家转变为积极参加国际政治也。

1月30日在致王世杰电中,胡适进一步谈及孤立主义的转变问题。电文说:

> 孤立派问题,关键在事实演变,在政治领袖,而不在舆论。……如对日两次严重通牒,如对华借款,如对德召回大使,如对法许其购买军用飞机,而对日则劝阻军火飞机之售日,此皆政府领袖决心为之,孤立派与和平派亦无可如何。弟非抹煞民意,但谓外交着眼自有射马擒王之必要。至于舆论与国会方面,弟亦不欲忽略也。

---

① 外交部与胡适之间的往来电稿,均见《胡适任驻美大使期间往来电稿》(以下简称《电稿》),中国社会科学院近代史所民国史组编,1978。

但是,美国修订中立法的根本目的,主要是考虑欧洲的战争,总统罗斯福和国务卿赫尔所以主张修订中立法,取消武器禁运条款,实由于德国进兵捷克,使欧洲情势紧张,希望以这样的修订来警告希特勒:如再进一步侵略,被侵略的英国与法国等将不受禁运的限制而取得美国的武器。虽然有人指出,欧洲立即爆发战争的可能性在当时并不存在,这样做反会刺激德国提前出击,但由于意见难以统一,中立法的修订,一直拖到欧战全面爆发,才通过取消武器禁运的条款。

关于争取财政援助,首先有1938年12月谈成以桐油抵押借款2500万美金之事,美国国会对此意见分歧,罗斯福则以中国保证继续抗战为条件,批准了这笔借款。时值首都南京沦陷,刚刚迁都重庆。这笔借款,对中国的抗战等于一针强心剂。它主要是陈光甫努力的结果。其次,1940年3月的以云南的锡抵押借款2000万美金,是胡适与陈光甫共同努力的结果。蒋介石说这次借款不仅是物质的援助,也是道义上的鼓励。

在阻止美国把作战物资输送给日本的问题上,胡适也没有什么成绩;促使美英法在远东合作,同样无大效果。美国在珍珠港事件发生以前,一直没有与日本公开决裂。胡适对重庆政府说:"美国在远东,虽极愿与他国合作,终因政体之束缚,不能与他国有政治上或军事上的事先承诺,故屡次声明美国在远东保持其独立政策……"①

胡适在大使位上,取得的成绩最显著者是在宣传方面:传达中国人民的抗日决心,争取美国的同情和支持。我们在此先要交待的是,胡以一介书生竟取得这一显位,因而遭人妒忌。胡适上任以后,因大使的份内工作成效不著,则被借故非议。如有人在1938年国民党五中全会上,批评胡适11月18日在华盛顿的一次演讲中,竟说广州、四川、汉口陷落后,中国政局动摇,军队已退入内地,不能再作阵地战,又说胡适竟称张伯伦为欧洲和平之救星等等。蒋介石得这些指摘后,即要外交部查询,证明均属无中生有。事实是:1938年12月4日胡适在纽约发表《北美独立战争与中国抗日战争》,把中国的抗战

---

① 胡适致蒋介石,1940年7月24日,见《电稿》。

比作美国独立战争初期华盛顿困守在福奇谷(Valley Forge)艰苦战斗、等待法国援助的时刻。"不久,英国有意给予和平,而且给予光荣的和平"。胡适说,这"和平"被接受,就不必再打往后四年的战争,但是那将没有独立,没有美国。结果华盛顿拒绝了这投降式的和平,"殖民地继续战斗下去,直到从福奇谷出兵,到约克城获得最后胜利"。胡适的这样论述与比喻,竟被国内的《译报》用"胡适谈中国抗战竟谓中国向日本作和平建议,身为使节,竟如此谈话,殊为失态"为标题,并辅以《胡适酒醉了么?》的"小评",加以"报道"。"小评"说:

倘若胡适这席话,不是美联社听错了,那就一定是胡适吃多了香槟酒,说的酒醉的话。事实摆在那里,在广州被陷落的前后,只有汪先生发表过两次和论,但这是汪先生个人的意见,决不能认作中国政府非正式的试探。如其胡适所说的"和议建议"是指此而言,那就根本是造谣,因为中国政府的继续抗战,绝不是因为和议建议的无效而决计的。

这究竟是有些人的"心虚"反映?抑或多喝了有"色"的酒而致模糊了听觉或惺忪了视觉?历史自会证实的。

三、拼命的"过河卒子"

值得一提的是胡适在大使任内的工作态度和责任感,从胡适的家书中亦可窥见一斑。胡适在给江冬秀的信中说:"我每天总是很忙的,晚上睡觉总是很晚的。……我不怕吃苦,只希望于国家有一点点益处,头发两边花白了,现在当中也白了不少。"[①]"我是为国家的事来的,吃点苦不要紧,我屡次对你说过:'留得青山在,不怕没柴烧。'国家是青山,青山倒了,我们的子子孙孙都得做奴隶了"。[②]

在工作中特别使胡适感到累的,是宣传抗日的演说。在他出任大使之初,政府援成例,拨给他两万美金作宣传经费。他的前任王正

---

① 胡适致江冬秀,1938年11月24日。
② 胡适致江冬秀,1939年9月21日。

廷大使为了宣传,聘用杨光淮创办横太平洋通讯社,每月费一千五百美金;另聘用美国人贝尔,月薪六千美金。胡适接任后,政府按前例拨款,他却把政府拨给的这笔费用退了回去,他认为他的演说,就是最好的宣传,不需另外花其他的宣传费用。① 胡适花了大量的时间在演说上,他在致友人的信中有这样的话:

> 今年体气稍弱,又旅行一万六千英里,演讲百余次,颇感疲倦。六月以后,稍可休息;我在此三年,不曾有一个 Weekend,不曾有一个暑假。今夏恐非休息几天不可了。②

1938年12月4日,胡适在纽约律师俱乐部作《北美独立战争与中国抗日战争》的演讲(这就是我们在上面提及的被国内误解而遭到指摘的那次演讲,重庆《大公报》1939年2月10~11日译载时,易题《日本在中国之侵略战》),演讲完回到旅馆,感到心胸作痛,吐了几口血。当时以为只是消化不良所致,即叫了一壶热茶喝了就睡了。"每闭着眼,就出大汗,汗出了一夜,睡衣都湿了"。第二天早晨,把上午的约会都辞掉,睡到十一点钟才起来,觉得好多了。饭后,又演说了半点钟。回到旅馆,请医生诊断,才知"昨夜胸口痛是心脏的一茎血管受伤,关闭住了,起了一个小血块"。医生告诉他这是很重要的病,胡适还不相信,随即请专家会诊后,他说:"做了个心脏状况图,我才相信了(我那天的血压低到八十多度)。"于是住进医院治疗,至1939年2月20日出院,在医院共住了77天。在出院后的三个星期内,仍有看护护理,每天只见一个客,只阅一个小时的公文,午饭后睡一小时,晚上10时半上床。看护撤走后,医生仍嘱咐还要休养六个月,才可以正常工作。在休养期间,不出席大宴会,也不作演说。

这是胡适生平第一次心脏病发作,应该说是累倒的。发病之初,他没有对江冬秀说实情,只是轻描淡写:"我十二月四日夜有点不舒服,四、五两日我演说两次,医生说我太辛苦了,要我休息。我从五日夜搬进医院,至今九日,一切大有进步。在院中无药吃,只绝对静养。

---

① 孔祥熙致胡适、陈光甫电,1938年12月30日,《电稿》第6页。
② 给翁文灏、王世杰的信,1942年5月17日,载《胡适之先生年谱长编初稿》(五),第1776~1777页。

九天不吸香烟,不看报,不读书,不见客,不办公事,不起床(此信是偷写的)。"①迄1939年3月14日,才告诉江冬秀实情。

江冬秀得知胡适的病情真相后,即要胡适乘机辞职。她在国内找张慰慈帮她电报劝胡适以养病为由,请政府允其辞去驻美大使的职务。张慰慈在上海无法直接发电给胡适,又转请在重庆的翁文灏,翁文灏这时知胡适已经出院,不希望胡适就此辞职,所以仅将江冬秀的意思转达了,同时回复张慰慈说:"……在此国势危急之时,适之使美任务极关重要,恐不宜遽易生手。弟当即电劝选贤协助,设法节劳。胡嫂处,盼为转慰。"胡适在1939年4月11日致江冬秀的信中说:"四月七日我接到翁先生的电报,说你托慰慈发电,劝我辞职养病。我看了此电,当然十分感激你的好意。我此时的情形,当然不能辞职,翁先生也明白此意。你也得原谅我不得已的苦心。"

胡适自己在工作上咬着牙关苦撑着,与他主张中华民族的抗战"咬牙苦撑"一样。在1942年的上半年他仍说"要撑过七、八个月,总可以到转绿回黄的时节了"。②

1938年10月31日,他把自己的一张近影送给他的合作者陈光甫,背面题有一首小诗:

　　　　偶有几茎白发,心情微近中年,
　　　　做了过河卒子,只能拼命向前。

当此中华民族最危难的时刻,胡适把自己就任驻美大使比作"过河卒子",随时准备牺牲自己,此种精神是可敬的。后来有人为胡适改诗,以己之心度人之腹,说"他甘(干)脆承认做黑棋一边的'卒子'",非出真诚:

　　或许有点不甘心而近于牢骚吧?但是,卒子过河,可当小车,横冲直闯,有进无退。这情形,他似乎很想擒红棋的老王了。这样宝贵的"卒子",下棋的人自然是应该宝贵使用的。……因此,这卒子的"命",断乎不允许你那末轻易"拼"掉。……倒不如

---

① 胡适致江冬秀,1938年12月14日。
② 胡适致翁文灏、王世杰信,1942年5月15日,载《胡适之先生年谱长编初稿》(五),第1776页。

把"拼"字率性改成"奉"字。①

改诗者不了解胡适作此诗的历史背景,因而对"白发"、"中年"有所误解(此诗正式发表于1947年,所以改诗者说"博士今年五十六岁了,但他自己觉得还很年轻,只是'微近中年',而并非徐娘半老。这在精神上显示出大有可用"),不过,把后一句这样改了,倒是深化了诗意。胡适当时在大使任上的外交战场,是为整个民族驱狼,非为某一集团"擒王"。把"拼"字改成"奉"字,则所"奉"的是中华民族之命,非为一派一党拼命。改诗者若是这样认识问题,则其境界更高了。

四、书生大使

胡适不谙官场习俗,不善处理上下左右的关系,亦不知要摆排场,君子固穷,依然按书生的方式行事。

在胡适以特使身份赴美时,有两个助手钱端升和张忠绂随行。到纽约,三人同住在大使馆饭店(Ambassador Hotel),钱端升的房间是八元一天,胡适住的是十元一天,张忠绂后到,住了一个较大的房间,为十四元一天。但三人的房间都不是附有客厅的套房,更不是通常的外交使节包住一层楼那样讲究排场。不仅如此,他们外出都不在旅馆门口叫汽车,必是走出街口,或拐一个小弯再叫汽车,这样可以节省因在旅馆门口由侍者叫车而需付侍者的小费。当时,政府给他们拨有特别经费,胡适对这笔特别经费如何处理?胡适叫钱、张二人每人以几百元寄国内作家用,其余在美的一切开支则实报实销。而胡适自己却不拿钱,弄得钱端升和张忠绂二人也只好谢绝领钱。②

胡适的前任大使王正廷,在其任内遗下了一笔债务,即欠杨光洎所创办的横太平洋通讯社一月经费;所雇美国人贝尔也还有八万美金的债务,贝尔在工作费外,共支取现金十七万二千元,王正廷在卸任前,又与他续订了新约,月薪三千金,约期尚有十个月,而无一经费

---

① 郭沫若:《替胡适改诗》。
② 张忠绂:《迷惘集》,第120~122页,作者自印,香港,1968。

来源。对此,胡适只得据实向行政院院长孔祥熙专题报告。①

胡适在1942年自己卸任时,孔祥熙电询是否需要资助,胡适回电说:

> 弟到任之日,即将公费与俸给完全分开,公费由馆员二人负责开支,四年半每有不足,均实报请部补发。弟俸给所余,足敷个人生活及次儿学费。归国川资已请款照发,乞释念。前经营之宣传费项下,亦尚有余款,俟未了各项结束后,当详报。②

前后任大使两相比较,其反差是如此之大!又是如此之鲜明!这也是书生大使与官僚大使的区别。

胡适在心脏病第一次发作时,住院77天的收费,医院以六折优待,还得付三千多美金。据胡适说:"医生是最有名的医生(他来看了70次),起码开账可以开五千元,但他只开了一千元的诊费,这两笔的和就是四千多元。"胡适当时的月薪只有五百四十美金,这一场病就花了他八个月的俸金。孔祥熙出于好意,汇去三千美金给大使馆李国钦,拟作胡适的医疗费补助,胡适说:"国钦兄知道我不肯受,又不好就退回,所以等到我的医药费付清后,慢慢的把这三千元退还给孔先生了。"③

胡适对江冬秀说:"我的日用不需多少钱,所以每月还可以余点钱买书。房子不用我出钱,汽车油都是公家开支,所以我可供儿子读书,还可还一点账。"④当时胡适的大儿子祖望已在康乃尔大学读书,"每年要一千二百美金"为学费。他对江冬秀造了个预算:"我明年要走了,我就得想法子去到什么用金子的地方教一年书,替大儿子挣两年学费。不然,大儿子就得半路退学。……现在要想从国内寄美金给儿子留学,是万万不可能的。"⑤

胡适原先不主张次子思杜也去美国留学,后经朋友和祖望等人

---

① 胡适致孔祥熙电,1938年10月,《电稿》第3页。
② 胡适致孔祥熙电,1942年9月14日,《电稿》第125页。
③ 给冬秀的信,1939年9月21日。
④ 给冬秀的信,1939年9月21日。
⑤ 给冬秀的信,1939年11月14日。

的劝说,才同意把"小三"亦带去美国留学。这样胡适就要重新设计自己的经济来源,他在给江冬秀的信中说:

> 我从前所以不敢叫两个孩子都出来,正是因为我要减轻家累,可以随时要走就走。古人说"无官一身轻",我要倒过来说"一身轻才可以无官"。现在祖望还有一年半可以毕业,假使我现在走了,我还可给他留下一年半的学费。小三来了,至少有四年,我要走开,就得先替他筹划一笔学费、用费,那就不容易办了,就得设法子去卖文章、卖讲演,替儿子筹备一点美金……①

胡适在任官期内,尽管把"公费与俸给完全分开",但他仍然认为汽车、住房等费用不需自己支付,还是沾了公家的光。把本需自己支付的费用节省下来,可以贴补家用,所以他说"一身轻才可以无官"。不过他的这种"公私"观,现在恐怕很少有人认同,却会被讥为"迂腐"。

五、不合则去

胡适由于不习惯行政事务,认为大使重点考虑的应该是外交方针与交涉,不宜整天陷入事务性的借款、购械、募捐等事。因此,他对这事务性的事,很少过问其手续的细节,大使馆的工作就缺乏统一的程序,更谈不上效率。桐油抵押借款,是由陈光甫负责的,并用所借款项在美购置农工产品,且不取任何报酬。胡适感到这样"真能弊绝风清,得美国朝野敬信"。② 但重庆政府行政院却很不满意。

在人际关系上,书生好直言以及其洁身自好,与权贵的风格落落寡合。胡适出任大使主要是因蒋介石的借重,而行政院院长孔祥熙总认为"胡适不如儒堂(王正廷)"。宋子文本与胡适关系密切,在某种程度上说,宋可算是胡适政治上的后盾。但在抗战期间,孔祥熙和宋子文位居要津,因其所作所为又缺乏检点,颇遭社会物议,抗战形

---

① 致江冬秀,1941年4月10日。
② 胡适致陈布雷电,1939年11月27日,《电稿》第26~27页。

势愈趋艰苦,批评"豪门"之声亦日趋高涨。胡适初对孔祥熙在与陈光甫借款问题上的合作,觉得很好,曾不希望宋子文取代孔祥熙的行政院院长之职。胡适对孔、宋都有不少批评,并且是在与政府的电报往返中谈论的。尽管胡适当时对宋子文的评论,并无超出过去评论的范围,但过去是在日记中或在致宋的私人信件中评论的,其影响与作用截然不同。宋子文因此对胡适的态度与以前竟判若两人。

宋子文于1940年夏天到美国后,居然代表政府和美国政府商洽一切,取代了本应由大使与美国高层的交涉,把胡适完全排斥在一旁。1940年,宋子文一到美国,即向蒋介石推荐施肇基接替胡适为驻美大使。1941年7月12日,宋子文又以专电向蒋介石催询,他说:"长此以往,不但文不能尽责,有负责任,适之亦属难堪。唯有恳请毅然处置。"王世杰看出了问题,劝慰胡适说:

> 宋君为人有能干而不尽识大体,弟亦知兄与其相处不无扞格。惟兄素宽大,想必能善处之。

胡适在1941年底即决定辞职,因当时政府任命郭复初(泰祺)为外交部长,刚到任就向他提辞呈,怕被误会为"不合作",所以忍耐到1942年。胡适在致翁文灏、王世杰的信中说及宋子文云:

> 某公在此,似无诤臣气度,只能奉承旨意,不能驳回一字。我是半年绝不参与机要,从不看出一个电报,从不听见一句大计,故无可进言……我在此毫无用处,若不走,真成"恋栈"了。两兄知我最深,故敢相告,不必为他人道也。①

1942年5月19日,胡适在日记中说:"自从宋子文做了部长以来(去年十二月以来),他从不曾给我看一个国内来的电报。他曾命令本馆,凡馆中和外部和政府往来的电报,每日抄送一份给他。但他从不送一份电报给我看。有时蒋介石先生来电给我和他两人的,他也不送给我看,就单独答复了(他手下的施植之对人说的)。"

其实,宋子文依然是以往的宋子文,过去胡适在野时,宋子文对他十分倚重;胡适出任大使后,竟水火不容。胡一直没有弄明白其中

---

① 胡颂平:《胡适之先生年谱长编初稿》(五),第1776～1777页。

原因,这说明当局者迷,或曰胡适对官场的天真与无知。

1942年8月15日,胡适接到免除大使职务的电报。9月10日,行政院秘书长陈仪电聘他为行政院高级顾问。胡适辞未就,致电蒋介石云:

> 适自民国二十三年第一次电公书以来,每自任为国家作诤臣,为公作诤友。此吾国士大夫风范应尔,正不须名义官守。行政院高等顾问一席敬乞准辞,想能蒙公鉴原。

胡适任驻美大使期间的工作,从政府的角度说,不能尽如人意,但胡适在美活动所造成的影响,却是其他人所无法做到的。《纽约时报》盛赞胡适是个"为中国辩护的学者"。① 美国国务卿赫尔形容胡适为华府外交圈中最有能力、工作效率最高的人士之一。② 美国总统罗斯福在致蒋介石的函中,提及与胡适有多次愉快的交谈,称胡适"在华盛顿所维持的这种和谐关系,已提供持续不断的机会,使双方可以交换有关远东一切问题的意见……"③

珍珠港事变前夕,罗斯福召见胡适,告诉他美国已放弃妥协,并预期太平洋地区在48小时之内将会发生战争,还邀请他参加由总统夫人准备的盛大家庭餐会,席间共同讨论对日本天皇的复文。胡适在饭后回到大使馆,罗斯福总统又在电话中告诉他日本偷袭珍珠港的消息。④ 罗斯福对胡适礼遇有加,恐怕在驻美使节中是罕见的。珍珠港事件之后,美国朝野对中国的态度有着根本转变,两国签订政治性贷款,中国就敢于对美国所提条件提出不同意见,美国终于明白需要中国继续战斗。

胡适不是职业外交家,而是一个学人。他一生共得到35个荣誉博士学位,其中三分之二都是在他驻美大使任上取得的,有人对此多

---

① *New York Times*,1939年6月7日,转引自张忠栋《胡适五论》第146页,(台北)允晨文化实业股份有限公司,1987。
② *New York Times*,1942年9月5日,转引自《胡适五论》第152页。
③ 《战时外交》(一),第90页,转引自《胡适五论》第15～153页。
④ 李青来:《罗家伦讲"当国家艰危时的胡适之先生"》,载"中央"日报,1962年3月2日。

所非议,说他图谋个人的名誉。但是,作为中国驻美大使,在美国高等学府的讲坛上演说,与国际著名人士同台并坐,同在报端被以重要新闻报道,这本身就是一种十分有效的宣传。如1939年6月6日的哥伦比亚大学毕业典礼上,胡适即与美国副国务卿韦尔斯以及捷克前总统班尼士一同获得荣誉学位。这对中国的国际声誉究竟是增是减?其影响实难以估量,这恰恰为人忽视了,甚至被看反了。

当胡适去职的消息传出后,《纽约时报》发表短评说:

> 重庆政府寻遍中国全境,可能再也找不到比胡适更合适的人物。他1938年来美国上任,美国朋友对他期望至高,而他的实际表现又远远超过大家对他的期望。他在美国读书、旅行、演讲,对美国文化之熟悉如对其本国文化之了解。他所到之处,都能为自由中国赢得支持。如果对他的去职深感遗憾,尚不足表达我们的心意。①

王世杰在致胡适的信中,有下列一段话,概括了胡适驻美大使任内的基本情况:

> 兄一生是一个多友而敌亦不少的人。兄的敌,有的是与兄见解不合的,这可说是公敌。有的只是自己不行,受过兄的批评指斥,怀恨不已。这种小人也颇不少,兄的友人可以说都是本于公心公谊而乐为兄助的,也许有些是"知己",却没有一人是"感恩"。这是兄的长处,任何人所不及的。兄自抵华盛顿使署以后,所谓进退问题,无日不在传说着。有的传说,出于"公敌",有的传说,出于"小人",有的传说也不完全无根。同时与这些公敌或小人对抗的,也不少。譬如最近返国的陈光甫,就是一个。我不相信兄是头等外交人才,我也不相信美国外交政策是容易被他国外交官转移的,但是我深信,美国外交政策凡可以设法转移的,让兄去做,较任何人为有效。这不是我向兄说恭维话,这是极老实话。我也知道,兄常常遇着苦闷,政府所给外交训令,往往不甚体贴环境,使兄为难,但是兄也要常常记念着,抗战的艰

---

① *New York Times*,1942年9月3日,转引自《胡适五论》第166页。

苦,不是兄等所能尽了,政府情急势急,才将难题的一部分硬叫兄等去做。①

这可算是对胡适驻美大使期间所做工作的公允评价。

---

① 《胡适来往书信选》(中),第 471~472 页。

胡适为什么不在《联合国宪章》上签字

今天的联合国,成立于第二次世界大战胜利之后,中国亦是创始者之一。1945年4～6月在美国旧金山召开联合国制宪会议,由50个国家参加讨论制定的《联合国宪章》有51个国家签署。我国当时派有一个代表团出席,首席代表为宋子文,成员有胡适、顾维钧、王宠惠、吴贻芳、李璜、张君劢、董必武、胡霖等,以及高等顾问施肇基。胡适是这次制宪会议的中国代表之一,理应在宪章上签字,但他没有在宪章上签字,以后他始终没有去补签。为什么胡适参加了讨论,却不在宪章上签字呢?据他自己说是由于"对联合国宪章表示相当的不满意"。那么,胡适所不满意的究竟是什么?

胡适所不满的,是宪章中对维持世界和平的理想没有具体的保障。他说,宪章的中心要义有二:一是"怎样制止并制裁侵略";二是"尊重他人的自由人格与尊严"。要实现这两个目标,必须采取有效的集体办法。但在联合国宪章中就是缺乏确保实施这两个目标的办法。不仅没有办法,宪章的规定还前后矛盾,以致自我束缚了手足。

就"制止并制裁侵略"而言,宪章第二十七条规定:安理会"应七理事国之可决票包括全体常任理事国之同意票表决之"。这就是常任理事国的"一致"原则,即必须是没有一个反对者。胡适说,"所谓'一致表决行之',应该是变相的否决权",这"否决权"即是一票否决权。他认为,有了这样的规定,以后什么事都不能办了。

至于尊重人权,由于宪章第二条第七项规定:"本宪章不得认为授权联合国干涉在本质上属于任何国家国内管辖之事件。""国内管辖之事件"就是"内政"。胡适说,"这就是联合国不得干涉任何国家的'内政',明明是违反人权宣言、违反宪章规定的,却抬出'内政'二字来,使联合国无法可施"。他举例说:"突尼西亚事件,法国人解释作'内政';南非联邦马伦政府歧视有色人种,英国和南非也解释作'内政'。"不尊重人权既视为"内政",联合国就不能管。

在四五十年代,胡适认为利用安理会常任理事国否决权的,多为苏联,并认为苏联也是侵略国家。他说,在第一次世界大战以前,侵略中国的国家起码有七八个,如日、俄、奥、德、英、法,甚至连欧洲的其他小国,也想参加瓜分中国。但在"第一次界大战以后,侵略国只剩下了日本、苏俄和复兴后的德意志。第二次世界大战之后,更只剩下苏俄为唯一存在的有力量的侵略国家"。

胡适1945年没有在联合国宪章上签字,是为他固有思想所驱使。胡适对世界和平的维持,有着他思想渊源和理论的依据,不是偶然的应时之举。追本溯源,可以从胡适留学美国谈起。

胡适1909年9月赴美国留学,1917年6月回国,在美约8年。1914年第一次世界大战爆发。在此期间,鉴于战争的残酷,有人为了避免战争,寻求确保和平之道。1915年,美国《独立周报》的编辑汉尔登霍特,即邀集了美国的名流100人,在费城的独立厅成立了一个"强制执行和平联合会"。他们认为,和平徒托空言是无用的,必须有一个机构,以力量强制执行。这个"强制执行和平联合会"提出了四项主张:

(1)国际法庭调整解决国际争执。

(2)设立国际调整机构。

(3)凡不经过前两项和平手续而运用武力开战端的,同盟国得联合使用经济及军事力量制裁侵略者。

(4)国际法庭有随时会商修正的机会。

强制执行和平的思想提出后,首先得到美国前任总统塔夫脱的同情,并很快得到社会各界的认同,成为美国社会一时的思潮,从而形成一种多数人参与的运动。汉尔登霍特后被聘为佛罗里达州冬园市罗林斯学院院长。这一争取和平的运动,对青年胡适的影响很大。这个运动后来终于影响了威尔逊总统的国际政策。美国在第一次大战中由中立到参战,与这个运动的促进有关。威尔逊总统对第一次世界大战所提出的和平十四项原则,就是接受了以力量强制国际和平的思想而形成的。威尔逊总统曾在一次公开演说中表示:"用经济和武力制裁侵略者,以保持国际和平与安全。"在战后成立的"国际联盟"(简称"国联"),其约章即采纳了以集体力量强制和平的原则,《国联盟约》第十六条、第十七条即规定了以国际共同力量执行和平的条文。当初,胡适在留学日记中,曾把1915年美国费城成立的团体名称 League to Enferce Peace 译成"维持和平国际联盟",后来随着思想的演变,有感这样译法不够贴切,就改译为"执行和平",前面还加上了"强制"二字。

胡适认同以力量强制和平的思想,还由于他在留学期间接受了"新和平主义"。胡适自幼受中国传统思想中的墨子"非攻"、老子"不争"思想影响很深。留学美国后,这些思想就与基督教的不抵抗教义相融合,即人家打你右颊,你把左颊再转过去让他打,这是极端的和平主义。1915年日本向中国提出"二十一条"要求,消息传到美国留学生中,立即引起慷慨激昂的抗日情绪,有人甚至主张对日开战。胡适则认为当务之急是读好书,"充实自己,为祖国力争上游","谈兵'纸上'",无济于事。不过,也就在此时,他对老子的名言"天下莫柔弱于水,而攻坚强者,莫之能先"之句已有新的理解,体会到"不是水之弱终能胜强,而是力——真正的力——才能使水穿石"。

1915~1916年,他又从诺曼·安吉尔(Narman Angell)的《大幻觉》以及杜威的《力量、暴力与法律》、《力量与强制》等文章中,找到了理论根据,由此胡适转变为一个"新和平主义"者。这"新和平主义"与他原有的单纯"不抵抗主义"已完全不同。安吉尔和杜威的言论,所以能使胡适折服者,有如下要义。如安吉尔说:

> 一个人如强迫别个接受他一己的意志,就会招致反抗。这样的强迫与反抗的对立,就会使双方力量抵销而至无结果或浪费。……这也就说明了所有基于强制执行或侵略行为的一切政策——如在一国之内的特权和迫害,以及国与国之间的战争和争霸——的彻底失败。但如果双方息争合作,共同为人类的生命和人民的生计向大自然奋斗,则双方皆得解放。

这种新和平主义,不是否认力量,而是如何使力量用得其所。又如杜威说:

力如从可颂扬的意义上去看便是能。能便是能做工(功),能完成一些使命的力。但力毕竟还是力——你也要说他是一种蛮力,它的理性化,端视其结果而定。就是这种同样的力,如任其脱缰而驰,不受约束,那就叫暴力。

炸药如果不是建设之用去爆破岩石,相反的却被用去轰炸杀人,其结果是浪费而不是生产,是毁灭而不是建设,我们就不叫它能或力,我们叫它暴力。

力的来源是多方面的,各种力亦向各种不同的方向发射,互不相顾。等到它们发生了抵触,它就冲突起来了。……这便是一切法律的基本意义。

汉尔登霍特成立"强制执行和平联合会",正是安、杜二氏思想风靡之际,它也是"新和平主义"的产物。该会的新哲学,最重要的词汇是"强制",即以全世界的集体力量来强制维护世界和平。1916年美国"国际睦谊会"举办大学校际和平论文竞赛,在征文的题目中,有一题是"在国际关系中还有什么东西可以代替力量吗",胡适即选中这题,积极应征参赛,把自己对新和平的理解,敷衍成文。胡适在文章的第一部分,从反面回答这个问题:假如我们认为力量可以用不需要力量的东西来代替的话,则世界上便没有这种不用力量的代替品。文章的第二部分,解释当今世界力量没有发挥的问题,指出在目前的制度下,是以力防力,结果是相互抵消,而流于浪费和无结果。文章的最后一部分认为,如要把力量充分发挥,就应把力量组织起来,加以规律化,而导向一个共同目标。胡适的这篇论文,获得头等奖,100美元奖金,该会并把它译成多种欧洲文字,在巴西是译成葡萄牙文,南美其他地区译成西班牙文。

1918年11月11日,第一次世界大战结束,普天同庆这个"双十一"胜利的日子。这时胡适已在北京大学当教授,他在神州学会作了一次《武力解决与解决武力》的演讲。他指出:"许多愚人还说这一次欧战的结果,完全是'武力解决'的功效,这是大错的。我说这一次协商国所以能完全大胜,不是'武力解决'的功效,乃是'解决武力'的功效。"指出战胜的协商国公认,各国只顾用自己的武力来对付别国的武力,是现代世界的大祸根;必须把各国私有的武力变成世界公有的武力,由此把世界各国联合起来,组织一个和平大同盟,"把各国私有的武力变成世界公有的武力,就变成了世界的公有的国际警察队了。这便是解决武力的办法"。所以胡适是第一次世界大战后出现的"国际联盟"的热忱支持者,他还希望各种"和平公约"成为全世界共同遵守的信仰与思想以及习惯的规范,成为一种道德的力量。"和平公约"也是"一个纸老虎"。他说这个纸老虎一旦戳穿了,则"条约成不了条约,承诺成不了承诺,这个世界就没有一日的安宁"。

1939年11月11日,胡适在美国哥伦比亚广播电台所作的《国际大家庭》的演讲中,同意英国驻美大使洛辛所说,未来的国际大家庭"必须是一个'强制执行维持和平的联盟'"。胡适认为:"一个无法强制和平的国际组织是虚渺和不切实际的。"

这只是一种理想主义,与现实总有一定的距离。第一次世界大战后所出现的国际联盟,刚一诞生就瘫痪了。不但不能制止侵略者的侵略行径,一切既有的"和平公约"均被德、意、日破坏殆尽,终于再次爆发规模更大、时间更长的第二次世界大战。1941年美英两国首脑提出八条"共同原则",为中、美、英、苏、荷等26个国家认同,1942年1月1日签署为《大西洋宪章》,其中规定:不谋领土和其他方面的扩张;反对不符有关民族自由表达愿望的领土变更;凡被强制剥夺主权和自治权的民族,恢复其自主选择权;摧毁德国纳粹暴政和解除侵略武装等。这些原则成未来希望的依据,胡适称之为"战后新世界建设"。1943年,即由中、美、英、苏发起成立维持国际和平安全组织,以和平方式解决国家争端,定名"联合国"。

《联合国宪章》开宗明义:"我联合国人民,同兹决心,欲免后世再遭今代人类两度身历惨不堪言之战祸。"尔后,在地区性的或双边的安全条约中,如美洲国家间的条约第三条、布鲁塞尔公约的第四条、北大西洋公约的第三条至第五条,都载明联合一致以力量制裁侵略者而维护和平。胡适说,美国1915年成立的"强制执行和平联合会"

最早"提出了可行的办法,为世界和平开了一条路子"。1945年4～6月在旧金山召开联合国制宪会议和成立大会时,当年"强制执行和平联合会"的创始人、时年已八旬的老翁汉尔登霍特,从佛罗里达州家中特地自备旅资赶来参加这个盛会,激动地对胡适说:"真正未料到我以前的理想,最后竟然实现了!"但遗憾的是,在讨论《联合国宪章》时因苏联代表的坚持,通过了安理会的永久会员国可以使用否决权的条款,则使他们又深感失望。常任理事国享受否决权的原则,表明它仍保留"等级负责任的原则",这与1944年8月美、英、苏三国在敦巴顿橡树园会议时所提出方案的基本精神相违背。敦巴顿会议的基本精神是:"不主张美、苏、英、中四国享有过大之特权"。中国政府曾对此声明,"我如主张其他特权,势必增加各小国对我之反感。纵令我享有其他特权,实际上我未必能利用",而其他国家利用此特权,"容或予我以不利"。联合国宪章由此陷入自相矛盾之中,使联合国成立以后,只有在调处荷兰与印尼的冲突事件有些功效外,其他皆无结果。上世纪50年代的朝鲜战争,以联合国的旗帜出兵,算是一次例外,因为苏联驻联合国代表马立克为反对"中华民国"的代表权而退席,没有参加这次投票,才通过了美国的提案。

胡适引美国前总统胡佛的话说:"究竟联合国要注重普遍性,还是注重有效性?注重普遍性就可以把一个一个国家都拉进来,明知道这是一个侵略者,也让他进来,同他讲和平,让他在和平宣言上签字,也让他处处破坏和平。如果这样,联合国机构就永远没有办法。若要注意有效性,只有把妨害联合国理想的实现,进行侵略而又用否决权打消联合国制裁的……国家,一齐赶出联合国……然后才可以防止国际侵略。"联合国恰恰是注重了"普遍性",而忽视了它的"有效性"。所以,有人要胡适以《联合国的理想》为题作讲演时,他说他不配讲这个题目,除非加上"实际"二字,因为"联合国的理想很高,而实际的成绩很低"。为什么理想与实际有如此反差?他认为"在于和平力量还不足以制裁侵略者"。如30年代日本侵略中国,国联无法处理;意大利侵略阿比西尼亚,国联无可奈何;希特勒侵略捷克,国联正在开会,竟不敢在大会上讨论。这种现象,胡适引用了一个故事作比喻:"一群老鼠开会商量对付猫的办法,提议在猫颈上系铃,使大家听到铃声便可以逃避。大家表示赞同,可是讨论到由谁去系铃时,却都不敢去执行,会议终于无结果而散。今日的国际会议,正是这种情况。"迄今为止,联合国恐怕仍未摆脱这样的困境。

访胡适纪念馆的今昔感

2002年7月,我应陈宏正先生之邀,重访台北,下榻于南港"中央研究院"活动中心。这是胡适生前工作并居住的地方,早晚漫步在"中研院"及其周邻,感到胡适精神似乎依然存在,并没有随时光流逝;再次拜谒胡适纪念馆,不禁联想今昔之异同。

胡适于1957年11月4日经"中央研究院"评议会选举,由蒋介石任命为"中央研究院"院长,使"中研院"有长足进步。1962年2月24日,胡适主持第五次院士会议,这是12年来出席人数最多的一次院士大会。上午选举17名院士,胡适异常兴奋,在下午讲话时,心脏病猝发,突然蹶倒而不起,一颗思想文化巨星由此陨落。

有关胡适的丧葬,反映出一代名士为民众所爱戴的情景,达官贵人的参与兹姑不论,一般民众的悲伤,竟是史无前例,值得重温。

在胡适逝世的当天晚上,治丧委员会成立,先为74人,后增至103人。治丧委员会决定先将遗体送放殡仪馆,然后安葬于"中央研究院"内。2月25日"中研院"下半旗志哀。自此,来殡仪馆的吊丧者络绎不绝。28日一天,各界来吊丧的人士即有五千余人签名。治丧会决定3月1日公开瞻仰遗容一天。是日,由各地赴来瞻仰者约四万人。人潮悄悄鱼贯而入殡仪馆的正厅,自动向遗容行礼,环绕遗体从边门出去。没有音乐,没有司仪,却秩序井然。瞻仰者歔欷叹息,哽噎呜咽,不时有禁抑不住而发出的哭泣声。这几天的天气,仿佛亦在默哀,阴沉有细雨。瞻仰者出门后,其脸上分不清是泪水还是雨水。

3月2日上午公祭,事先登记的公祭机关团体有75个,加上教育学术单位以及临时要求加入的社会团体,共约一百多,此外还有个人前往致祭的也有数千人。下午入殓出殡。参加送葬的有三十万人。同样没有任何仪式,却显得格外庄重。参加公祭的多为名流、公卿与高层知识界人士。在灵车从极乐殡仪馆开回南港"中央研究院"的路上,场面更为壮观:从中午十二时起,殡仪馆门前人潮麇集,静静地伫立街旁,默默地等待灵车的出现,直至下午二时,路旁的人越聚越多,人群中有饮泣或默哀的。随着灵车的出现,人群随之蠕动,从殡仪馆门口到松江路这一地段,竟拥塞了五六万人。

出殡的行列以一辆挂着"胡适之先生之丧"的素车开道,拥塞之途难开,只得仍请警车开道。孝子胡祖望捧着灵牌在前,胡夫人江冬秀披着黑纱在后,拥挤的人潮自动为之让路。《联合报》记者姚凤磐在《哀乐声里灵车过》的报道中说:灵车所过之地,几乎道旁每一方寸之地都是哀悼胡博士的人,不分男女老幼,不分贵贱贫富,大家的表情都是一样的沉重哀痛。那个景象、那种场面,不觉对一个哲人在身后所能引起真正的同声一哭,发出由衷的礼赞。这不过是博士出殡感人场面的开始。两旁的群众如墙,确是万人空巷。不论妇孺老翁、士农工商,大家的表情都是那么哀戚。大伙儿的哀伤凝成一种宁静而沉痛的气氛,使我们感受到一种无法形容的情绪:好像在一刹那,这个世界是属于胡适之的,而且这个世界为他离去而陷入一片忧郁。胡适的朋友,除了公卿和知识分子以外,更包括了许多的布衣白丁。他是一位能使庶黎哀伤的哲人(《联合报》,1962年3月3日)。

送殡队伍经过敦化路进入中正路,迎面而来的无数大小车辆,都对灵车表示哀悼,全都自动在老远停靠路旁,让灵车行列在马路中心通过。

胡适生前曾与南港国民小学的小朋友研究过"注音符号",在胡适的灵柩经过该校时,全体小学生排列在校门口,顺次地从头上摘去白色的鸭舌帽,表示致敬。

1962年10月15日,胡适的灵柩安葬在"中研院"对面的旧庄山坡上。10月18日,有关方面决定把南港胡适寓所辟为"胡适纪念馆",并相应成立"胡适纪念馆管理委员会"。

现在的"胡适纪念馆",分三个部分:(1)胡适墓园;(2)陈列室;

(3)胡适寓所。

我在2002年7月16日晨,漫步出"中研院"东南端大门,至对面胡适公园,就是胡适的墓园。走进公园大门,不见有什么花卉,也没有公共设施,只有一座水池中的喷泉在间歇喷水。向右拾级上坡,即是胡适的半身塑像,面朝"中央研究院",距其故居(今为纪念馆的胡适寓所)不过两三百米之遥,座下刻有"胡适先生像"五个大字。于右任谨书。台湾中国公学校友会建立。绕过坡拐弯上去,即是"胡适先生之墓"。用石块铺砌的墓地,大约为七八十平方米,前方有不锈钢短栏围护着一黑色大理石墓碑,上刻金色碑文,是毛子水执笔的墓志铭:

> 这个为学术和文化的进步,为思想和言论的自由,为民族的尊荣,为人类的幸福而苦心焦虑,敝精劳神以致死的人,现在在这里安息了。
>
> 我们相信,形骸终要化灭,陵谷也会变易,但现在墓中这位哲人,所给予世界的光明,将永远存在。

碑后上一石阶,在狭长的台基上,有一元宝形的石拱台,种着几棵四季常青的剑兰。再往后上一级的大平台上,就是胡适的墓穴。不过,我所看到的,已不是当年治丧委员会所建的了,而是1972年重摹立石,碑面上所书为"中央研究院院长胡适之先生暨德配江冬秀夫人"字样。上端突出的一块石匾,却是原有的,上刻"智德兼隆","蒋中正敬挽"。

胡适墓已建四十年矣,一切均已灰暗,失去了光泽。

由墓后的小道向上攀行,不远处有一石砌的圆形墓地,规模比胡适墓大得多,这是董作宾先生的墓;邻近还有一个空旷的石平台,这是吴大猷先生的墓。后来居上,胡适的墓相形见绌,是历史的趋势?

胡适寓所,即胡适旧居,是一幢平房。左边是卫生间,右边是书房兼办公室,中间一块凹形通道,胡适送客一般就到此为止。台湾称之为"玄关"。寓所一头并列两间卧室,中间是客厅。另一头是餐室。另有一门通往宽大的封闭式阳台。寓所的后面是绿化地带。寓所内的家具都是胡适生前使用的,现在看来都很简陋。房间并不宽敞。

环顾室内,有几间设有一列列书架,可知胡适在生活中离不开书。

陈列室是1964年由位美国人史带(C. V. Star)捐资建造,是一幢宽敞的平房。一进门,迎面的屏风上有一幅大型的胡适执笔办公的灯光照片,栩栩如生。室内中间的两只大玻璃柜中,摆着胡适生前使用过的笔、眼镜、印章、领带扣、衣袖扣等展品。靠墙的玻璃柜中,有胡适任国民政府驻美大使和参加"国民大会"时的活动照片。是他生活历程的一部分。陈列室的另一端为售书柜,也有赠阅资料,如罗尔纲的《师门五年记》(胡适再校本)、《学为人诗》(这是胡适父亲胡传专为他所撰的家训,封面上还有"胡嗣穈读"的胡传手笔)。

胡适纪念馆馆长杨翠华多次殷勤招待,并请该馆柯月足小姐为我介绍馆藏资料。胡适纪念馆把馆藏资料无私供人研究使用,自己亦整理出版,方便教育、学术研究之用。我这次得益匪浅,铭记难忘。

7月23日晨,我缘院内的小溪南行,出院境50米,是胡适庭园社区。这里原是九如里的一部分居民点,胡适死后,此社区即改为"胡适庭园",与南港国民小学改为"胡适小学"一样,以示纪念。但见山坡上竖立的丈高巨石上,新泐书"胡适庭园"四个鲜红大字,下署"千禧年头季",是为迎接新世纪而泐,象征着胡适精神尚在,并随时代在刷新。但由于政治风云的变幻,据同年10月去台访问的程法德先生说:台湾已把胡适"看做'明日黄花'……还出现了一股邪说,篡改胡适'争取民族自由,为的是国富民强'的特定含义,打着'世界民主化'的旗号,否定国界,分裂民族团结,其实质是为'台湾民族化'鸣锣开道"(见程法德《一代哲人逝于此——参观台湾胡适纪念馆杂感》)。摒弃胡适其人,是否尚有人能使庶黎同悲、万人空巷?摒弃胡适的时代,能否算是新时代?使历史的回光返照现实,看来是很有必要的。

《胡适思想与现代中国》序

　　由皖人撰著并由安徽出版机构出版的研究胡适的专集,这本由胡晓同志著《胡适思想与现代中国》,恐怕还是第一部,有其特殊的意义。胡晓同志要我凑趣作序,借此对今天的胡适研究谈几点意见。

　　首先是资料缺乏。胡适在生前一贯注意让自身资料留传后世,但在五十年代之后相当长的一段时间里,胡适的基本著作无法获得,既未再版,也无整理。连最普通的《胡适文存》也不易看到。党的十一届三中全会以后,虽已有人把胡适列为科研项目,但那只能是资料的"先得月"者,现在研究胡适的人在逐步扩大,有关胡适的选集与专集也有所问世,只是多偏于文学、哲学等,依然难窥这位历史人物的全貌。胡适的全部资料,必须组织专人发掘整理才能奏效。为使历史与文化不致单色调地嬗递,《胡适全集》的编纂就成了时代的需要。

　　由于对胡适的研究曾一度断裂,距离我们很近的现代人物竟成了"三代以上的古人",全然陌生而隔世,在他身上似乎蒙有一层云雾,研究时则难以掌握量度;有人甚至借助域外的折光来探途。这是一种不正常的现象。因此,我们今天研究胡适,第一步需要做的是拨雾还真。胡晓同志从事研究胡适多年,所做的基本上亦是属于"还真"的工作。

　　胡适是实验主义者,一生讲究实效,不尚空议,他把推动历史的演进,视作对问题的解决,文明再造的进行,也是"这个那个问题的解决",他把具有社会现实意义的文学,称为"问题文学"。他著中国哲学史、整理国故、议政等,无不为解决问题。新文学的诞生,就是他对活文学代替死文学问题的解决。本书作者开宗明义形象化地称此解决问题的利器为"剑",并指出胡适择定这把"剑"的时候,是看到当日

"吾国之急需,不在新奇之学说,高深之哲理,而在所以求学论事观物经国之术"。这虽是胡适于本世纪初的1914年所树立的信念,在本世纪末的今天却依然适用。我们曾经经历过崇尚"深奥"理论而招来的苦难,也尝过务实而解决问题之甜头。

对胡适来说,纯理论的思辨非其所好,也非其所长,相反,他认为谈抽象的理论易,而解决具体的实际问题则难。他还说过,抽象的理论固然可以使人心满意足,但其后果太危险了。因此,研究胡适如何解决问题,及其解决问题的方法,应是最基本的。至于胡适所提出的这些问题,和解决的这些问题,是否符合当时的国情需要,这亦是我们需要弄清和回答的。本书作者对胡适思想作了全面梳理,有着许多闪光点,定会受到读者欢迎。如能多用"剑"剖解问题,更上层楼,则是我们所殷切期待的。

胡适是安徽人。他一生重乡情。他的文化与学术,是以安徽地区文化为背景的。其父胡传(铁花)是一个道地的理学家,胡适继承了乃父的理学传统。理学的集大成者是徽州的朱熹。胡适以为朱熹开启了"中国现代的文艺复兴运动"。迄清代,皖派学者居全国学术界的领导地位,徽州的戴震又将理学推上了一个新阶段。胡适发扬理学的好的方面(理性、平等),批判其"吃人"的方面。他在晚年研究《水经注》,弄清戴震是否抄袭赵一清成果的旧案,亦不无维护皖学声誉和乡谊之缘。胡适在上海学堂"开笔"时,桐城古文是他临摹的范文。胡适自幼对律诗不感兴趣,自读了同乡吴汝纶所编《古文读本》中的古体诗,感到体裁自由,不受格律所限,才引起浓厚兴趣。以后提倡解放诗体的"诗界革命",说其得悟于此,亦无不可。

胡适认为中西文化交流是优胜劣败,主张中国本位文化必须经得起检验,使之充分世界化。在胡适身上,于充分世界化的过程中,首先接受检验的则必然是皖学。对一个世界性文化人的研究,与其出生地的地区文化相联系,或可谓不失为一个方向!

载《安徽史学》1994年第1期。《胡适思想与现代中国》,胡晓著,安徽人民出版社1993年12月出版。

《胡适家书》序

胡适的书信已发表很多,如陆发春君以家书单行成册者,还是第一次。以名人家书行世,近代颇为流行。不过,其多半为教子书,他们以自身立身行道、治学经验,教诲儿孙,能对社会上的年轻人有所借鉴。故家书颇见重于世。

胡适的家书有所不同,本书列有"孝敬篇"、"情愫篇"、"问学论世篇"和"教子篇",即致母亲的信和致妻子江冬秀的信,致族叔胡近仁的信,以及致儿祖望、思杜的信。重点是致母书和致妻书,这是《胡适家书》的特点,自有它的价值。

《胡适家书》的时间始于1908年,延至1946年(抗战以后的家书,多半不存于大陆),几乎贯穿了其大半生,实是他自传的一个侧面。胡适写给母亲的信,是在上海读书时,在美国留学时,以及在北大当教授时。其内容除报告读书的情况以及讨论婚姻等问题之外,大部分是向母亲汇报自己在外的生活、起居、行止等情况。1918年2月,胡适由绩溪结婚后回到北大,即拟"每日有一封信来家",这是为了释除母亲的悬念,把游子每天的活动情况,作书面报告,实际上是以日记代家书。后来章希吕在上海亚东图书馆时,以及住在胡适家帮助编《独立评论》时,给其在家乡绩溪的夫人写信,亦是以日记代家书。这或许是徽商家书的遗风,为徽州人承继了。胡适给江冬秀写信,其内容同样多为日常的生活、起居、行止等。在任驻美大使期间,通信尤为频繁。所以《胡适家书》具有十分重大的史料价值。如1917年胡适由美返国,回家省亲而复先去北大报到等情,过去总不详其往返的曲折路线,家书中则载述明白。抗战期间,在美国所获得的荣誉博士学位的日程和学位的名称等,家书中均有详尽记载,可补既有

《年谱》及《传记》之不足。胡适在信中,还叙述他的社交活动与同乡亲友托办之事,则可了解其亲戚朋友的网络,也反映了其学术、事业方面的人际交往关系。家书中的叙述比日记中所记则更为周详,尤其是在信中为江冬秀介绍他社交的场合、在座人员,甚至游历途中的景物,演说的地点、场数、日期以及听众的人数,会议的气氛情况等,其价值尤为可贵。胡适生活中的经济收入和开支,以往总难知其详,只知他任北大教授,月薪初为260元,不久增至280元,驻美大使的工薪则为每月540美元,看来生活颇为富裕。对他的开支的情况,并不了解,所以无法作收支的比较。读了这本《胡适家书》,则可清楚知道,胡适无论少年时代在上海读书,及在美国留学时期,或是任驻美大使期间,无不为家庭负担和安排一家的开销而操心。

众所周知,胡适在上海中国公学读书时,兼任英语课的"小先生",编辑《竞业旬报》获取编撰费,以节省家庭的开支。在中国公学毕业后,即行就业,在华童公学教国文,就是为了分担家中的负担。他在致母亲的信中说:

> 儿前此所以不读书,而为糊口之计者,实为养亲之故。而比年以来,穷年所得,无论儿不敢妄费一钱,终不能上供甘旨,下蓄妻孥,而日复一日,年复一年,岁不我与,儿亦鬃鬃老矣,既不能努力学问,又不能顾赡身家,此真所谓"肚皮跌筋斗,两头皆落空"者是也。且吾家家声衰微极矣,振兴之责惟在儿辈。而现在时势,科举既停,上进之阶惟有出洋留学一途。(1910年6月30日)

胡适是读书人的种子,谋生之道乏善途,传统的上进之道已不通,迫使他去敲"洋翰林"的大门。赴美国留学,就读康乃尔大学农学院,可以不缴学费,在庚款的每月80元官费中,尚可贴补家用。但他兴趣不在农,转入文科,必须每月缴20元学费,"一时受此影响,紧迫可知"。胡适为不影响母亲的家用,"设法筹寄",其法即"以文字卖钱",投稿有稿费,有时还能获奖,如他的《论卜朗吟之乐观主义》即获了奖,"得此意外之五十元,亦不无小补"。

抗战爆发,胡适出任驻美大使期间,正是他的两个儿子进大学读书之际,他的薪水,这时应该是最高的。但也是开支最大的时期。他在任上积劳成疾,心脏病突发于开会演说之时,住院七十七天,医院以六折优待,尚需四千多美金,他对江冬秀说:"这一场病就去了我八个月的俸金。但我从不对人叫穷。"孔祥熙汇给他三千元美金,他如数退还了。当时大儿子胡祖望已在康乃尔大学读书,"每年要一千二百美金"的学费,他对江冬秀说:"我明年要是走了,我就得想法子去到什么用金子的地方,教一年书,替大儿子挣两年学费。不然,大儿子就得半路退学……现在要想从国内寄美金给儿子留学,是万万不可能的。"所以,胡适不主张次子思杜也来美国,首先是考虑经济负担问题,他说:"我的日用不需多少钱,所以我每月还可以余点钱买书。房子不用我出钱,汽车汽油都是公家开支,所以我可以供给儿子读书,还可以还一点账。"在大使任内,生活中的一些必要支出,可由"公家开支",以至自己的薪水稍有盈余,可供祖望留学的学费。思杜来了,就要打破目前的收支平衡。再者是因思杜爱好社会科学,胡适认为这门学科来美国学不如在国内学,他主张思杜去昆明考北大或清华。但因友人和祖望都说应该把思杜也带到美国去留学,胡适才改变了原有的态度。这就必须重新设计经济的来源,他对江冬秀说:

> 我从前所以不敢叫两个孩子都出来,正是因为我要减轻家累,可以随时要走就走。古人说"无官一身轻",我要倒过来说"一身轻才可以无官"。现在祖望还有一年半,可以毕业;假如现在走了,我可以给他留下一年半的学费、用费。小三来了,至少有四年,我要走开,就得替他筹画一笔学费、用费,那就不容易办了,就得设法去卖文章或卖讲演,替儿子挣一点美金。……现在你们都说小三在上海的环境不好,我才决定叫他出来。我从现在起,要替他储蓄一笔学费,凡我在外面讲演或卖文字收入的钱,都存在这储蓄户头,作为小儿子求学的费用。

胡适少年时期经济上为母亲操心,壮年为儿子操心。把他的家庭经济状况,尤其是其挣钱的方式,公之于世,无论于当时或现在,都是能发人深省的。

胡适对待和处理自己的婚姻大事是《胡适家书》主题之一。胡适与江冬秀的婚姻全是母亲之命、媒妁之言所促成的。胡适所以接受这门婚事,其初主要是不愿违抗母命,使慈母失望伤心。但他在感情上又十分不满这门婚事,更不愿早婚。1908年7月31日,胡适在致母亲的信中这样说:"男断不敢不娶妻,以慰大人之期望,即儿将来得有机会可以出洋,亦断不敢背吾母私出外洋不来归娶。儿近方以伦理助人,安敢忤逆如是?大人尽可放心也。"胡适留美后,在婚姻观上曾一度有所变化,最终则乐意接受此旧式婚姻。胡适自我调整了思想认识,对江冬秀文化水平不高的问题,胡适到上海求新学后即对母亲表示"儿近年以来,于世事阅历上颇有进步,颇能知足。即如儿妇读书一事,至今思之,颇悔从前少年意气太盛,屡屡函请,反累妇姑、岳婿、母子之间多一层意见,岂非多事之过?实则为儿妇读书识字,则他年闺房之中,又未尝不可以为执经问字之地,以伉俪而兼师友,又何尝不是一种乐趣"!留学后,又曾说,"若儿悬'智识平等学问平等'八字,以为求偶之准则,则儿终身鳏居无疑矣"。更重要的还在于他考虑到在新文化的事业上,能成为青年的领袖,则必须在伦理上接受素不相识的女子为妻子。正如上述,他"方以伦理助人"为原则。一个西装革履的洋博士与穿着绣花鞋的小脚村姑结婚,一时传为佳话,在"胡适"的名字上,增添了不少光环。在社会效应上,胡适自知得益匪浅,也确实如愿以偿了。

不过,胡适与江冬秀结婚,当初所憧憬的是"分定",由"分生情意"。犹如"天边一游子,生不识故里,终有故乡情,其理亦如此。岂不爱自由,此意无人晓。情愿不自由,便是自由了"。胡适父亲胡传与母亲冯顺弟结婚,就是"分定",父母亲婚后的感情甚笃。父亲死后,母亲甘愿年轻守寡,还盛夸自己的丈夫是她所见的第一完人。胡适似乎从中得到启示。但时代不同,他与江冬秀,毕竟不是胡传与冯顺弟,婚后的生活,不仅仅是物质的,更主要的还是精神的。当初胡适虽然也曾设想,婚内不足的东西,可以由婚外补充,即可交有知识的女友。如他与陈衡哲柏拉图式的恋情,或可算是一种尝试。但事实上,人非草木,亦非圣贤,均受七情六欲的驱动,原来设计的方案未免过于理想化,终于发生了与表妹曹诚英的婚外恋,并引起了江冬秀的醋海风波。胡适在此问题上无法两全,负了曹表妹的一笔情债,仍与江冬秀"分定"地白首偕老。

胡适与江冬秀的通信中,反映出其夫妻生活中有负面的情况,也有积极的正面情况。江冬秀固然为人精明,但只能表现在其知识所及的范围之内,胡适在1926年7月26日的信中说:"有些事你很明白,有些事,你决不会明白。许多旁人的话都不是真相。"这本是由胡适给徐志摩与陆小曼为"媒"所引起的。胡适说"少年男女的事,你无论怎样都不会完全谅解"。胡适对江冬秀在这方面的了解可谓透彻矣!其实,在其他方面,也同样适用。江冬秀反对胡适做徐志摩与陆小曼的媒人,已大吵了好几次。这次是胡适要途经莫斯科赴英国参加中英庚款顾问委员会会议动身的前夕,江冬秀竟当着张慰慈与孟禄的面"教训"胡适,说什么"要做这个媒,到了结婚台上,我拖都要把你拖下来"。这反映了江冬秀缺乏文化素养,表现出其粗鲁的一面,也说明她对丈夫不够尊重。江冬秀在未与胡适结婚时,尚能努力学习文化,结婚后,就放松了,不思上进,常沉湎于麻将战中,或入迷于武侠小说。胡适公出不在家时,连小儿也忘了管教,使胡适在外老不放心。1938年5月5日的信中,有这样的话:"我盼望你不要多打牌,第一,因为打牌最伤神……第二,我盼望你能多一点时候在家照管儿子。小儿子有一些坏脾气,我颇不放心。所以我要你多在家照管儿子。① 第三,这个时候究竟不是整天打牌的时候;虽然不能做什么事,也应该置点书看看,写写字,多做点修养的事。"胡适原先设想的"分定"婚姻在现实中失败了,所谓"伉俪而兼师友"的理想也破灭了,但他只能忍受这"分定"的事实。

江冬秀对胡适与女性交往,总不放心,担心他有外遇,在家书中可以看到江冬秀的一些醋意话语和情绪,追问胡适与××小姐的关

---

① 胡适外孙程法德先生(胡适侄女胡惠平之子)1991年3月9日致作者的信中有云:"1946年,冬秀、思杜居上海麦琪路4号(现乌鲁木齐路)三楼时,我曾面见祖望责备其母整天沉湎于雀战,对弟思杜缺乏管教……子思祖(祖望)庸庸碌碌(为人敦厚平庸)。上庄人说,胡家的风水都给胡适一人占去了,实则冬秀不无责任!"

系等。胡适出任驻美大使,没有把夫人江冬秀带去,胡适在信中为她解释所以不带她去的原因,是多方面考虑的结果,既为她好,也方便了自己。江冬秀在信中对胡适说:"你要是讨了个有学问的太太,不就是天天同你在一块照应你吗?"显示出江冬秀的自卑感。在这个问题上,尽管胡适为江冬秀解释"你可以放心,我自问不做十分对不住你的事",遵守了一夫一妻制,但在感情上却保留了自己的"隐私"。有些是江冬秀所不知的,如为女儿取名"素斐",就是对陈衡哲的永远怀念。

胡江的夫妻生活正面情况,是值得称道的。胡适在1941年4月10日给江冬秀的信中说:"你我的生活,只可做一个大学教授的家庭生活,不能做外交官的家庭生活。"这话是有道理的。唐德刚就说:胡以江为妻,解除了他生活上的后顾之忧。胡适说:"我自从十四岁出远门,总是自己照管自己。结婚之后,有你照管我,我舒服多了。"胡适在外写信托她办的事,她都完成得很好。抗战开始,江冬秀把胡适在北平的书,均迁搬到天津,免遭浩劫,胡适尤为感激。更为可敬的是,江冬秀支持胡适从事学术工作和教书,不希望自己的丈夫当官,她对胡适说:"但愿你给我信上的一句话,'我一定回到学术生活上去'。我恨自己不能帮你一点力,害你走上这条路(指当驻美大使)上去的。"当她得知胡适在驻美大使任上受到别人的非议时,径自去向行政院长翁文灏请求让胡适辞职,这不能不说为有胆识的行动。

胡适在倡导新文学运动时,心中有位女神作精神支柱,她是莎菲。后来由曹诚英所取代。及其晚年,在政府高官厚禄的引诱面前能不动心,在学术领域坚持下去,始终保持学者的身份,得以有效地在野帮政府的忙,其精神支柱就是江冬秀。胡适对此亦很感动,他说:"你劝我不要走上政治的路上去,这是你的帮助我。若是不明大体的女人,一定巴望男人做大官。你跟我二十年,从来不作这样想,所以我们一同过苦日子。所以我给新六的信上说,我颇愧对老妻,这是我的真心话。"江冬秀作为胡适的夫人,虽然不能尽如人意,但就不让胡适陷入官场而言,功莫大焉!

胡适虽是一位著名的学者,但在其家书中,所涉及治学、行道等方面的内容不多,这是由于通信的对象,即母亲冯顺弟、妻子江冬秀的文化水平不高,无从谈及这方面的话题。留学时期,在与未婚的江冬秀通信时,为帮助江学习文化所提的意见,都颇具普遍性。如他对江冬秀说:"识字不在多,在能识字义;读书不在多,在能知书中之意而已。"对江冬秀介绍自己的留学情况时说:"惟是学问之道,无有涯矣。适数年之功,才得门径,尚未敢自信为已升堂入室,故不敢中道而止。"这是胡适以自身经验鼓励江冬秀学文化。对后世学子来说,亦颇有益。

在这本《胡适家书》中,列有"问学论世篇",是胡适与族叔胡近仁的通信,胡近仁辈分比胡适长,年龄只比胡适大五岁,只是胡适离家乡后,所有致母亲的信,全由胡近仁代读,其母亲给胡适的信,多半亦由胡近仁代笔。因此,把致胡近仁的信视为家书,勉强可以。但从严格意义上说,胡近仁不能以胡适家庭中的成员看待,他们之间的"问学论世",是朋友之间的切磋关系。

家书中的"教子篇",理应是家书的中心,但这本书只收得七通。胡祖望第一次离开家庭去苏州上初中时,胡适在第一封给他的信中,指出离开家庭可以操练独立的生活,可以操练合群;还能使自己感到有用功的必要。在"合群"方面,胡适告诉祖望一条原则:"时时替别人想想,时时要想想假使我做了他,我应该怎样?""做自己的事,但不可妨害别人的事。要爱护自己,但不可妨害别人"。这实是他所提倡的健全的个人主义的原则。在小三(思杜)高中毕业时,胡适在信中对他说:"学社会科学的人,应该到内地去看看人民的生活实况。你二十年不曾离开家庭,是你最不幸的一点。"胡适在此强调实践与经验的重要性,看来实践的原则,并非哪一个阶级所独有,更非专用。

在陆君着手搜集《胡适家书》资料时,我曾致书胡祖望先生,征求胡适生前的书函,祖望先生在回信中对我说:"至于家书,一来双方都不勤于作家书,深守'No news is good news'之原则;二来,在四十五十年代,上海、香港、曼谷、台北、华盛顿等地一再搬迁,也不曾好好保存。"(1995年3月3日的来信)。胡适在生前,由于事务繁忙,无暇关照两个儿子,江冬秀对儿子的关心程度,我们在上面已经提及。所以胡适曾在1939年对江冬秀说:"我和你两个人都对不住两个儿子。现在回想,真想补报,只怕来不及了。以后我和你都得改变态度,都就把儿子看作朋友。他们都大了,不是骂得好的了。"又说:"我现在想起来,真觉得惭愧,我真有点不配做老子。平时不同他们亲热,只晓得责怪他们功课不好,习气不好。"儿辈们后来"不勤于写家书",恐怕这也是一个原因。

还有一点值得一提,《胡适家书》的时间跨度自清末至抗日战争。在此漫长的时间里,经历了一个新文学运动。家书的文体也随着时势演变,由文言而为白话。胡适作为新文学(白话文)的急先锋,其家书的文体演变,也是先导。不过,其语法结构、文句辞藻,一应为传统的继承。其所谓"新",只是使口语与文字相一致,一切符合民族语言的规范,无一生造的"奇字"、"异辞",更无不伦不类的外来语相嵌。可谓尺牍的范本。尤其可以以此纠正现今横行的有失民族语言规范的"文风"。胡适写家书,无论文言或白话,均遵守了一条原则:"写信最忌作许多套语,说许多假话。……若用假话写家书,又何必写乎?"所以《胡适家书》不仅其形式为范本,其内容也言之有物,不作无病呻吟,称之为新文学的样本,实不为过。

1995年11月15日写于安徽大学胡适研究中心。《胡适家书》,陆发春编,安徽人民出版社1996年4月出版。

后 记

我研究胡适,是由研究陈独秀所派生,并与石原皋先生及陈宏正先生有很大关系。

我与石原皋先生相识于1979年,当时我的《辛亥革命时期的岳王会》发表不久。他时年74岁,正在撰写《陈独秀生平点滴》,他说:"我们后死者,应该本着实事求是的精神,弄清是非,还他本来面目。"这实是他对自己一生经历的感悟。①

石原皋与胡适是同乡,两家既是姻亲,又有累代世谊。他本人与胡家有二十几年的相处时间,在北京时还曾在胡适家住过一些时日。因此,他对胡适的为人、家庭、生活、交友、治学、思想等各方面比较了解。值此改革开放之际,友人都敦促他把有关胡适的资料写出来,为此,他专程回到家乡,访问了一些亲友,掇拾遗闻,畅谈逸事。同时查阅胡适的著作,以与其记忆相印证,撰写《闲话胡适》。上世纪50年代在批胡运动时,组织上曾叫他写批判文章,他说他不会写文章而推掉了。现在再现胡适,适应了时代的需要。1981~1984年完成初

---

① 石原皋,1905年生,1924年考入北京大学预科,北大生物系毕业后在国立北平研究院生理学研究所从事研究工作。1936年赴德国进修,与乔冠华等参加"旅德学生抗日联合会"(中共的外围),积极开展活动。1939年在上海经营制药厂。他以德国留学生、制药厂厂长、胡适的亲戚三种身份与许多上层人士联系,以掩护党的地下工作者。饶漱石聘之为新四军参议,并由中央华东局发展为中共党员。1948年为上海宪兵逮捕,由胡适出面营救才获释。新中国成立后回安徽工作。1956年安徽省筹建科学分院,石为副主任。1957年为省委书记提意见被划为右派,监督劳改,1962年平反。"文化大革命"又进牛棚,被戴上"特务、汉奸、国民党、叛徒、德国法西斯、资产阶级臭老九、右派、内奸"等十余顶大帽子。长期在农场劳动,直至1970年。1971年退休,1978年改为离休。

稿,连载于《艺谭》季刊;1985年由安徽人民出版社出版,第一版竟然脱销;香港三联书店还出版了繁体字本,于1986年向海外发行。

在此期间,我与石老过从频繁,陈独秀和胡适是我俩议论的主题。我也曾为他搜集过资料,我去上海访问汪原放,就是他建议并介绍的。石老在《闲话胡适》中提出的胡适父亲的死因,引起社会上的不同回响,学术界此时多从成说,需待进一步求证,我对此颇感兴趣,1986年绩溪上庄的胡毓严寄给石老一份有关胡传之死的调查材料,石老即交给了我。我则撰《胡传之死与胡适的态度》一文,支持石老的意见。这就是我研究胡适的第一篇文章。此文本为《胡适研究丛录》而作。因社会情势有变,①编者不敢用。1987年1月,石老仙逝。《胡传之死与胡适的态度》一文则由《安徽师范大学学报》发表,首署石原皋名,以资悼念。后又加充实,由黄大受教授带往台湾,以《胡适父亲胡传惨死之谜》为题,发表于《中外杂志》1994年11月号,迄今未见有异议。

1986年,上海社科院历史研究所李华兴所长拟编一套《民国史丛书》,约我写一《胡适》的小册子。我则与我系汤奇学教授合作,1987年已形成初稿,但因上海《民国史丛书》计划撤销而作罢。1988年,姜义华教授邀我为《胡适学术文集》编委,自己亦承担《新文学运动》和《语言文字研究》两卷(时汤奇学另有任务未参加),则赴中国社会科学院近代史研究所查阅"胡适档案"。对《胡适》书稿同时作增补改写,篇幅扩充了一倍以上,增强了学术性。内容分白话文、政论、婚恋三个方面。

这要说到陈宏正先生。陈先生是台湾焦点人物之一,人称其为

---

① 时值各级政府重新整顿社会秩序,乡间骤然兴起一股"有头说"。《胡适研究丛录》的编者1987年6月11日在致我的信中说:"刊布胡公被刘永福所斩一文,很能耸人听闻,甚至会轰传全世界……不仅××先生要公开诘难,亦必遭致天下有识之士的讥议。"殊不知唐德刚先生已在台湾《传记文学》1986年元月号发表《胡适父亲铁花先生无头疑案》,新加坡李岩松感到"骇人听闻";当他读到石原皋《闲话胡适》后,则说唐文"所言非虚"。美国的汤晏先生同样是先惊后信。情势与国内呈相反状态。

"不为人知的出版界引擎"、"文化催生者"和"作家与出版界的媒人"。陈先生是一位中型企业家,乐意与文化界交游,当时特别鼓励大陆学者研究胡适。台湾在 1990 年召开胡适百年诞辰(虚龄)纪念会,我则把《胡适的婚恋》寄他,由他推荐给《中华日报》和《新生报》,以"胡适百岁冥诞特稿"分别以《胡适的婚姻与恋爱》和《胡适与曹诚英的一段情》发表。《胡适与汪孟邹》亦在此际由于陈先生与耿云志先生的关系,应胡适研究国际学会董、理事长李又宁教授之约而撰写的(发表于《胡适与他的朋友》文集,1994 年 12 月纽约天外出版社印行),并因此参加香港中文大学召开的"胡适与现代中国文化"学术讨论会。《胡适》书稿中的政论部分则为香港商务印书馆所取,纳为该馆《玖什丛书》之一,以《胡适政论与近代中国》为题单独印行(1994 年问世,1995 年为台湾商务印书馆印行)。

陈宏正为我提供了不少由台湾新出、在大陆难得的基础文献和资料,如《胡适的日记》(手稿本)和《胡适之先生年谱长编初稿》等巨型套书,均是他及时寄赠的。

1996 年,以白话文、政论、婚恋三方面组织的《胡适》书稿由重庆出版社出版,题名"时代碣鉴"。我在该书的"后记"中作了题解:

> 胡适在我国历史上所创的风气,堪称时代的鉴石,"所求识日景"。① 因其所创的业绩是多方面的,故以"碣鉴"名之。在此所谓"碣"者,并非唐代以后所规定:五品以上的官得立"碑"、七品以上的官员能立"碣"的格式。只是取其圆首状或形在方圆之间,上小下大。表示其在历史上所起的作用是立体的、多元的,而非平面的、单一的。

我还在"后记"中谈了自己对胡适研究的感受与体会:

> 我在修订《胡适》书稿时,对胡适于"五四"以后的思想发展,本拟分两方面考察:一、忍不住的"新努力"——政论;二、"整理国故,再造文明"——中国的文艺复兴。我为《胡适政论与近代中国》所作的引言,即试图概述其文艺复兴思想的大要。当然是

---

① 《说文·石部》,王筠句读。《仪礼·聘礼》郑玄注。

极不成熟的急就章。不过在尝试中我感到:要在这方面(包括哲学、文学、历史、宗教等)诠释胡适的思想发展,必须作一番"跟踪"才行。同时亦加深了我对白话文运动一分为二的认识。我在第六章第三节《尝试的效应——白话为文学的正宗》中已有所论述,也已表示了自己的看法。

我生也晚,在我学龄时期,小、中学的课本都是白话文了,已与传统古籍无缘。迨抗日战争爆发,我家乡(江苏武进)沦陷,一时无课本可读,即有人提议以四书中的《论语》为教材,我才第一次接触"子曰,学而时习之"。后又在柏墅的初级中学内,得一位前清秀才讲授"大学之道,在明明德,在亲民"。我村有一位叫沈博成(鸿翼)的,据说是两江师范出身,我称他叔公。因避乱还乡。他在为其孙儿教授《古文观止》时,我亦去旁听了。这就是我在幼年的非常时代偶然遇到的传统知识。它留给我的印象远比后来在课本上选读的古籍篇章要深刻得多。但是,当时的状况,正如傅斯年在1935年所说的:"今日学校读经,无异拿些教师自己半懂半不懂的东西给学生。"经,就连在那些"专门家手里也是半懂半不懂的东西"。① 所以胡适说已是"不配读经"②的时期。胡适强调能读通经书的,只有少数"有声韵文字训诂学训练的人",这种人当时已很少。自把白话定为文学正宗之后,本来就难以读懂的经书,已少有人问津,能读通者竟如凤毛麟角。新文学运动所酿成的另一方面的后果,是胡适没有意识到的。

我的这种邂逅之遇,作为无家学渊源的农家子弟,更是浅薄异常。欲靠这点薄基来阐发胡适的文艺复兴思想是远远不够的。中国的传统文化与现代文化,似乎愈来愈难以直接沟通。我国民初("五四"前)时的知识分子,其对待外来的文化,尚是立足于我国传统文化来理解、比较与抉择的,从而接纳或排斥之。而后来(包括现在)的知识分子,多半则是以西方(西欧或东欧)

---

① 《大公报·星期论文》,1935年4月7日。
② 《我们今日还不配读经》,《独立评论》146号。

观念与方法来理解、比较与抉择中国传统文化,从而继承或摒弃之。有人研究老庄,先由英译本开始,诸如"出口转内销"者不乏其人。

中国步入近代,中学与西学即难统一。蔡元培在上世纪20年代说过:"现在治过'汉学'的人虽还不少,但总是没有治过西洋哲学史的;留学西洋的学生,治哲学的本没有几人,这几人中能兼治'汉学'的更少了。适之先生……虽自幼进新式的学校,还能自修'汉学',至今不辍。"①胡适自幼读过不少古籍,且有一定的家学渊源。但在他身上已有先西后中的气息,或许就是他创的先例,今天的知识分子则更是如此了。这固然是教育制度使然,它与白话为文学正宗的提倡,中、小学课本全部改为白话,后又有文字的改革等历史原因有密切关系,以至不仅在文化的内涵上,且在其形态上均隔成难以逾越的鸿沟。

从目前所出版的诸种胡适传记来看,均以作者自身的特征而见其长短。我勉力作了三个方面的探索尝试,产生了知难而止的想法,跟踪需要时日。对其整理国故方面的成就,只在第八章中,增列第四节,作一概要的交代,或以待来者。

自此以后,我把注意力转移到胡适与蒋介石的关系上,适值上海某出版社拟出一套文人与领袖的丛书,当时试拟有几个题目,如鲁迅与瞿秋白、章士钊与陈独秀、郭沫若与毛泽东、胡适与蒋介石等。前两对不能算,唯郭毛与胡蒋两对都是十分标准而又明显不同的典型。胡蒋的关系,经考察,可谓已经步入近代,已经摆脱中国固有的传统模式,为现代的人际树立了一种新范式;本集收录的《胡适与蒋介石的关系》一文,即是当时设想的梗概。考察彼此的关系,最能凸显各人的品格与道德意识。谚云:不怕不识货,就怕货比货。

我在上世纪末迄本世纪初,即从事这方面的考察。我对这个问题,多半是以胡适的视角看蒋介石,也标志了自上世纪20年代末至60年代知识分子与政治领袖的关系,由此体现了知识分子的社会地

---

① 蔡元培:《〈中国古代哲学史大纲〉序》。

位。自古以来,中国的知识分子都是以天下为己任。能否为国家的诤臣、政府的诤友?"诤"者,古已有之,重要的是"诤"的方式,依旧是君臣关系的叩谏?还是现代化的平等讽谏、直谏?

考察彼此的关系亦有其难处。其一,两者互动的呼应,往往成了自说自话,对不上号;其二,有些问题难以把握。前者虽属技术性问题,难度却甚于后者;但后者却是回避不了的。两者处理不当,也就无法通过了。今见有人研究郭沫若,[①]颇具独到个性和成就,但仅限于揭示其个人的品德,未能放在有自己特色的历史过程中作总体考察,以揭示其个人特色与社会特色的互动关系。深为遗憾。

收入本集有19篇文章,是上述两个阶段研究的拾零,都曾在刊物上发表过,有几篇是例外。收入时在技术层面或资料上有订正,还增加了一些说明时代背景或旁证的注释。其余一仍其旧。

作者
2009年9月6日

[①] 尤九州:《我看郭沫若》,(台北)天马图书公司,2003。